Lüyou Guanli Daolun

旅游管理导论

◆ 主编 徐克帅　副主编 孙玲玲

华中科技大学出版社
http://press.hust.edu.cn
中国·武汉

内 容 简 介

虽然高职旅游教学强调实践技能,但也不能忽视经典管理理论和最新旅游知识的教学。本教材基于课程空间、循证管理和知识管理等理论编写,共分为十四章。第一章至第三章向学生介绍了管理与旅游管理的基本概念,阐释了旅游管理的理论基础,并讲解了如何进行旅游知识管理。第四章至第七章分别介绍了计划和决策、组织、变革和创新、领导、激励和沟通,以及控制等内容,让学生对管理有了一个初步认识,并且在介绍具体概念时引用了旅游业相关的案例和数据,体现了管理学理论和旅游实践的结合。第八章至第十一章则介绍了旅游系统和旅游供应链管理、过度旅游和可持续性管理、旅游韧性和危机管理、旅游业技术和创新管理等内容。第十二章至第十四章分别介绍了旅游目的地管理、旅游企业管理和游客管理。

图书在版编目(CIP)数据

旅游管理导论 / 徐克帅主编 . -- 武汉:华中科技大学出版社,2024.10 -- ISBN 978-7-5772-0063-7

Ⅰ.F590

中国国家版本馆 CIP 数据核字第 202417Q666 号

旅游管理导论　　　　　　　　　　　　　　　　　　　　　　　　　　　徐克帅　主编
Lüyou Guanli Daolun

策划编辑:李　欢　王雅琪

责任编辑:王雅琪　王梦嫣

封面设计:孙雅丽

责任校对:刘　竣

责任监印:周治超

出版发行:华中科技大学出版社(中国·武汉)　　　电话:(027)81321913
　　　　　武汉市东湖新技术开发区华工科技园　　　邮编:430223

录　　排:孙雅丽

印　　刷:武汉市洪林印务有限公司

开　　本:787mm×1092mm　1/16

印　　张:14.5

字　　数:298千字

版　　次:2024年10月第1版第1次印刷

定　　价:49.80元

本书若有印装质量问题,请向出版社营销中心调换

全国免费服务热线:400-6679-118　　竭诚为您服务

版权所有　侵权必究

前言
Preface

英国萨里大学著名的旅游学者、旅游教育学家特拉伯(Tribe)教授指出,旅游高等教育应该培养有理论素养的践行者(Philosophical Practitioner),不同办学层次的高等旅游教育虽然培养目标不同,但都处于理论和实践两个坐标围合的课程空间(Curriculum Space)之内。因此,尽管高职旅游教学强调实践技能,也不能忽视经典管理理论和最新旅游知识的教学。课程空间理论是本教材编写所依据的第一个理论基础。循证管理(Evidence-based Management)是本教材编写的第二个理论基础,它正在成为管理研究和实践的重要方向。用科学研究、行业案例、专家经验来指导旅游管理实践,可以保证对旅游目的地、旅游企业和游客的管理更为高效。树立循证管理的理念,有助于学生形成尊重科学、实事求是的管理思维。我们处于一个知识经济的时代,以信息技术为先锋的现代科技正在给旅游研究和管理带来颠覆性的影响,也不可避免地影响旅游教学。信息技术发展以及由此带来的各种产品(如社交媒体、云盘、即时通信应用等)促进了知识管理(Knowledge Management)。充分运用新技术去创造、分享和储存知识是旅游管理专业学生和包括教师在内的旅游从业者必须掌握的重要技能,也是我们这个群体实现终身学习的必要依托。因此,智能时代的知识管理是本教材编写所依据的第三个理论基础。

本教材包括实体教材和丰富的电子配套资源两个部分。本教材的特色在于:

(1)重视知识,特别是实践知识的分享。本教材提供了很多研究案例,这些案例主要来自 Tourism Management、Annals of Tourism Research 和 Journal of Travel Research 等旅游管理类国际顶级刊物,以及《旅游学刊》和《旅游科学》等国内极具影响力的旅游刊物,体现了包括中国在内的各国顶尖旅游学者对旅游业不同领域发展的深入观察,涉及他们对游客、旅游主管部门、旅游从业人员的访谈或调查。这些研究成果为学生了解旅游行业的前沿信息提供了最佳渠道。

(2)重视理论和实践的结合。本教材以循证管理理念为指导,重视实践知识的学习,通过相关案例向学生展示旅游管理和决策的知识,用行业故事为学生创设使用理论分析行业现象的情境。本教材不仅引用了来自旅游科学研究的具体数据和相关概念,还设计了"思考、讨论与分享"板块,鼓励学生联系实际,深入思考相关问题。在章节末尾,本教材设置了"推荐阅读"板块,鼓励学生深化理论知识的学习,每章还设计了

"课后任务",让学生以独立或团队合作的形式完成相关任务。

  本教材的出版获得了多方的支持。感谢宁波城市职业技术学院及其旅游学院为本教材出版提供经费。感谢华中科技大学出版社编辑王雅琪女士为本教材付出的努力。感谢宁波城市职业技术学院旅游学院旅游管理专业2023级学生高铭、冯婷、戴娜妮、付素琴、瞿煜昕、马一赟、陶晨、田科形、王丁盈、吉石拉日、王元玥、王玉康、吴佳颖、张爽爽、胡宫铨等人,他们完成了书稿的文字校对工作。

  本教材除编者提供部分图片外,大部分图片来自网络且有公共版权,编者在图片下注明了作者及所属的知识共享许可协议(Creative Commons License)版本,在此向这些图片的作者表示感谢。

  由于编写时间仓促和编者的水平所限,书中难免存在一些疏漏,恳请各位读者不吝赐教,提出宝贵的建议,以便本书修订时加以改正。

"旅游管理基础 2022"
MOOC 课程

编　者

目录
Contents

第一章　管理与旅游管理　　　　　　　　　　　　　　　　　　/001

第一节　管理功能、管理者和领导者　　　　　　　　　　　/001
第二节　管理者的角色和技能　　　　　　　　　　　　　　/006
第三节　旅游和旅游管理　　　　　　　　　　　　　　　　/009

第二章　旅游管理的理论基础　　　　　　　　　　　　　　　　/014

第一节　管理学　　　　　　　　　　　　　　　　　　　　/014
第二节　地理学和生态学　　　　　　　　　　　　　　　　/020
第三节　心理学　　　　　　　　　　　　　　　　　　　　/024
第四节　社会学和人类学　　　　　　　　　　　　　　　　/027

第三章　旅游知识管理　　　　　　　　　　　　　　　　　　　/031

第一节　知识环　　　　　　　　　　　　　　　　　　　　/031
第二节　知识管理　　　　　　　　　　　　　　　　　　　/032
第三节　旅游知识生产与分享　　　　　　　　　　　　　　/036

第四章　计划和决策　　　　　　　　　　　　　　　　　　　　/043

第一节　计划的环境　　　　　　　　　　　　　　　　　　/043

第二节 计划的类型、目标和过程 /047
第三节 决策 /050

第五章 组织、变革和创新 /058

第一节 组织结构 /058
第二节 组织文化、员工和团队 /063
第三节 组织变革和创新 /066

第六章 领导、激励和沟通 /074

第一节 领导特质和风格 /074
第二节 激励 /080
第三节 沟通 /082

第七章 控制 /088

第一节 控制的定义和类型 /089
第二节 组织控制面临的问题 /092
第三节 控制过程 /094
第四节 组织绩效和员工绩效 /095
第五节 服务质量控制 /099

第八章 旅游系统和旅游供应链管理 /102

第一节 旅游系统和旅游供应链 /102
第二节 旅游供需管理 /111
第三节 供应链关系管理 /119

第九章 过度旅游和可持续性管理 /122

第一节 可持续旅游和过度旅游 /122

第二节 创建绿色企业 /127

第三节 倡导负责任旅游 /129

第十章 旅游韧性和危机管理 /135

第一节 危害、灾害和危机 /135

第二节 旅游韧性 /139

第三节 危机管理 /145

第十一章 旅游业技术和创新管理 /149

第一节 信息技术和旅游业 /149

第二节 工业4.0、旅游4.0和智慧旅游 /160

第三节 旅游创新 /162

第十二章 旅游目的地管理 /165

第一节 旅游目的地 /165

第二节 旅游目的地规划 /167

第三节 旅游目的地市场营销 /170

第四节 旅游目的地的利益相关者 /173

第五节 旅游目的地形象和品牌 /174

第十三章 旅游企业管理 /180

第一节 旅游企业和企业家精神 /180

第二节	员工与企业	/183
第三节	战略与融资	/190
第四节	商业模式	/192
第五节	旅游企业社会责任	/195

第十四章　游客管理　　/197

第一节	游客出游动机	/197
第二节	游客旅游决策	/199
第三节	游客管理的利益主体	/201
第四节	游客安全管理	/201
第五节	游客满意度和游客体验	/203

参考文献　　/209

第一章 管理与旅游管理

> 阅读本章后，你应该能够：
> 1. 了解并掌握管理的四大功能。
> 2. 了解并掌握管理者和领导者的异同。
> 3. 了解并掌握管理者的主要角色和基本技能。
> 4. 充分认识到旅游业对经济、社会文化、环境的正负影响。
> 5. 了解并掌握影响旅游业发展的主要因素。
> 6. 意识到就业力的重要性，能准确地评估自己就业力。

学习目标

学习本章的知识和技能会让我们树立系统思维，形成危机意识，学会有条理地面对生活、学习和工作中的问题。学习这门课程让我们不仅可以了解日常管理和旅游管理中的现象，还能深入理解这些现象背后的原因，进而将学到的知识和技能运用到以后的工作中，让工作更加游刃有余。接下来，本章将介绍管理学和旅游管理的一些基础概念。

第一节 管理功能、管理者和领导者

一、管理功能

亨利·法约尔提出了管理的基本要素，即计划、组织、指挥、协调和控制。我们一般将管理分为计划（Planning）、组织（Organizing）、领导（Leading）和控制（Controlling）四种功能（Robbins和Coulter，2017）。由于人力资源在组织中发挥着至关重要的作用，有时候我们也把"人员配备"从组织职能中单列出来，从而形成管理的第五个功能。此外，创新对企业的生存和发展日益重要，也有学者把创新作为组织的重要职能（周三多、陈传明、鲁明泓，2016）。在本章中，我们按照计划和决策、组织、领导、控制四种功能介绍管理。

管理的四个功能

（一）计划和决策

计划就是根据目标决定行动方案，决策则是在行动方案中选择最佳的实现目标的方案。在现代社会中，企业的管理者的主要任务之一是展望未来并预测可能影响工作状况的宏观趋势或事件。同时，管理者需要根据这些环境变化来设定组织的目标并决定如何更好地实现这些目标。目标有不同的类型，包括为员工设定的切实可行的工作完成时间和标准（运营目标），同时也包括公司的短期发展目标（战术目标），以及宏大、清晰的战略目标和愿景。

在计划时，管理者需要明确如何根据目标分配资源和委派任务、检查团队的工作进展的标准，以及设定调整目标的具体情境。管理者的计划职能在很多时候需要独立完成，包括确定哪些责任必须交给哪些员工，为哪些任务设定优先级别，并创建工作时间表，同时，执行计划时也需要发挥沟通的重要作用。当中层管理者与公司领导层会面讨论短期和长期目标时，以及当他们向团队传达新项目的具体内容以确保个人目标按时实现时，充分的沟通都是必不可少的。

计划不是一劳永逸的，会随着组织内外部环境的变化而进行调整。例如，3M公司在发展过程中，就不断地更新其的战略。3M公司的一位员工因为希望自己的书签不会从书中掉下来，就发明了便利贴（Shaw、Brown和Bromiley，1998）。这个故事里就涉及环境因素（书签会掉）、计划（设计一种不会掉的书签）及决策（是否发明这种书签，发明以后，是否生产这种书签）。

旅游管理中也充斥着这种计划行为。旅游管理涉及目的地、旅游企业和游客三个层次。不同层级的旅游目的地的发展需要制定不同年限的规划(Inskeep,1991;Murphy,1988;吴必虎,2010);旅游企业以及企业内部团队的发展也需要制定不同类型的规划。此外,旅游者出行时也需要制定游程规划(Money和Crotts,2003)。你可以回想一下,你每次准备出行时会设定怎样的计划(如前往哪些地方打卡等),又会如何安排以保证这些计划能够完成。现在很多旅游企业,特别是在线旅行社(Online Travel Agency,OTA)会根据游客的出行计划为游客定制"路书",帮助游客更好地完成出行计划。

(二)组织

各种计划的落实需要进行有效的组织。管理者的组织过程就是通过对各种资源的调配实现计划目标的过程。建立企业或部门内部流程和结构,明确哪些员工或团队适合某项特定的任务,在日常运作中让每个人和每件事都有效运转也是组织的一部分。当然,组织职能跟计划一样,也是动态的。管理者不仅要高效地分配任务,并确保员工拥有完成任务所需的资源,还需具有重组的能力以应对新的挑战,例如面对一项新兴技术时,许多企业往往很难做出反应(即重新配置资源和调整任务),而这往往会对企业的竞争产生不利影响。这主要包括管理者微调项目时间线,或将任务从一个团队重新分配到另一个团队;有时候也需要根据公司的发展,重组团队的内部结构并调整角色。

随着信息技术的快速发展,组织的形态也在发生剧烈的变化,例如21世纪以来,世界各地的公司都在通过分散权力、缩小规模、结成联盟来追求创新,虚拟公司(Virtual Corporation)这种全新的组织形式也应运而生,他们可以应用全球的资源,并将任何任务转包出去。

旅游目的地的发展、旅游企业和团队的运营,以及个体和团队游客的旅游体验也需要进行有效组织。例如,资源需要在不同的地方和景点之间进行合理分配。再如,当接待一批小学生暑期研学团队时,旅行社会安排具有亲和力的导游带领这个团队完成旅行。另外,服务行业很有可能会面临服务失误,因此,每个旅游企业都需要设置特定的服务失误处理部门或安排专门的人员处理服务失误带来的投诉,安排什么样的员工到这些部门或岗位工作是管理者组织工作的一部分。

(三)领导

无论在日常运营中,还是在面对重大变故或危机挑战时,管理者都应该能自如地指挥团队成员工作。领导是管理者因特定的目的或原因而影响他人的行为。它是所有管理活动中最重要和最具挑战性的。管理者可以通过多种方式展示领导力,包括在员工需要支持和鼓励时给予认可,公平、果断地处理团队成员之间的冲突。总之,领导就是在中创造一种积极应对工作及目标的态度和氛围,其目的在于通过改变员工的行为来高效达成组织制定的目标。

思考、讨论与分享

你认为刘备和曹操谁更具有领导力？谁更能自然地改变下属的行为,建立忠诚？

在旅游企业中工作,特别是在旅行社之类的企业工作,管理者要领导的团队主要有两种类型:内部的员工团队和外部的游客团队。领导这两种团队具有相似之处,例如都需要通过有效沟通和激励来提高团队的凝聚力。两者的最大不同之处在于,内部的员工团队相对稳定,而外部的游客团队是临时性的,内部团队成员构成和需求更为复杂。

思考、讨论与分享

导游的风格和沟通能力会同时对游客体验和导游的工作效果产生重要影响。在网上搜索并观看"普陀山小庄"和"冰蛋"的导游视频,说说你更喜欢哪一种风格？为什么？

（四）控制

监督组织实现目标的过程被称为控制。监督计划实施的进展对确保实现组织目标来说至关重要。控制包括以下活动:测量团队和员工的绩效,与现有标准进行比较,发现偏离计划的行为并纠正偏差；此外,管理者还需要观察员工的工作质量和心理状态,比如当员工出现工作倦怠时,不要指责员工,而是要通过休闲活动让员工身心放松。管理中的控制(质量控制)是指在组织内外环境发生变化而导致最初设定的目标不能达成时做出的必要的改变。

过去,很多管理者逐步减少对员工的控制,赋予员工一定的权力,以此激发员工的创造力和主动性。但近年来,随着信息技术和人工智能的发展,劳动力优化措施出现。例如,一些企业通过劳务外包的方式大幅减少正式员工数量。这种控制成本的方式受到一些管理者的追捧,但我们需要谨记,控制不是万能的,提高员工的责任心才是提升组织和团队绩效的关键。

服务质量是旅游企业关注的核心问题(Punel、Hassan 和 Ermagun, 2019；Tsaur 和 Lin, 2004),在旅游业中,服务质量决定了游客的满意度和企业的口碑。例如,优秀的民宿管理者不仅注重建筑和设施的特色,以及服务人员的有形要素(让员工穿着富有设计感的服装),还注意提升员工处理问题的效率和端正员工对待顾客的态度。民宿管理者除了进行日常监管和指出服务各环节中的问题,也可能会请神秘顾客(Mystery Shopper)到民宿进行暗访。

二、管理者和领导者

管理者和领导者既有共同之处,又具有各自的特征和职能。例如,有些管理者并不具有领导职能,他们只是完成上级传达的任务,并不关心如何凝聚人心、鼓舞士气;而有些人在组织中并非担任管理者角色,但他们在很多重要的场合却被团队成员当作领导者,带领团队克服困难,达成目标。

管理者一般指在一个组织内,经过挑选,被任命并赋予职位的人。管理者应该具备足够的管理能力和激发员工积极性的能力,因此,人们往往将管理者与乐观、自信和积极的行为联系在一起。同时拥有优秀的领导者和管理者对任何组织的发展都很重要。组织需要优秀的领导者来引领成员实现使命和愿景;组织也需要优秀的管理者确保组织内部团队与其目标保持一致,推动目标和各项工作顺利完成。

(一)差异

我们可以从五个方面来区分管理者和领导者。

1. 领导者设定愿景,管理者遵循愿景

当要设定和执行组织的愿景时,管理者和领导者的角色是不同的。领导者是愿景的制定者,他需要确定组织未来的发展方向,设定组织的目标。管理者在实现组织愿景的过程中也发挥着至关重要的作用。领导者通过有效的沟通,将公司的愿景等传递给整个组织,管理者则通过管理员工的行为,使员工与组织的目标保持一致。

2. 领导者思考发展理念,管理者思考执行力

管理者强调的是理性和控制(稳定和刚性),而领导者更多思考如何在组织层面不断改善和优化(变化和韧性)。领导者通过提出新的想法并转变下属的思维方式来实现这一目标,在推动组织内部变革中发挥关键作用。此外,领导者通过给予员工更多权限而让他们为组织的目标而努力,进而引发组织内部积极的变化。管理者的主要责任是根据领导者设定的愿景来分配员工的任务,确保不同职能部门的员工承担不同的责任并能高效运作,且让员工表达他们的感受并发表他们的建议。管理者应该通过控制员工和提供必要的信息、流程和工具,让员工取得职业上的成功。

3. 领导者激励员工,管理者帮助员工成功

管理者与员工在工作场所有更多接触,要对员工的成功和绩效负责。若员工没有获得领导者的激励,管理者在帮助员工取得成功方面便显得力不从心。领导者可以提升员工的能力,引起追随者的注意,并激励他们落实重要的工作。领导者通过营造诚实、开放和透明的工作氛围,让员工感受到尊重,从而提升员工的工作效率。然而,许多组织忽视领导者和员工之间的双向沟通,使得信息在组织内单向流动,员工没有机会参与全公司的讨论,这会降低员工对组织的归属感和忠诚度。

4. 领导者着眼于未来，管理者工作在当下

管理者最重要的目标是通过制定预算、调整组织结构和进行人员配置来实现组织目标，而领导者倾向于提前思考未来并利用组织内外的各种机会。

5. 领导者塑造文化，管理者认可文化

领导者的职责是通过其行动和真诚沟通，维护企业的核心价值和文化信念。充满激情和鼓舞人心的领导者在传达企业文化并对员工的行为产生积极影响。好的企业文化可以帮助领导者实现变革，帮助企业渡过难关。领导者的能力和风格对员工如何接受和践行企业文化有很大影响，而管理者的作用是在团队中不断支持和认可这种文化。

（二）共同的职责

尽管领导者和管理者在组织中的角色不尽相同，但他们在三个主要领域的职责是一样的。

1. 沟通

领导者和管理者的沟通对于组织的成功至关重要。如前所述，员工期望了解其企业的价值观和发展方向。有效的沟通是领导者完成领导工作的重要途径，它能激励管理者和员工承担起创造更美好未来的责任。管理者的沟通则能使员工恪尽职守，进而打造牢固的团队关系。

2. 决策

有效的决策既是管理者的责任，也是领导者的责任。领导者能负责公司层面的决策，而管理者则要对团队或部门层面的决策负责。领导者和管理者，要善于将问题进行归类（简单、复合、复杂、混乱和无序），并根据问题的类型选择相应的解决方式。

3. 变革和危机管理

在变革或危机时期，领导者和管理者应该协同工作。由于包括旅游业在内的各类组织需要面对日益提升的外部环境不确定性（Jamal，2012），企业需要提升敏捷性（Mandal，2019）和快速适应变化的能力。

第二节　管理者的角色和技能

一、管理者的角色

管理的重点是提升绩效，交付成果（组织层面），并促进下属的职业生涯发展（员工

层面)。管理者对组织有巨大的影响,这些影响有些是积极的,有些则是消极的。作为未来的管理者,我们必须牢记这一经验之谈:员工离职的主要原因是他们不满意管理者的表现。我们要清楚一位管理者需要承担哪些角色,一般而言,管理者的角色涉及五个领域。

(一)让客户满意

管理学上认为,客户存在于组织内部和外部。组织内部的上司、同事和下属是管理者的客户,为员工提供内部服务(Wu、Wang和Ling,2021)有助于提高员工的满意度和绩效。在组织外部,产品和服务的销售对象与供应商、组织所在地的社区、当地政府机构,以及传统媒体和各种社交媒体也是管理者的客户。管理者需要让组织内部和外部的所有人朝着同一方向前进,因此,他需要确保组织可以向不同客户提供不同的产品和服务,也就是让组织交付的成果和产出与客户的需求和期望相匹配,从而让客户满意。更高的客户满意度意味着更高的企业绩效和股价。在旅游业中,顾客的满意度一直是经营者关注的核心问题(Fuchs和Weiermair,2003;徐克帅、朱海森,2008)。服务质量有五个维度,即有形设施、可靠性、响应性、保障性、情感投入(Parasuraman、Zeithaml和Berry,1988),通过这五个维度,我们可以更好地解决如何提升游客的满意度的问题。

(二)持续改进

在组织内部、管理层内部有各种持续改进的目标和措施。管理者在持续改进过程中需要建立绩效标准,制订计划并进行衡量和分析,使计划走上正轨。如果偏离了预期路径,管理者需要找出原因,及时修正路线,保证按时提交产品和服务,让客户满意。此外,管理者要有诚信,也就是在工作中要确保诚实、正直。

(三)确保多样性

管理者在挑选员工、组建团队的时候,应该尽量摒弃个人的喜好和偏见,让团队拥有不同教育背景、不同风格、不同个性、不同文化习俗的员工,并保持性别平衡。对旅游行业而言,多元文化的融合尤为重要。

(四)应对不确定性的挑战

管理者需要面对全球化及与此相关的各种问题,构建不断变化的商业模式,以解决各种危机与难题。不同组织之间和组织内部不同主体之间的诚信、互助(社会资本)是应对挑战的前提,对于需要与不同利益相关者合作(特别是供需双方合作)才能完成服务和产品供给的旅游业也非常重要。

(五)管理工作分心因素

一项研究发现,99%的员工表示他们在工作中有时会分心。当调查干扰因素是如何影响他们的工作的时候,48%的受访者表示,办公室的干扰使他们难以集中注意力。很多公司都开放式空间布局,同时,大量工作需要在线完成。这些布局和沟通工具的变化也为管理者的工作带来挑战。有八种因素会导致员工分心:①手机和互联网;②电子邮件;③会议;④交谈;⑤同时处理多项事务;⑥压力;⑦拖延症;⑧背景噪声。作为管理者,要知道分心是大脑的一种自然机制,需要根据公司的办公环境和员工结构,制定相应措施,解决员工分心问题,提高员工工作效率。

思考、讨论与分享

如果你是办公室主管,你会如何制止员工在上班时间使用私人的社交媒体?

二、管理者的技能

管理技能是管理者为了完成组织的特定任务而应该具备的能力,包括在组织中履行行政职责的能力;避免危机并及时解决问题的能力。管理技能可以通过不断学习和实践来提升。管理技能对于组织至关重要。拥有良好管理技能的管理者能够推动企业愿景向前发展,减少来自内部和外部的冲突和障碍。管理技能和领导技能经常交替使用,两者都涉及计划、决策、解决问题、沟通、授权和时间管理等方面。除领导外,管理的关键作用是确保组织的所有组成部分和成员能团结一致地工作,寻求善待下属和员工工作绩效的最佳平衡点。管理技能对于不同职位和不同层次的管理者都至关重要。一般而言,我们将管理者的技能分为三种类型。

(一)操作性技能

操作性技能涉及操作机器和软件、生产工具和设备,还包括促进销售、设计不同类型的产品和服务。在学习过程中,我们主要通过实践性课程、实习和兼职等方式获得操作性技能。

(二)概念性技能

概念性技能指管理者运用抽象思维和提出理念的知识和能力。管理者需要建立完整的概念,分析和诊断问题,并找到创造性的解决方案。这种技能有助于管理者有效地预测其部门或整个企业可能面临的问题,并提出针对性的解决方案。

(三)人际关系技能

人际关系技能是展现管理者与人有效互动、工作或联系的能力。我们要学会用善意和热情而非恐吓去促使员工高效地完成工作。良好的人际关系技能可以使管理者充分挖掘员工的潜力，激励员工取得更好的工作表现。在学习过程中，学会与领导、老师、同学、服务对象、陌生人等有效交流和沟通是我们的重要任务。这种技能更多需要大家在课后不断练习。

第三节 旅游和旅游管理

一、定义

（一）旅游

旅游有多种定义。世界旅游组织（WTO）认为：旅游是人们为了休闲、商务或其他离开他们的惯常环境到某些地方停留，并且连续时间不超过一年的活动。

这些人通常被称为游客，旅游业与他们的活动相关，其中一些活动会产生旅游支出。[1]根据这个定义，我们可以发现，旅游业不仅是人们出于某种目的（无论是商务还是娱乐）的空间移动，还是构成独特旅游体验的活动、服务和相关部门的集合。因此，我们在解释旅游现象时，往往会提及游客（个体）、组织（旅游企业、政府部门等）和目的地三个层次。

（二）旅游管理

旅游管理涵盖了与酒店和旅游行业有关的所有监管活动，具体包括管理旅游目的地、策划旅游活动、安排旅游行程、提供住宿、确保游客体验质量和管控旅游影响等，还涉及吸引游客前往特定目的地的营销工作，也包括在直接涉及旅游服务的协会或机构工作。

（三）就业力

就业力（Employability）是指一个人能够获得和维持就业的能力。从职业生涯的发展来看，一般包括三个能力：①获得初步就业的能力。这种能力是你毕业后被企业雇佣的基本能力。这些能力包括前文提到的各种基本能力，你对职业的了解程度和你对职场现实和规则的理解程度。学历并不代表真实的能力，越来越多的企业更加看重真正有助于工作绩效的各种技能。②具备就业和在同一组织内的工作与角色之间进行"转换"的能力。我们在行业内和企业内工作，会面临各种挑战，因此需要不断提高自

---

[1] 资料来源：https://www.unwto.org/glossary-tourism-terms。

己的知识水平和技能,以突显自己的工作价值。③获得新工作的能力。我们要关注行业与所在企业的状况,不断提升自己的工作能力,要拥有获得新工作的能力。

我们以旅行社的管理人员为例,根据调查,研究者确立了其所需要的四种就业力,即通用技能、业务技能、专业态度和职业规划能力,以及它们的二级指标(Tsai, 2017)。

旅行社管理人员的就业力

一级指标	二级指标	一级指标	二级指标
A 通用技能	A1 沟通技巧	C 专业态度	C1 学习主动性
	A2 团队合作技能		C2 职业伦理和道德
	A3 第二语言技能		C3 自我反思能力
	A4 导游证		C4 稳定性和复原力
	A5 身体耐力		C5 对工作的奉献精神
B 业务技能	B1 航空公司的售票技能	D 职业规划能力	D1 对专业趋势的了解
	B2 团队操作技能		D2 自我营销能力
	B3 旅游计划和执行技能		D3 终身学习的能力
	B4 危机管理技能		D4 全球视野
	B5 成本分析技能		

二、旅游业的影响

(一)积极影响

旅游业是一个覆盖面广泛的行业,涉及酒店业、餐饮业、运输业和其他相关行业或部门。旅游业的繁荣促进了上下游产业的发展,扩大了就业渠道(Fletcher等,2018;保继刚、楚义芳,2012)。据调查,全世界每11个工作岗位中就有1个与旅游业直接或间接相关。因此,旅游业的发展不仅可以拉动经济增长,还可以让人们更加关注文化的传承和保护,关注濒临灭绝的物种和栖息地,保护自然环境。旅游可以让人们接触到不同的文化,促进跨文化的理解和包容。

旅游业是我国经济的重要组成部分。数据显示:2017年,全国旅游业对GDP的综合贡献为9.13万亿元,占GDP总量的11.04%。旅游直接就业2825万人,旅游直接和间接就业7990万人,占全国就业总人口的10.28%。入境旅游也是我国外汇的重要来源,2017年,国际旅游收入约1234亿美元。为了促进旅游业发展,我国政府在提高旅游产品质量、推广旅游目的地、简化入境游客的退税和签证申请程序等方面做出了大量努力。

（二）消极影响

过度发展旅游业也会对目的地的经济、社会、文化及生态环境造成负面影响（Fletcher等，2018；保继刚、楚义芳，2012）。

在自然环境方面，这些负面影响包括生态环境遭破坏和生物栖息地减少，对目的地用水产生压力，产生塑料污染、噪声污染、光污染，破坏自然景观，等等。

在社会文化方面，过度开发旅游业可能导致社区文化特征丢失，地方物价上涨也会使当地经济变得脆弱，当遭遇重大的全球性的重大经济和社会危机时，以旅游业为支柱产业的目的地易遭受重大打击。同时，如果大量外来投资占据当地旅游业，当地居民可能会被逐渐边缘化，进而无法从旅游业快速发展中获益。旅游业虽然带来了大量的就业机会，但它具有明显的季节性，旅游相关工作稳定性不够。

思考、讨论与分享

列举你所看到的或亲身经历的旅游业发展给旅游目的地带来的负面影响。

三、影响旅游业发展的主要因素

（一）休闲社会

1899年，美国学者凡勃伦（Veblen）出版了《有闲阶级论》（*The Theory of the Leisure Class*）一书。作者在该书中提出，休闲已成为一种现代社会的体制、现代人的生活方式和行为方式。富裕阶层通过挥霍休闲和炫耀性消费彰显阶层优越感（Veblen和Mills，2017）。一般而言，随着社会经济的发展，越来越多的人迈入中产阶层，旅游被认为是这一阶层家庭支出的主要组成部分，这些家庭成员有闲暇时间和可自由支配的收入，能够前往国内其他地区和国外旅游，这些中产旅游者成为全球工业化国家和新兴经济体的新的休闲阶层（MacCannell，2013）。我国和世界旅游人数的快速增长与新的休闲阶层的快速扩张有直接关系。然而，看到大量游客出行的同时，我们也不能忘记仍旧存在数量庞大的不出游者。相关数据显示，我国约14亿人口中，有大约10亿人没坐过飞机。①让更多的人群享受旅游，不仅有利于扩大旅游业的规模，还有利于发挥旅游积极的社会心理效应。

（二）超级移动性

有三个方面的因素会促进游客在全国和全球范围内的流动。

---

① 资料来源：https://finance.sina.com.cn/jjxw/2023-06-23/doc-imyyhuak6746263.shtml。

一是包括大型客机、高速公路、高速铁路和邮轮等在内的跨越海陆空的交通工具的发明和相关技术的不断发展为游客出行提供了便利。在我国,高速公路基本通达县城,普通公路的路况和安全也得到了极大改善,高速铁路广泛覆盖。高速公路促进了自驾游出游形式的普及,而高速铁路则极大地促进了跨区域的游客流动。

二是各地交通网络不断优化和完善。在信息技术、科学规划、高效管制等因素的作用下,不同的交通方式之间可以有效衔接,从而方便了游客换乘。

三是国家(地区)之间的互通性日益提升。世界上大多数国家(地区)都在不断地促进签证的便利化,减少游客跨国(地区)流动的障碍。

中国高速铁路复兴号 **CR400AF** 型电力动车组

(作者:N509FZ,CC BY-SA 4.0)

(三)技术和创新

互联网 1.0 时代创造了在线旅游社区,使得旅游企业能够通过电子媒体向消费者推销产品和介绍目的地,并与之沟通。随后,Web 2.0(即社交媒体)时代让用户能够创造在线内容并允许(潜在)游客进行在线互动,让消费者可以就假期、旅游等主题进行交流。越来越多的人在网上进行旅游预订,并通过携程、猫途鹰等在线平台进行旅游体验的定量评分和定性评论。大数据、物联网、人工智能(AI)、虚拟现实(VR)、增强现实(AR)、元宇宙(Metaverse)等技术构建了一个基于人们休闲旅游行为方式的数据网络,通过先进的算法,这些技术不仅能够为每个用户提供个性化的旅游和休闲服务方案,还能够深度整合商业和休闲环境,为人们的出游决策和体验带来极大的便利。然而,人们在享受新技术提供的便捷的同时,也面临信息超载、个人隐私泄露等问题。

(四)脆弱性和韧性

旅游业是一个非常脆弱的行业,重大的社会、自然危机可能会导致某地甚至全球的旅游业停摆。这种脆弱性会不同程度地对旅游目的地、旅游企业和旅游从业者及游客产生影响。提高旅游目的地和旅游企业应对危机和风险的能力,以及从危机和风险中恢复的能力,是旅游从业者需要认真思考和处理的核心问题。

思考、讨论与分享

你觉得未来十年最有可能对旅游业造成负面冲击的因素是什么?

(五)碳排放量

旅游业的快速发展对全球可持续发展带来一定挑战。我们享受休闲旅行的同时会产生大量的二氧化碳,其中约75%是由交通运输产生的,在这75%的比例中,航空业约占40%。旅游及其产生的污染也对全球环境造成一定影响。由于发展旅游对目的地具有明显的经济促进作用,各地政府的政策一般倾向于制定促进旅游发展的政策,而非限制旅游。

思考、讨论与分享

如果你有机会去国外度假,但乘坐跨洲航班会造成更多的碳排放,你会愿意在国内选择一个同类型的目的地而减少碳排放量吗?

推荐阅读

1. 斯蒂芬·罗宾斯、玛丽·库尔特《管理学(第13版)》,中国人民大学出版社。
2. 约翰·弗莱彻、艾伦·法伊奥、大卫·吉尔伯特、斯蒂芬·万希尔《旅游学:原理与实践(第9版)》,东北财经大学出版社。

问题

1. 管理的四大功能是什么?
2. 管理者和领导者的异同是什么?
3. 管理者的主要角色和基本技能是什么?
4. 旅游业对目的地产生的影响是什么?
5. 影响旅游业发展的主要因素是什么?
6. 什么是就业力?如何提升就业力?

课后任务

第一章

第二章
旅游管理的理论基础

学习目标

阅读本章后,你应该能够:
1. 了解并掌握对旅游管理有重要影响的管理学重要理论。
2. 了解并掌握对旅游管理有重要影响的地理学和生态学重要理论。
3. 了解并掌握对旅游管理有重要影响的心理学重要理论。
4. 了解并掌握对旅游管理有重要影响的社会学和人类学重要理论。
5. 能初步应用包括动机理论在内的管理理论去分析管理现象。

旅游管理首先是管理,需要管理学的基本知识和技巧。同时,旅游管理的对象具有特殊性,涉及地方、企业和游客(消费者)三个层次。因此,卓越的旅游管理实践者必须具备多个学科的知识和技能。本章我们主要介绍来自管理学、地理学、生态学、心理学、社会学、人类学等学科对旅游管理具有重要指导意义的理论和概念模型。

第一节 管 理 学

管理理论是可以指导现代组织实践的管理策略、概念、框架和准则。本节我们将概述管理学发展过程中影响力比较大的理论。需要指出的是,来自心理学的研究构成了管理研究中组织行为研究的基础(如领导和员工的心理和行为等),我们将这些理论放在心理学这一节进行阐述。由于被管理学者广泛接受,我们将科层制(社会学)放在本节。

一、古典管理理论

(一) 科学管理理论

我们将现代社会早期的代表性管理理论称为古典管理理论。古典管理理论的前提是员工只有生理需求。因为员工可以用钱来满足这些物质需求，所以古典管理理论只关注员工的经济问题，而忽略了影响员工工作满意度的个人的心理、精神和社会需求。

古典管理理论提倡七项关键原则：①利润最大化；②劳动专业化；③集中化领导；④精简操作；⑤强调生产力；⑥一个人或少数人做决策；⑦优先考虑底线（绩效）。应用这七项原则，我们能构建一个以等级结构、专业化员工和经济回报为基础的"理想"工作场所。

思考、讨论与分享

请列举1—2家具有古典管理特色的知名企业，并说明理由。

科学管理是古典管理理论的基石之一。美国管理学家弗雷德里克·温斯洛·泰勒（Frederick Winslow Taylor，1856—1915）开创了科学管理理论，认为强迫人们努力工作并不是优化绩效的最佳方式。相反，泰勒建议将任务标准化以提高生产效率。同时，泰勒提出了"合理的日工作量"的理念，认为劳动定额有利于提高劳动生产率。泰勒在其著作《科学管理原理》(The Principles of Scientific Management)一书中总结了企业提升效率的各种技巧。

科学管理理论自诞生后在全世界范围内得到了广泛应用。由此产生的员工和雇主之间的合作，演变成现在人们耳熟能详的团队合作。科学管理的四个核心原则（Taylor，1911）至今仍适用于各类企业：①科学地看待每项工作或任务而非个人的"经验法则"，以确定完成工作的"最佳方式"。②为每项工作选聘合适的员工，并通过训练使其高效工作。③监测员工的绩效（表现），并在需要时提供指导和培训。④对管理层和员工进行明确分工，这样管理者可以进行计划和培训，而员工可以有效地执行任务。

思考、讨论与分享

一些企业只讲究员工奉献，却不给予员工合理的报酬和福利。你觉得应该怎样称呼这种类型的企业？

（二）一般管理理论

法国管理学家亨利·法约尔（Henri Fayol，1841—1925）提出并发展了一般管理理论（General Administrative Theory），该理论后来成为管理过程学派的理论基础。法约尔和泰勒一起被公认为现代管理方法的创始人。法约尔将自己放在管理者的位置上，想象自己在与团队打交道时可能遇到的情况。由此他认为管理者（实际上是一般管理层）在管理员工时有五项职能，即计划、组织、指挥、协调、控制。考虑到这些责任，法约尔制定了十四条管理原则,这些原则告诉管理者应该如何领导团队,是当今许多取得成功的管理基础。这十四项原则如下。

(1) 劳动分工:分工提高产品质量。

(2) 权力与责任:权力使管理者更有效率地工作,而责任让他们对工作负责。

(3) 纪律:遵守组织规则产生良好的绩效,促进员工的个人成长。

(4) 统一指挥:一个员工应该只有一个直接上级,并听从他的命令。

(5) 统一领导:从事相同活动的人都有一个统一的目标。

(6) 个人利益服从整体利益:员工优先考虑组织的利益,个人利益服从组织的利益。

(7) 人员报酬:根据员工努力程度给予货币和非货币报酬。

(8) 集中:在等级制度和权力划分之间取得平衡。

(9) 等级制度:从上而下的层级关系,员工明确知道其直接上司。

(10) 秩序:通过明确的工作秩序营造良好的工作环境。

(11) 公平:管理者必须尊重和公平对待下属。

(12) 人员稳定:为员工提供工作保障,给予其安全感。

(13) 首创精神:支持和鼓励员工主动建言献策和进行创新。

(14) 团队精神:管理层需要经常激励并支持员工。

(三) 科层制

马克斯·韦伯(Max Weber,1864—1920)是德国社会学家、历史学家、法学家和政治经济学家,被认为是现代西方社会发展重要的理论家之一。他以社会学的方法创建了科层管理理论(官僚制理论),该理论强调理性、可预测性、客观性、技术能力和威权主义(Robbins和Coulter,2017),为我们解释现代企业管理制度提供了独特视角,也成为大量现代企业(特别是传统大型企业)组织结构构建的基本原则。

韦伯的理论强调以明确的规则、角色和分层方式企业的重要性。根据韦伯的观点,理想的企业结构(或科层体系)具有以下特征:①明确的劳动分工;②业主个人资产和组织资产分离;③层次分明的权力结构和指挥系统;④准确保存的记录;⑤根据资格和业绩而不是个人关系进行雇佣和晋升;⑥统一的规章制度。

科层制的明显好处是让拥有许多等级层次的大型组织可以通过确立层级关系,进而有效地工作。科层制管理方式对需要明确标准、程序和结构的新企业来说可能非常有用。正是这些既定的规则和程序使所有员工都能高效、同频地执行任务。科层制使管理层更容易保持控制,并在必要时进行调整。

科层制的最大弊端是众多层级导致大量的繁文缛节和文书工作,庞大的行政人员,特定的办公室文化和缓慢的沟通机制。同时,员工之间、员工和公司之间有明显的距离,员工缺乏归属感和忠诚度。科层制也极其强调对法规和政策的遵从性,这会极大限制员工的创新性和积极性,让他们感觉自己只是公司的一颗螺丝钉,而不是一个活生生的人。事实上,员工希望被关注、被尊重、被善待,并期待在决策中有发言权。

此外,随着时间推移,员工可能会对各种规则和要求产生厌烦甚至愤怒情绪,他们可能会主动或被动抵制甚至滥用这些规则,并反抗现有秩序(如服务破坏行为、员工偏差行为)。因此,采用科层制的组织要提前明确告知员工公司内部的工作方法,并要求他们接受这一点。只有认同这种方法的员工才适合在其中工作。

二、现代管理理论

(一) 全面质量管理

全面质量管理(Total Quality Management,TQM)由美国通用电气公司的阿曼德·费根堡姆(Armand V. Feigenbaum,1920—2014)和品质管制专家约瑟夫·朱兰(Joseph M. Juran,1904—2008)提出。全面质量管理是以顾客为中心的组织的管理体系,要求所有员工都参与到持续改进质量的过程之中。全面质量管理学说的前身为质量管制,即通过质量控制工程师和技术人员,应用品质检验与统计方法,降低企业生产成本。但因为这种方法的品质控制只局限于某些技术人员,所以从20世纪50年代开始,其理念被全面质量控制理论所替代。

执行全面质量管理的组织使用各种策略、数据和有效的沟通,将质量规则集成到组织的文化和活动之中。一般而言,全面质量管理有八项原则:①以客户为中心;②全员参与;③以过程为中心;④集成化系统;⑤采用战略和系统的方法;⑥持续改进;⑦务实决策;⑧有效沟通。

全面质量管理理论在20世纪80年代末和90年代初受到广泛关注,并形成了诸多知名管理奖项。之后,其影响力因 ISO 9000、精益制造和六西格玛等质量管理理论的涌现而降低。

(二) 精益管理

"精益"(Lean)一词是由麻省理工学院国际汽车项目的吉姆·沃马克博士领导的研究团队在20世纪80年代后期创造的,用来描述丰田公司的业务管理。尽管精益管理理念和方法最初产生于制造业,但这种管理理念也适用于包括服务业在内的业务和流程。精益管理的核心是不断提高产品、服务或流程的效率和质量。许多组织并没有选择使用"精益"这个词,而是用他们的业务来命名他们自己的管理系统,如丰田生产系统或丹纳赫业务系统。

精益管理强调了解客户价值,并将其关键流程的重点放在不断提高价值上。最终目标是通过零浪费的完美价值创造过程,为客户提供完美的价值。为了实现这一目标,精益思想改变了管理的重点,从优化技术、资产和垂直管理部门,到通过整个价值流优化产品和服务,整个价值流跨技术、资产和部门水平流向客户。与传统商业系统

知识链接

全球三大质量管理奖项

相比,精益管理沿着整个价值流而不是在孤立的点上消除浪费,创造出需要更少人力、更少空间、更少资本和更少时间的流程,以更低的成本制造产品和服务,并大大减少缺陷。精益管理的关键原则如下。

(1)识别价值:识别什么对客户有价值,并专注于为客户创造价值。

(2)绘制价值流:绘制流程或系统中的价值流,并识别和消除浪费。

(3)创建流程:在流程或系统中创建顺畅且连续的流程。

(4)创造拉力:建立一个只有在客户需要时才创造价值的系统。

(5)追求完美:不断优化流程或系统,以提高效率并减少浪费。

(三)5S管理

5S管理是精益管理的一项工具,由大野耐一提出。5S管理是一套由整理(Seiri)、整顿(Seiton)、清扫(Seiso)、清洁(Seiketsu)、素养(Shitsuke)①所组成的管理措施。目的是通过降低浪费来提高工作效率。5S管理不是一次性行为,而是不断重复的习惯。随着被执行的时间变长,减少人力和时间浪费的成效就愈加明显。在旅游行业、物流管理、库存管理、生产管理、电脑档案、数据库和个人物件分类等方面都可以进行5S管理(Perdomo-Verdecia、Sacristán-Díaz 和 Garrido-Vega,2022)。另外,部分管理者将安全(Safety)列为第六个"S",称6S管理,或将安全及节约(Save)列入,则称7S管理。

实施7S管理的西餐实训室

下面我们通过具体例子说明如何实现5S管理。

(1)整理:随着办公室走向无纸化,越来越多的人在家办公,在整理文件时,需建立合理的文件结构,并合理命名,以保证可以随时找到所需的文件和数据。

---

① Sseiri、Seiton、Seiso、Seiketsu、Shitsuke皆为日语罗马字。

（2）整顿：常使用的文件，如客户资料、关键绩效指标，可以放在云端，或加入书签；工作合约、履历等超过一年才会用到的文件，则可以放在随身硬盘中。

（3）清扫：笔记本电脑、平板电脑和手机有容量限制，因此，我们要保持每周更新软件、清理缓存文件的习惯，从而确保以最高的效率工作。

（4）清洁：实现流程可视化并统一标准，可以让所有人知道要做什么。我们可以使用管理工具，对各成员的任务进程等进行可视化处理，让工作流程保持顺畅。

（5）素养：让团队重复进行5S管理，直到成为习惯，即使无人督促，他们也会不断优化工作流程，提高效率。

思考、讨论与分享

如何通过5S管理让你的学习和生活更有效率？

（四）服务主导逻辑和价值共创与共毁

服务主导逻辑（Service-dominant Logic，SDL），即通过交换在生产者和消费者之间、其他供应和价值链协作者之间共同创造价值（Vargo和Lusch，2004）。其基本思想是，人类用自己的能力来造福他人，并通过与他人的服务交换互惠受益（Vargo和Lusch，2004）。Vargo和Lusch提出了服务主导逻辑最初的八个基本前提，之后不断经过修改，增加到十一个基本前提（FPs），其中五个被确定为公理。

服务主导逻辑的公理和前提

公理和基本前提	具体内容
公理1/基本前提1	服务是交换的根本基础
基本前提2	间接交换掩盖了交换的根本基础
基本前提3	商品是提供服务的一种分配机制
基本前提4	经营资源是实现战略效益的根本商品
基本前提5	所有的经济都是服务型经济
公理2/基本前提6	价值是由多方共同创造的，其中总是包括受益者
基本前提7	主体不能传递价值，但可以参与价值主张的创造和提供
基本前提8	以服务为中心的观点本质上是面向客户和关系的
公理3/基本前提9	所有社会经济行为者都是资源整合者
公理4/基本前提10	价值永远是唯一由受益者所决定的要素
公理5/基本前提11	价值共创是通过行动者产生的制度和制度安排来协调的

服务主导逻辑提倡在生产、消费过程中不同主体共同创造价值。共创,意味着要考虑专业知识和客户知识,它们是企业价值和竞争力的来源。通过共同创造价值,企业可以开发适合市场的产品和服务,并与客户建立互动关系,还可以在创新,以及客户参与价值生产的过程、客户与公司的合作等方面实现特定目标。在旅游价值共同创造的逻辑中,旅游企业必须将游客视为产品创造和旅游体验的参与者,而不仅仅是观众。为游客设计和由游客自己设计的体验是旅游利益相关者之间不断学习和创造合作的结果。

但合作未必能让所有参与者都获得增值价值,企业、公众和消费者合作也可能导致价值共毁。价值共毁是指在服务系统内部发展过程中至少有一个服务系统的价值下降。例如,社交媒体用户可能通过负面言论对目的地品牌产生消极影响(Lund、Scarles和Cohen,2019),导致游客对旅游价值产生怀疑,降低目的地的旅游品牌价值,进而影响旅游企业的营收,降低旅游目的地居民的地方认同感。

思考、讨论与分享

云南因多样的地貌、多元的文化和适宜的气候而成为国内外游客的理想旅游目的地,但近年来云南旅游也存在某些负面新闻,从游客、当地政府、旅游从业者、当地居民等多个视角进行分析,你认为应该如何基于服务主导逻辑,重建云南旅游共创价值的新系统?

第二节 地理学和生态学

一、旅游地生命周期

旅游地有自己的生命周期,如石家庄从近代铁路线上的一个小小聚落变成今天河北省的省会,上海则从清代松江府下辖的一个县城发展为当今具有全球影响力的城市。一个地方在成为旅游目的地之后,也会经历不同的发展阶段。加拿大地理学家巴特勒(Butler)在20世纪80年代提出了旅游地生命周期模型(Tourism Area Life Cycle,TALC),将旅游地的发展分为六个阶段。

(一)探索阶段

探索阶段是该模型的第一个阶段。这一时期,游客数量非常有限。游客通常会单独造访目的地。这一时期,旅游目的地几乎没有为游客服务的设施,当地人不参与和旅游有关的活动,也不会从中获得经济利益。加拿大北极地区和拉丁美洲丛林的一些地方目前仍处于探索阶段。

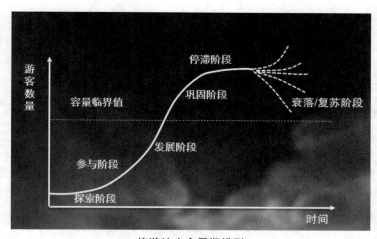

旅游地生命周期模型
(编者根据巴特勒旅游地生命周期理论绘制)

(二)参与阶段

参与阶段是指参观该地区的人数不断增加的阶段。居民发现为游客提供一些设施能获得经济效益。在这个阶段,目的地开始做一些营销工作,旅游周期开始形成。这个阶段会给当地带来压力,当地需要通过为游客提供服务和改善基础设施来推动目的地发展。

(三)发展阶段

由于大量的广告和宣传,旅游地被广泛认可。随着旅游地逐渐为人所熟知,投资者看到了获得经济收益的机会,于是他们会建造更多的文化景点和设施,如大型酒店、餐馆、酒吧和会议中心等。

(四)巩固阶段

巩固阶段是指游客人数多于当地居民的阶段。在这个阶段,当地经济由旅游业主导,旅游企业将推动景点的进一步扩张。然而,一些当地人,特别是那些没有参与旅游开发的人,会因为旅游活动对社会文化环境的影响而感到不满甚至进行抗议。

(五)停滞阶段

停滞阶段是指一个景点已经达到最大容量,不会继续发展的阶段。此时,当地环境被破坏,许多物种消失。旅游地在很大程度上依赖游客故地重游,需要通过大量的营销活动来保持游客量。

(六)衰落/复苏阶段

在停滞阶段之后,不同目的地可能会迎来不同的命运。
一种可能性是衰退,即该地区不具备与新的景点竞争的能力。衰退阶段的特点是该目的地已经失去了对长途游客的吸引力,周末游和一日游的游客是市场主体。大量旅游设施在这个阶段被拆除,这导致当地居民对旅游业的参与可能会增加,因为在衰退的市场条件下他们可以用低廉的价格获得旅游设施。但该目的地最终可能完全失去其旅游功能。衰退的例子之一是位于南美洲巴拉圭和巴西交界处的瓜伊拉瀑布,它曾经是世界上最大的瀑布群以及世界上径流量最大的瀑布,1982年10月,其下游伊泰普水电站蓄水后水位抬高,导致瀑布最终消失。

另一种可能性是目的地的复苏。要实现复苏,景点需要彻底改变。这种变化可以通过两种主要方式发生。一是,建设新的人造景点,提供实景表演等;二是,开发的新自然资源。在这个阶段,政府的支持非常重要。比较典型的例子是广东的丹霞山,在丹霞山旅游发展进入停滞阶段以后,地方政府委托中山大学旅游学院的专家进行了规划,规划团队发现了阳原石这一新的旅游景点。此后,丹霞山进入复苏阶段(保继刚、楚义芳,2012)。2010年,广东丹霞山和贵州赤水、福建泰宁、湖南崀山、江西龙虎山(包括龟峰)、浙江江郎山作为"中国丹霞"的代表,被列为世界自然遗产,其知名度得到极大提高,旅游发展呈良好态势。

丹霞山阳原石
(作者:Mx. Granger,CC0)

思考、讨论与分享

列举处于生命周期的不同阶段的景区。

二、地方感和地方依恋

著名地理学家段义孚发展了恋地情结(Topophilia)这个概念,用来描述对一个地方(如故乡或我们钟爱的旅游目的地)的美好、浪漫、怀旧情感。人对地方的情感与人对人的情感类似,一个人对另一个人的态度可以是喜爱,也可以是厌恶、冷漠;同样的,一个人对地方的情感也可以复杂多样。我们用地方感(Sense of Place)这个词语描述人与空间环境之间的这种多维、复合的关系。某些地方会具有某些特质,另一些地方则没有这些特征。例如,同样作为中国历史文化名村,爨底下村和俞源村既有相同的特质,也具有不同的个性,这些特征会引发人们对地方的不同感觉、认知和情感。当人们(游客)对一个地方有积极的地方感时,他们会形成对这个地方的依恋。

位于北京西郊的爨底下村
(作者:Zhiyoo,CC BY-SA 3.0)

位于浙江武义的俞源村
(作者:Zhangzhugang,CC BY-SA 4.0)

环境心理学中把地方依恋(Place Attachment)分成地方依赖(Place Dependence)和地方认同(Place Identity)两个维度。前者指人们(游客)与一个地方的物质上的关系,后者指人们(游客)与一个地方的情感、精神上的联结。而这种依恋会让他们积极地传播这个地方(口碑),并且愿意再次到访这个地方。

旅游、游憩研究中的地方依恋量表

维度	序号	题项
地方依赖	1	没有其他目的地(景点)可与这个目的地(景点)相比
	2	这个目的地(景点)给我的满足感,远超过其他地方
	3	这个目的地(景点)的重要性,远超过其他地方
	4	在这个目的地(景点),我能观赏到最多样的景观
	5	对我而言,这个目的地(景点)的环境是同类目的地(景点)中最好的
	6	没有其他目的地(景点)可以代替这个地方
地方认同	1	我感觉这个地方(景点)旅游是我生活的一部分
	2	这个目的地(景点)对我而言有很多意义
	3	我非常喜爱这个目的地(景点)
	4	我强烈地认同这个目的地(景点)
	5	我愿意和他人分享关于这个目的地(景点)的信息
	6	如果可以,我愿意多花一些时间在这个目的地(景点)

(根据Kyle、Graefe和Manning(2005)翻译修改)

思考、讨论与分享

旅游中有哪些因素会让你喜爱一个地方,哪些因素会让你讨厌一个地方?

三、韧性

旅游业是一个包括环境、社会、文化等多重因素的系统,可以看作一个复杂的社会生态系统。社会部分指包括经济、技术、政治和文化在内的所有人类活动,生态部分涉及自然栖息地、动物、水生健康和气候变化。社会生态系统视角为理解环境和社会变化之间发生的复杂动态提供了一个框架。韧性(Resilience,又称为恢复力)这个概念可以帮助我们理解社会生态系统的变化和适应能力。生态学家沃克(Walker)和霍林(Holling)等学者(2004)描述了韧性的四个关键内容:界限(Latitude)、抵抗力(Resistance)、不稳定(Precariousness)和扰沌(Panarchy)。

(1)界限:系统在失去恢复能力之前可以改变的最大数量。在超过阈值之前,如果超过阈值,恢复将变得困难或不可能。

(2)抵抗力:各种影响因素改变系统的难易程度,反映了系统能够抵抗变化的能力。

(3)不稳定:系统的当前状态离极限或"阈值"的远近程度,离阈值越近则越不稳定。

(4)扰沌:系统中某一层级受其他层级影响的程度。例如,生活在彼此隔离的群落中的生物,其组织方式可能不同于生活在大型种群中的同类生物。因此,群落结构受到种群结构的影响。

韧性的概念对地方应对风险、危机带来的不确定性提供了理论基础,基于此理论框架,很多城市提出了很多有效的实践方法。例如,制定防灾预案和加强防灾教育以提升抵御能力,同时,增加防灾设施以提高抗风险的阈值。在旅游管理实践中,我们除了要关注目的地的韧性,也需要重视组织韧性和员工的心理韧性。

第三节 心 理 学

一、动机

(一)需要层次理论

亚伯拉罕·马斯洛(Abraham H. Maslow,1908—1970)在1943年发表的论文《人类动机理论》中首次提出了需要层次理论(Hierarchy of Needs Theory)。他把人类的需要从低到高分为五个层次,即生理需要、安全需要、爱与归属的需要、尊重需要、自我实现需要。这种层次结构表明,人们在追求其他更高级的需要之前,会先满足基本需要。

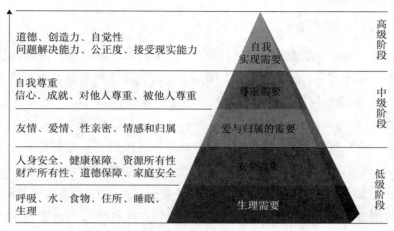

马斯洛需要层次理论图

（二）双因素理论

弗雷德里克·赫茨伯格（Frederick Herzberg，1923—2000）提出了双因素理论（Two-factor Theory），认为组织可以通过两个因素影响工作氛围和绩效。

1. 激励因素

激励因素可以鼓励员工更努力地工作。这些因素具体包括：①成就。工作必须让员工有成就感。②认可。工作必须为员工提供来自他们上级和同僚对其成功的赞美和认可。③工作本身。工作本身必须是有趣的、多样的，并具有一定的挑战以保持员工的积极性。④责任。员工应该对自己的工作负责，而不是觉得自己在被管理和操控。⑤晋升。员工应该有晋升的机会。⑥成长。员工应有机会通过工作或正式培训学习新技能。

2. 保健因素

保健因素不会鼓励员工更努力地工作，但如果不存在这些因素，就会使他们没有动力工作。这些因素包括：①公平和明确的公司政策。②公平和适当的监督。③平等关系。拒绝职场霸凌或小团体行为，同级、上级和下级之间应存在健康、和谐、适当的关系。④工作条件。提供安全、适当和卫生的设备和工作环境。⑤薪资。薪酬结构应公平合理。⑥身份。所有员工都有尊严地工作，对组织有归属感。⑦安全感。员工不是时刻处于被解雇的威胁之中。

思考、讨论与分享

对旅游从业人员而言，他们更关注哪些因素？

(三) X 理论和 Y 理论

你是否认为每个人都能从他们的工作中获得最大的满足感？还是你认为有些人把工作看作一种负担，只是为了钱而工作？领导者的这些预期假设会影响一个组织的运作方式，这些假设也就构成了 X 理论和 Y 理论的基础。

道格拉斯·麦格雷戈（Douglas McGregor，1906—1964）于 20 世纪 60 年代提出了两个对立概念——X 理论和 Y 理论，并解释了两种管理风格——专制型和参与型。在一个组织中，如果团队成员对他们的工作没有表现出热情，领导者很可能会采用专制的管理方式。但如果员工表现出学习的意愿，并对自己的工作充满热情，那么他们的领导者就有可能选择参与型管理。管理者采用的管理风格将影响他能在多大程度上保持团队成员的积极性。X 理论对员工持有悲观的看法，认为他们在没有激励的情况下无法工作，而 Y 理论则对员工持乐观态度。Y 理论认为，员工和管理者可以实现合作和互信。在现实管理实践中，一些情况 X 理论是适用的。例如，那些雇用数千名员工从事日常工作的大公司可能会发现采用这种管理形式是比较合适的。

(四) 公平理论

公平理论（Equity Theory），又称社会比较理论，是由美国心理学家约翰·斯塔希·亚当斯（John Stacey Adams）提出的一种激励理论。此理论侧重于研究工资报酬分配的合理性、不公平性及其对职工生产积极性的影响，认为员工的积极性来源于对自己和参照对象（Referents）的报酬与投入的比例的主观比较。公平理论的基本观点是，当一个人做出了成绩并获得了报酬以后，他不只关心自己所得报酬的绝对量，也关心自己所得报酬的相对量。因此，员工会进行种种比较来确定自己所获报酬是否合理，比较的结果将直接影响今后工作的积极性。

比较有两种形态：①横向比较，就是将自己获得的报酬（包括金钱、工作安排以及获得的赏识等）与自己的投入（包括教育程度、所做努力、用于工作的时间、精力和其他无形损耗等）的比值同组织内其他人做比较，只有相等时，他才认为公平。②纵向比较，就是把自己目前投入的努力与目前所获得报酬的比值，同自己过去投入的努力与过去所获报酬的比值进行比较。两者相等时即公平。

(五) 期望理论

期望理论（Expectancy Theory）由维克托·弗鲁姆（Victor H. Vroom）提出，又称作效价-手段-期望理论。这个理论可以用公式"激动力量＝期望值×效价"来表示。在此公式中，激动力量指调动个人积极性，激发人内在潜力的强度；期望值指根据个人的经验判断达到目标的把握程度；效价指所能达到的目标对满足个人需要的价值。这个公式说明，人的积极性被调动的程度取决于期望值与效价的乘积。换言之，当个人对实现目标充满信心,认为成功的概率较高时,其激发出的动力就越强,积极性也随之提升,因此,在领导与管理实践中,运用期望理论来调动员工的积极性具有重要意义。

二、计划行为理论

计划行为理论(Theory of Planned Behavior,TPB)由 Icek Ajzen(1985)提出,可用来预测和了解旅游者的行为。计划行为理论模型主要由态度、主观规范、知觉行为控制、行为意图与行为组成。其中,态度是指个人对某种行为所抱持的正面或负面的感觉,比如旅游者对某个旅游目的地的喜好程度。主观规范是指个人对于是否采取某种特定行为所感受到的社会压力,比如在旅游决策过程中,你想徒步川藏线,但你的亲友对此极力反对,最终,你可能放弃这一计划。知觉行为控制是指个人在执行某种行为时对自我控制能力的认知评估,比如你感觉独自前往某地旅游的行为有难度。行为意图是个人想要采取某一特定行为的行动倾向。行为是指个人实际采取的行动。根据这一理论,研究发现,游客对旅游商品的认知会影响态度和行为意图,进而影响购买行为。

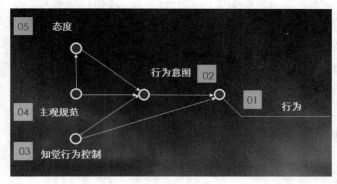

计划行为模型

由于互联网及社交媒体的蓬勃发展,社会影响逐渐取代广告成为旅游购物的重要依据。Tanford 与 Montgomery(2015)的研究显示,高达75%的受访者在订房前会查看线上评论;Ismagilova 等人(2020)研究发现,93%的消费者表示线上评论显著影响购买决策。这也就是为什么现在旅游商家如此重视线上口碑。

第四节 社会学和人类学

一、真实性和商品化

真实性指某一事物的真实情况与描述相一致或吻合的程度。19世纪70年代,旅游者开始重视"真实性"的旅游体验,期望获得更真实'更深入的旅游体验,"真实性"概念延伸到旅游领域。旅游真实性强调旅游者对目的地文化、历史和自然环境的真实体验,要求旅游活动保持当地文化的独特性和自然环境的原始状态,避免过度商业化或人为改造。中山大学的王宁教授(1999)认为旅游中存在客观主义真实性(Objective Authenticity)、建构主义真实性(Constructive Authenticity)、存在主义真实性(Existential Authenticity)三种类型的真实。

(1) 客观主义真实性:关注旅游客体的真实性。游客评判旅游产品是否真实的标准是,它们是否在本地由本地居民根据习俗与传统来制造或表演。

(2) 建构主义真实性:从更加复杂的角度强调了游客主体对客体"真实性"的构建,在注重客体真实的基础上强调主体对真实性的判断会受到他们的社会文化背景的影响。例如,中国人认为黄河是母亲河,而其他国家的游客可能仅仅认为这就是一条含沙量很高的河流。

(3) 存在主义真实性:关注主体体验的真实性。与前两个观点最大的不同在于,存在主义真实性关注的是旅游主体,强调游客的主观体验,游客只是借助旅游活动或旅游客体寻找自我,所以很多游客明明知道一些景点是假的,但还是乐在其中。

与旅游真实性相对应的是旅游的商品化问题。当游客为了寻求真实性,特别是客观真实性的时候,他们的行为却不断地将新的地方和物品商品化,让其失去原本的内涵。商品化是将某物变成商业用途的物品。就旅游业而言,商品化是指利用一个地方的文化赚取足够大的利润,以支持该地区的经济发展。现代市场体系已经覆盖全球,带来了更广泛的商品化。格林伍德(1977)认为商品化的文化产品失去其原来的内在意义,使当地人民失去了生产这些文化产品的热情。

思考、讨论与分享

在网上搜索"只有河南·戏剧幻城"的相关场景,你如何评价这种文旅形式?它体现了真实性吗?

二、情绪劳动

社会学家阿莉·拉塞尔·霍克希尔德(Arlie Russell Hochschild)提出了情绪劳动的概念。情绪劳动是指员工在工作过程中展现出符合工作需要的情绪状态和行为,以达到其所在职位工作目标的劳动形式。具体来说,员工应该在与领导、同事和客户的互动中调节自己的情绪。这包括实际表现出来的情绪及没有表达出来的情绪。情绪劳动是为了让客户从中获得某种情感体验,从而使企业或组织获得成功。需要情绪劳动的职位涉及教育、公共管理、法律、儿童保育、医疗保健、社会工作、旅游、媒体及宣传等领域。随着经济体逐渐从制造业向服务业转型,现在越来越多行业的员工需要根据管理者的要求来管理自己的情绪。

霍克希尔德将情绪劳动分为两部分:浅层行为和深层行为。浅层行为是指员工表现出工作所需的情绪,但并不改变他们的实际感受(如企业要求员工微笑,但员工并不开心)。深层行为是指员工改变自己的内心感受,使其与企业的期望保持一致,从而产生更自然、更真实的情感表现(如服务中真正的微笑)。研究表明,浅层行为会对员工心灵健康产生较大危害。

影响情绪劳动的因素主要有以下三个:

(1) 社会、职业和组织规范。

(2) 性格特征和内心感受。员工的情绪表达能力(利用面部表情、声音、手势和身体动作来传递情绪的能力)强,员工的职业认同感(个体对于所从事职业的看法)高,员工更容易表达组织期望的情绪,因为他们在工作时的情绪表现与内心真实的情绪体验之间的差异较小。

(3) 行为规则的监督管理。高层领导和主管会直接制定浅层行为的规则(如航空业服务中的微笑服务标准),此外,主管在日常工作中强化对负面情绪表现的处罚,也会使员工避免出现这种情绪。

思考、讨论与分享

若在酒店遇到难缠的顾客,你会如何控制好你的情绪,做好这种类型的顾客的服务工作?

三、通过仪式

通过仪式(Rite of Passage)是法国民族学家阿诺德·范·热内普(Arnold van Gennep)在他的著作 *Les Rites de Passage* 中创造的术语。

范格内普认为通过仪式包括三个阶段:①分离,即离开旧的世界。在这个阶段,人们从当下的状态中退出,准备从一个地方或状态转移到另一个地方或状态。通常人们会与前自我身份进行分离,这种分离一般通过象征性的行动和仪式体现出来。在这个阶段,人们的自我身份处于模棱两可的状态。如在毕业实习这个阶段,你需要与在校生的身份告别。②阈限,即进入新的世界的过渡阶段。在此期间,一个人离开了一个地方或状态,但尚未进入下一个地方或状态。如毕业答辩阶段,你处于在校生和毕业生的混合身份中。③整合,即融入新的世界的阶段。穿越了仪式通道,获得了新的身份,以新的身份进入新的世界。如参加大学毕业典礼,表明你完全成为一名毕业生。

之后,人类学家维克多·特纳(Victor Turner)拓展了这一理论,深化了对阈限性的分析,注重共睦感(即在一起的感觉,如升国旗时大家一起唱国歌带给我们的归属感),这种仪式中的高峰体验对个体的新身份塑造起着重要作用,它增强了我们对仪式社会性的理解。

作为旅游仪式理论的奠基者,著名学者纳尔逊·格莱本(Nelson Graburn)揭示了仪式与旅游的关系,运用特纳的阈限、阈限性、社区和移动的概念来阐释旅游中的共睦状态。他认为旅游是日常生活中必要的有组织的休息,是现代社会的神圣之旅。作为仪式的一种形式,旅游具有与一般仪式相同的结构过程。

(1)分离阶段:抛弃居民和工作者的身份,准备成为一名游客。

(2)域限阶段:在旅游目的地的休闲活动。

(3)整合阶段:回到日常的工作生活环境,获得了身心的放松。

思考、讨论与分享

"诗和远方"是一种旅游营销策略,还是确实能给游客带来自我身份的改变?

推荐阅读

1. 李天元《旅游学概论(第七版)》,南开大学出版社。
2. 保继刚、楚义芳《旅游地理学(第三版)》,高等教育出版社。
3. 谢彦君《基础旅游学(第四版)》,商务印书馆。

问题

1. 科学管理、一般管理、科层制的基本内涵是什么?
2. 全面质量管理、精益管理的内涵是什么?
3. 什么是服务主导逻辑?什么是旅游服务中的价值共创和共毁?
4. 旅游地生命周期包括哪几个阶段?
5. 什么是地方感和地方依恋?
6. 马斯洛需要层次理论有哪几个层次?
7. 什么是X理论和Y理论?
8. 计划行为理论的内涵是什么?
9. 什么是旅游真实性?
10. 为什么说旅游服务是情绪劳动?
11. 如何用通过仪式解释现代旅游?

第三章
旅游知识管理

学习目标

阅读本章后,你应该能够:
1. 了解和掌握知识的类型。
2. 掌握知识管理的过程。
3. 掌握行业调研的主要方法及基本流程。
4. 掌握基本的定性、定量方法获取数据并进行分析,提出建议。
5. 愿意分享自己的行业知识,促进行业的共同繁荣。

处于知识经济时代,知识对目的地、旅游企业和旅游从业者的发展具有决定性的作用。在本章我们将了解知识的概念以及知识管理的过程,同时我们将学习搜索旅游数据、整理旅游信息,并且最终提炼出旅游知识和理论的基本的定性和定量方法,将这些信息和知识发布在合适的平台上,促进旅游知识的创造和传播。

第一节 知 识 环

现代社会,知识的管理和转移对于包括旅游业在内的行业、企业和个人的创新和竞争力具有重要作用(Shaw 和 Williams,2009)。"知己知彼,百战不殆。"这句话显示了背景信息的收集、归类、分析和预测对有效管理的重要性。良好的管理必定建立在对现实全面、科学分析的基础之上,也就是卓越的数据管理之上。因此,我们有必要弄清楚数据(Data)、信息(Information)和知识(Knowledge)这三个经常混用的术语的联系和区别。

一、数据

数据是指没有经过处理和组织的各种事实和数字,它们可以传递特定的含义,但无法提供关于特定模式、具体场景等的信息。从管理学的视角,Thierauf(1999)认为数据就是对一般管理者而言影响最小的非结构化的事实和数字。

二、信息

信息是对数据进行场景化(Contextualized)、分类(Classified)、计算(Calculated)和压缩(Condensed)的结果(Davenport和Prusak,2000)。信息是具有相关性和目的性的数据。它可能向管理者展示市场环境发展的趋势,也可能指示特定时期的销售模式。简单来说,当我们回答诸如是什么、在哪里、何时和有多少这样的问题时所获得的答案就是信息。

需要指出的是,这是一个大数据时代,各种信息技术每时每刻都在产生各种生产、消费以及由此产生的影响方面的数据,而人类大脑的作用在于将这些数据背景化,或者建立不同数据之间的相关性,也就是让数据结构化,从而使其成为信息。

三、知识

每个个体所拥有的知识是其经验的产物,也是其评估周围不断变化的环境的结果。知识是结构化的经验、价值、背景信息、专家见解和直觉的动态组合,为评估和整合新的经验和信息提供了环境和框架。知识起源并应用于个体的头脑中。在组织中,知识不仅体现在文档或档案库中,还嵌入在常规流程、操作实践和行为规范中(Gamble和Blackwell,2001)。需要指出的是,知识并不是管理者进行管理的最终武器。我们进行决策和领导,需要的是在具体的场景中灵活、明智地运用知识解决实际问题。这就是管理智慧,也就是管理者拥有经验、知识和良好判断力的品质。

第二节 知识管理

一、知识的类型

20世纪90年代以来,在社会、经济和技术趋势的推动下,知识管理的研究和实践迅速发展(Cooper,2006)。日本组织理论学家野中郁次郎于20世纪90代初提出知识管理(Knowledge Management)这个概念(Nonaka,1991),其目的是希望通过知识的传播和分享提升组织内团队的生产力,从而最终促进组织的发展。为了理解并为组织制定知识共享策略,管理者需要了解不同类型的知识。

外显知识(Explicit Knowledge)是最基本的知识形式,它是书面的,容易理解,所以很容易传播。我们对数据进行处理和解释的结果就是外显知识。外显知识容易被表达、记录、交流和存储。典型的例子包括各类组织的数据表格、研究报告等。各种公共图书馆是储存这类知识的主要场所。

国家图书馆新馆
（作者：N509FZ，CC BY-SA 4.0）

内隐知识（Implicit Knowledge）是外显知识的实际应用。尽管很多企业，特别是像酒店这样的服务型企业，都会设定标准化的工作流程，但实际上每个员工在具体执行时会形成他们独特的做事方式。例如，两个不同的员工会使用不同的方法和从不同的角度对上一年度酒店的销售数据进行分析并得出结果，从而提出未来的发展策略。

意会知识（Tacit Knowledge）是一种难以表达或提取的知识，因此很难通过书面或口头的方式传递给他人。内隐知识包括个人的经验、洞察力和直觉等，很多人往往把内隐知识和意会知识混为一谈，但实际上这两类知识之间有一定的区别。

首先，两者的表达能力不一样。意会知识是一种管理者的直觉（天赋），甚至个体都没有意识到的他所拥有的知识。例如，有人能够模仿各种音色，但是他却很难表达为什么他能做到。个体通过经验获得意会知识，把它作为一种直觉反应储存在大脑中。因此，要把直觉从员工的大脑中提取出来放置在知识管理平台上是非常困难的。

尽管有时候提取也比较困难，但内隐知识还是可以被表征的。换句话说，我们可以识别、表达和捕捉内隐知识。例如，某个员工的数据分析能力非常出色，他可以花一些时间来概述其数据提取方法，并用幻灯片等形式向其他员工展示，从而让其他员工受益。

其次，两者的可转移性不同。意会知识并不容易被传播。一个人能否成为一个优秀的艺人、作家、销售员、教师、人力资源管理者，很多时候靠的是个人的经验、直觉、天赋和悟性。但内隐知识是完全可以分享的，并且可以给组织带来巨大的价值。如果一个组织的员工承担相同的任务，但以不同的方式执行，作为管理者可以通过适当的方式让大家分享这些过程。学校是非常善于分享内隐知识的组织，同样的教学内容、同样的教学目标、相同的教学时间、相似的学生和授课结构，但不同的老师会采取不同的实现路径，学校里经常通过共同备课、听课和议课这三个环节实现内隐知识的分享和传播。这种分享不仅营造了良好的学习氛围,还能有效地提高工作效率。例如,传统手工艺领域的师徒制就是通过"传、帮、带"实现内隐知识的共享。

最后,两者的可应用性有较大差别。意会知识与本能有关。它植根于个人经验,很难分享。服务场所经常会碰到一些难缠的客人,面对这样的客人,大部分服务人员往往束手无策,但个别服务人员却能够大事化小、小事化了,以四两拨千斤的方式让难缠顾客满意而归。这种天赋很难通过语言文字来解释,即使解释,别人也难以掌握。内隐知识涉及的是"如何做"的知识。比如,一个厉害的销售人员除了拥有交际天赋,必定还有其他技能技巧,这些技能技巧是可以被其他销售人员学习、借鉴的。又比如,某导游能根据具体的情境,通过幽默的语言与游客沟通,让游客在轻松愉悦的氛围中了解地方历史等知识,这是一种意会知识,其他导游很难模仿,但是该导游整理各种与历史景点相关的奇闻逸事并用生活化的语言将其融入导游服务之中的做法是可以被其他导游学习和借鉴的。

二、知识管理

在信息时代,知识的网络化促进了知识的创造和分享。例如,各种社交媒体为组织的知识管理提供了便利。组织可以通过大众协作(Mass Collaboration)的方式依托社交媒体开展知识管理。大众协作包括三个要素:社交媒体技术、明确的目标和知识社区(Bradley和McDonald,2011)。其中,社交媒体技术为人们提供了以自己的方式分享知识、见解和经验的渠道和手段。例如,不同的人会选择不同的社交媒体,采用不同的形式(文字、图像和视频)发布信息。明确的目标是让人们参与发布和贡献他们的想法、经验和知识。社交媒体上的知识社区大多是用户自发形成的,呈现出自组织的特征(Bradley和McDonald,2011)。

如前所述,依托包括社交媒体在内的信息技术促进了知识网络的形成。知识网络包括最佳实践网络、行业论坛(如世界旅游经济论坛)和专业社区等,不同组织的成员为了共同利益和个人利益在网络中交换知识。这里的最佳实践指一种被普遍接受的,优于其他已知替代方法或技术的经验总结,例如符合法律或道德要求的标准方式。

知识网络通常包括中心参与者(个人、团队或组织)和其他参与者(改变者)。中心参与者的角色对网络进行精心编排,这些参与者通常被称为编排者(中介人、经纪人)(Ritala等,2022)。知识经纪人可以在知识网络中获得巨大的利益,同时,他们也可以帮助其他知识网络的参与者克服巨大的机会成本和交易成本障碍,获取其所需要的知识。例如,知乎是我国较大的在线知识分享平台,汇聚了大量来自各行各业的专业人才,他们在知识网络中扮演着中介人的角色,帮助其他知识网络的参与者快速了解行业的特色和规则、洞悉行业问题的本质和根源,并提出促进行业发展的建议。

旅游业的管理者和研究者也很早就关注了知识管理和知识转移(Cooper,2006;Shaw和Williams,2009;徐克帅,2008),认识到其对旅游组织创新和竞争力的积极作用。旅游业中知识流动的主要载体包括间接管道和直接管道两类(Shaw和Williams，2009)。在旅游业中，酒店业是较为重视知识管理的部门(Shaw和Williams，2009)。知识管理主要包括三个部分，即知识分享、知识获取和知识储存(Shaw和Williams，2009)。旅游业发展需要大规模的知识供给，除旅游企业自身生产知识外，一些为政府部门、旅游行业和具体企业提供专业知识的咨询机构也应运而生(Liu、Williams和Li，2022)。仅在中国，就有众多旅游顾问和咨询机构，这些咨询机构、旅游企业和旅游研究社区共同促进了旅游业知识的生产、储存、传播和分享，推动了旅游业的不断创新和发展(Nieves、Quintana和Osorio，2015)。一般而言，创新包括两种类型，即累积创新和激进创新。

旅游知识流动的主要管道

主要管道	主要类型
间接管道(扩散/过程)	观察、行业媒体和行业协会
	研讨会、会议和演示会外包
	人员流动
直接管道(传输/流程)	外商直接投资
	特许经营
	合资企业
	管理合同
	监管体系和培训

(翻译自Shaw和Williams，2009)

酒店业的知识管理关键环节

关键环节	子领域
知识分享	共享知识的内容
	分享技巧
	分享的障碍
知识获取	获取的障碍
	吸收能力
	社交互动机会
知识储存	操作流程
	储存方法

(翻译自Shaw和Williams，2009)

思考、讨论与分享

你最喜欢的社交平台是哪一个？你一般用哪种形式发布信息？如果你

想了解旅游管理专业的就业前景或我国旅游业的发展前景,你会使用哪些平台了解相关信息?请选择上面问题中的一个,检索相关知识网络,总结你搜索到的信息。

第三节　旅游知识生产与分享

英国知名的旅游教育学家Tribe(2002)认为,旅游管理专业教育的目的是培养有理论素养的实践者。这意味着,我们不仅需要掌握接待业的服务技能,还需要具备一定的理论素养,从而帮助我们认识旅游世界的特征和运行规律。因此,我们有必要形成一定的研究和分析能力,通过学习获取数据和知识,提高我们在旅游行业工作时的分析和决策能力,从而提高服务的质量,提升企业的绩效。

一、旅游知识的生产

一般而言,数据分为定性(Qualitative)和定量(Quantitative)两种类型。两者最明显的区别是定性数据用文字表示,定量数据则用图和数字展示。两种不同的数据类型各自有成熟的方法论和方法体系,即定性方法和定量方法,以及综合使用这两者的混合方法(Mixed Method)。一些常见的定性和定量方法在学术研究和行业实践领域中广泛采用。如果我们想确认或测试一个理论或假设可以使用定量方法。如果想了解一些概念、想法、经验,可以使用定性分析。我们在日常生活中也经常能够看到使用这些方法得到的结果,例如,数据报告等就是典型的定量分析的结果,而人物访谈、深度报道、社会文化主题的纪录片等则可以看作定性分析。掌握基本的数据分析方法,是我们在纷繁复杂的数据海洋中提取所需要的数据水滴,将其归类整理为信息,并在此基础上构建知识,然后将之灵活运用到管理中的必要前提。

(一)定性方法

1. 收集定性数据的方法

我们一般通过以下途径收集定性数据:

(1)访谈法。此方法又分为开放式访谈、半结构化访谈和结构化访谈三种类。开放式访谈并不事先准备访谈题目,而是根据受访者的具体情况提出问题。结构化访谈则是严格按照事先制定的访谈问题并按顺序进行提问。半结构化访谈介于两者之间,事先制定访谈大纲,但访谈者可以根据具体情境做适当调整。

(2)焦点小组法。此方法就是召集一群人就某一主题进行讨论,以收集可用于进一步研究的信息。

(3)民族志法。此方法指通过长期参与一个社区或组织的活动,密切观察成员的文化和行为的方法。

（4）文献回顾法。这是一种针对二手数据的处理方法，也就是对其他作者发表的作品进行调查。这可以帮助我们迅速地了解某一领域理论和实践的发展。一篇研究性的论文中通常会有文献综述，内容相对短小；而专门的综述类的文章，则会对某个旅游现象或旅游问题进行全面的回顾。

（5）数据爬取法。网络上有大量的消费者评价，我们可以根据分析的目的使用数据爬取软件或使用Python软件编程快捷地获取这些二手数据。获取这些数据并对其进行分析对旅游从业者的服务质量管理、营销和企业绩效具有重要的指导意义。

2. 分析定性数据的方法

定性数据包括文本、图像或视频等，分析定性数据的一些常见方法包括以下几种：

（1）定性内容分析。追踪文本中是否出现某个词语或短语，如果出现的话，确定其位置和含义。例如，在游客体验访谈内容中是否出现"难忘"这个词语，这个词语跟哪些词语（短语）一起出现，通过处理这个问题，我们就可以发现令游客形成深度体验的刺激要素。除了可以对文本进行内容分析，我们也可以对绘画、照片和视频进行内容分析，发现图像背后所隐含的秘密。《清明上河图》是我国北宋画家张择端描绘当时都城汴梁（今河南开封）的著名画作。欣赏这幅画时，大部分人关注的都是表象的东西，而富有好奇心和创造力的研究者却能从独特的视角，研究这幅画所传达的多重密码。例如，张杨、何依（2021）从城市规划和管理的视角分析《清明上河图》，通过对图中店铺前的招幌、旗帜的判别，确定了《清明上河图》中的七种行业，包括餐饮住宿、批发零售、医疗卫生、公共管理、交通运输、农业生产及其他服务行业，囊括餐馆、旅店、布店、香铺、肉铺、卦摊、医馆等十五种业态类型，此外，还用同样的方法对居民的行为活动进行了归类。通过对绘画的内容分析，以及结合历史资料，他们推演了北宋年间空间开放、草市兴盛及社会融合等非正规城市形态和特色，并对图中所示非正规环境折射的营建背景与演进机制进行了溯源，确立了政治格局、地理环境与城市管理对这一过程施加的引导作用。通过这样一种细致、富有想象力的工作，研究者为我们生动地揭示了汴梁城市形态与前朝都市（如唐代长安）不同的原因。

清明上河图（局部）

（宋代，张择端）

思考、讨论与分享

在网上搜索《清明上河图》的全图高清版本,识别图中有多少客栈、餐馆,以及这些接待设施的经营状态。通过上述观察和归纳,你觉得当时汴梁的接待业发展到了什么水平?哪些原因使汴梁的接待业得以发展?

(2)主题分析。仔细检查数据,确定主要的主题和模式。例如,通过分析游客体验的访谈稿,我们可以归纳游客在景区体验的类型和程度的类别。扎根理论(Grounded Theory)是常见的进行主题编码分析的一种定性研究方法(Glaser和Strauss,1967)。编码分析过程包括开放编码(Open Coding)、主轴编码(Axical Coding)与选择性编码(Selective Coding)。开放编码即通过阅读资料(如访谈稿)发现概念类别,对类别进行命名。这些编码可以自行创建,也可以使用已有的概念,还可以使用文本中的词语。主轴编码的主要任务是选择和构建主要概念类别与次要概念类别,并确定各种类别之间的关系,这些关系包括因果关系、情景关系、功能关系、过程关系、时间先后关系等。选择性编码的目的是通过整合与提炼,确定一个"核心概念类别",而这也将成为研究和分析的成果。

(3)话语分析。分析社会环境中的各种权力如何影响人们的表达。例如,我们可以通过游客访谈稿比较男性和女性游客在表述体验上是否有所区别,社会对性别的定义是否影响了男性和女性对旅游体验的表述和需求。例如,乡村旅游是我国许多地方促进经济发展的重要路径。其发展过程涉及不同的利益相关者,如村干部、普通村民、村民中的能人、外来投资者、游客、地方政府等。有研究者以相关新闻报道为分析对象,运用批评话语分析方法,探索山东省上九山村在由前旅游地向旅游地转变过程中利益各方的权力博弈过程和运作策略。他们发现,资本交换是各方权力博弈的基础,村民所拥有的文化资本(如学历)、企业经济资本和政府社会资本(关系网络)的相互转换很难执行同一标准;身份变迁是权力变化的结果,表现为社区居民身份表征的他者化和女性身份的符号化。不同群体、地方和社会在意识形态层面具有的"异质的现代性",是推动旅游发展决策的原始动力之一,也是造成旅游决策场域中权力冲突的根本原因。因此,要实现旅游发展的公正,需结合中国特殊的经济状况、产权意识和文化传统,保证目的地社区的空间正义、资本正义和身份正义(黎耀奇,2022)。

(4)叙事分析。它是指一种用于阐释具有故事性文本或视觉资料的分析方法。例如,我们可以对网络上的游记进行分析,寻找在游客的旅行故事中,哪些接触点会让游客形成难忘的记忆。又如,许多目的地营销者利用美食来吸引游客,Chang、Kivela和Mak(2011)分别对在澳大利亚度假的来自中国大陆、台湾地区和香港特区的团体游客进行了现场参与者观察和焦点小组访谈,了解他们的用餐体验评价。然后,研究者运用叙事分析法处理了这些资料,探究了影响中国游客用餐体验的因素。他们发现这些影响因素可以归为六类:游客自身的饮食文化、用餐体验的场景因素、食物的种类和多样性、对目的地的感知、服务中的互动和导游的表现等。

(5) 情感分析和语义网络分析。人工智能和自然语言处理技术为大数据的定性分析提供了便利。很多网络平台提供文本的情感分析(正面和负面)、语义网络分析,这为我们分析网络舆情、游客消费偏好等提供了重要的工具。例如,有研究者关注了游客被打这一对旅游形象不利的事件,利用网页数据采集工具爬取互联网中新闻报道和用户评论的相关数据,通过提取危机关键词、识别舆情话题、计算情感强度,以及结合危机生命周期的阶段性特征,对旅游舆情危机进行综合分析(李勇、蒋冠文、毛太田等,2019)。结果显示:首先,大众存在心理放大效应,大部分人在参与公共事件讨论时,往往忽视事件自身客观规律,对危机事件的评价更容易被舆论左右,进而管中窥豹。其次,在"让子弹飞一会儿"这种社会背景下,负面公共事件引发的舆情话题存在纵深发展和横向扩散两种演化方式,从而衍生出新的话题,这些话题在负面情绪的波峰时衍生。最后,旅游舆情危机事件的热点持续时间具有不确定性,可能很快冷却,也可能持续存在,甚至形成新的一轮热点。

思考、讨论与分享

在旅游舆情危机事件的热点形成以后,你建议采取哪些措施让热点冷却下来?

(二) 定量方法

我们一般通过以下途径收集定量数据:

(1) 调查。通过在线、面对面或电话等途径向受访者发放调查问卷。例如,将游客的各种体验设计成问题,让游客在1至5级中选择实际体验的效果。此外,我们还需要了解游客的人口统计学信息,如性别、年龄、学历、收入等。有学者(Gu、Li和Kim,2021)想分析怀旧主题餐厅中的各种怀旧刺激因素及其对顾客在用餐后对餐厅的评价和后续的行为意向的影响。他们以对南京等地的怀旧主题餐厅的中老年用餐顾客(大于45岁)为调查对象进行了问卷调查,包括人口统计学信息部分,以及衡量顾客怀旧刺激、怀旧价值和行为意向的部分。

思考、讨论与分享

在进行问卷调查时,我们一般使用随机抽样法。需要指出的是,并不是样本数量越多就越好,因为样本数量越多,意味着你要花的成本就越高。统计学中，最低样本数量有相应的计算公式。幸运的是，现在有很多在线网站能够帮我们计算各种标准的最低样本量。如果你想知道你所在省份的居民的出游意愿，你至少需要随机调查几名受访者？

（2）实验。通过分组（控制组和实验组）等方法操控变量以建立不同变量（自变量和因变量）之间的因果关系。例如，我们可以将没有到过某个旅游目的地的被试随机分为2组，每组20人，第一组（控制组）只让他们观看某个旅游目的地常规的旅游形象宣传片（只有景点介绍，没有明星推介），第二组（实验组）则让他们观看有一线明星推介的旅游形象宣传片，然后让两组被试填写前往这个旅游目的地旅游的意愿。其目的是测试明星代言（自变量）是否有助于提升潜在游客的旅游意愿（因变量）。

（3）观察。很多时候，由于成本、时间或其他条件的限制，我们无法控制变量。这时就需要在自然环境中观察被试。例如，一个景区如果早上8点开门，下午5点结束营业，我们可以观察（当然也可以借助设备）不同时段不同景点游客的数量。这个数量与拥挤度和承载度等数据相关。需要指出的是，如果我们用文字而不是数字对观察的结果进行记录，那么我们就会得到定性数据，观察也是上面提到的民族志法中常用的收集数据的手段。

因为定量数据基于数字，所以我们用简单的数学方法或更高级的统计分析方法来发现数据中的共同特征或模式，其结果通常以图表的形式来展示。我们一般借助诸如Excel、SPSS、R语言、Python等计算以下内容：①平均数；②某一特定答案的出现次数（频次）；③两个或多个变量之间的相关性（相关分析）或因果关系（回归分析、结构方程模型）；④结果的可靠性和有效性。

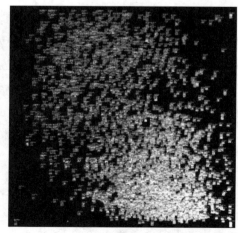

雪乡的游客照片分析结果

（编者绘制）

我们也可以用各种分析软件对从网上抓取的大量游客上传的图片进行定量分析（如色调、纯度、明度等）。例如，编者抓取了黑龙江牡丹江雪乡微信公众号上发布的图片后，运用图片分析工具所得到的结果。我们可以发现，关于雪乡的图片可以明显地分为两种类型——白天和晚上。白天的图片以白色为主，凸显的是雪景；晚上的图片以红、黄、蓝、紫为主色调，展示了灯光装饰下的夜景。这两个场景正是雪乡的管理者希望向游客传达的童话世界的形象。

黑龙江牡丹江雪乡

(作者:Chen Wu,CC BY 2.0)

二、旅游知识的传播和分享

(一)社交媒体

目前,社交媒体已经成为一种被广泛采用的技术,以无形的方式影响着组织,其中最重要的是对组织知识管理的影响。社交媒体克服了前几代知识管理技术的局限性。在这一过程中,社交媒体不是一个单一的技术类别,而是一个多样化且不断发展的技术基础设施,它支持和改变了人们交流和协作的方式。在过去的十年里,社交媒体经历了从云计算到移动技术,再到数据分析的技术演变。每一次转变都对组织知识管理有不同的影响,其中许多尚未完全实现。此外,趋势表明,社交媒体将随着人工智能、虚拟现实和增强现实等新兴技术的发展而继续发展,将进一步影响组织知识管理的实践方式。这表明,社交媒体对组织及其知识管理实践的影响才刚刚开始(Kane,2017)。

(二)会议和论坛

会议和论坛是学术研究者和行业实践者传播知识和公布研究成果的平台。我们在参加会议和论坛时,应该积极学习一些新的理念和思维方式,扩展我们的知识边界。此外,我们也要参与一些社交活动,与不同领域的人士沟通并建立联系,这有助于我们从不同的视角了解行业的问题。

商务会议
（作者：Asia Culture Center, Pexels）

（三）构建兴趣共同体

兴趣共同体可以存在于组织内部，也可以存在于组织外部。存在于组织外部的兴趣共同体既可以是由某些具有相同兴趣爱好的人聚集在一起的社区（如人大经济论坛），也可以是由知乎、豆瓣等提供的平台，供具有不同兴趣爱好的人交流。当我们对一个问题而束手无策时，我们可以借助兴趣共同体搜寻是否有人提出过类似的问题，并且有专业的回答。我们也可以尝试向专业人士求助，可以在组织内部建立一个共享的基于云的信息系统来改善组织的知识管理结构。

推荐阅读

1. 《哈佛管理前沿》《哈佛管理通讯》编辑组《知识管理：推动企业成长的加油站》，商务印书馆。
2. 谢彦君《旅游研究方法》，中国旅游出版社。

问题

1. 数据、信息和知识的区别是什么？
2. 内隐知识、意会知识和外显知识的区别是什么？
3. 知识管理的主要环节有哪些？
4. 什么是定性方法？什么是定量方法？

第四章
计划和决策

> **学习目标**
>
> 阅读本章后,你应该能够:
> 1. 了解并掌握计划的定义、类型和制订过程。
> 2. 了解并掌握目标的类型和设定标准。
> 3. 了解并掌握环境不确定性的定义和要素。
> 4. 了解并掌握战略管理的定义和五种类型。
> 5. 学会使用SWOT分析方法。
> 6. 了解并掌握决策方法。
> 7. 了解并掌握决策中的错误和偏差的类型。
> 8. 了解大数据和人工智能对决策的影响。

中国有个成语叫"未雨绸缪",做好计划有助于我们更好地解决在旅游管理过程中出现的各种问题。在风险社会中,不确定性日益影响旅游业的发展,周密、科学的计划对于我们应对危机尤为重要。本章首先对环境的不确定性进行了解释,然后讨论了计划的定义、类型和制订过程。由于设定目标是计划的核心内容,本章还介绍了目标的类型和设定标准,讨论了对目的地和旅游企业长期发展产生重要影响的战略管理及其类型。此外,本章还介绍了一种非常有用的分析工具——SWOT分析,即优势、劣势、机会和威胁分析。这一工具可以对目的地和企业制定战略前的环境进行分析,也可以用于对目的地和企业的市场营销环境进行分析。

第一节 计划的环境

一、环境不确定性

环境不确定性是指"世界未来状态无法预测和准确预测的程度"(Pfeffer 和 Salancik,2003)。管理环境的不确定性是高层管理者面临的一个关键挑战(Köseoglu、Topaloglu、Parnell 和 Lester,2013)。不确定性意味着决策者缺乏充足的信息,很难预测外部环境变化。我们一般用三个要素来描述环境中发生的模式和事件:①动态性,即环境中的事件是稳定的还是不稳定的(Duncan,1972);②复杂性,即环境是简单的还是复杂的(Duncan,1972);③丰裕性,即支持组织发展的可用财务资源的数量(Pfeffer和Salancik,2003)。

根据上面的三个要素,我们可以得出如下的结论:随着环境变得越来越不稳定,组织的财政资源变得越来越少,组织面临的不确定性的程度也在加深。在此背景下,组织受环境影响主要体现在两方面:一是对环境变化信息的迫切需求,二是对环境资源的依赖。环境条件的复杂性和动态性使人们更需要收集信息并根据这些信息对变化做出反应。

组织所处的外部环境,如经济发展状况、社会发展趋势或技术革新情况,会给组织带来不确定性。同时,内部环境同样不容忽视,它涵盖了诸如人员构成、与其他组织的关系等多个因素,并且这些因素在稳定性和复杂性这两个维度上变化的速度也需要关注。组织所感知到的整体不确定性,正是由外部和内部环境所导致的不确定性共同构成的。

我们所面临的商业和管理环境的变化日益加剧。不确定性增加了组织计划和决策失败的风险,使高层管理者很难计算相关的成本和概率并做出决策。这就更需要管理者对商业环境保持警惕。管理者应该时刻关注自己的竞争对手、行业趋势、技术变革、政府政策、市场力量和经济发展情况,同时,还要努力了解客户的真实想法和需求。

应对不确定性有四个原则:①关注个人或组织的潜在优势,重构所面临的处境;②勇于承担小风险,减少不确定性,为可能遭遇的大风险做好准备;③面对不确定性时,要客观冷静地采取一系列适当的行动,以免耗尽所有能量和资源做最后一搏;④将个人和组织发展过程中的挫折视为成长和成功的必经之路,专注于对个人或组织真正有意义的事情,以此支撑个人和组织度过艰难时期。

思考、讨论与分享

如何评价"留得青山在,不怕没柴烧"和"故天将降大任于是人也,必先苦其心志,劳其筋骨,饿其体肤,空乏其身,行拂乱其所为"这两句话?

二、环境扫描

环境扫描(Environmental Scanning)就是系统地调查和解释相关数据,以识别可能影响未来决策的外部机会和威胁的过程。作为战略规划过程的一部分,它与SWOT分析密切相关。每个组织都必须确定哪些外部因素具有影响力,以使环境扫描成为有用的工具。我们需要考虑的外部扫描组件包括以下几个方面。

(1)趋势:市场或行业中正在发生的趋势可能对组织产生积极或消极的影响?

（2）竞争：你的竞争对手有什么优势？你可以如何利用竞争对手的弱点？

（3）技术：未来哪些技术发展会影响你的业务？有没有新技术可以让组织更有效率？

（4）客户：你的客户群是如何变化的？是什么影响了你为客户提供一流服务的能力？

（5）经济：宏观经济正在发生的哪些变化会影响未来的业务？

（6）劳动力供应：你所在地区的劳动力市场情况如何？你如何确保自己可以随时接触到劳动力需求？

（7）政治/立法领域：政治稳定性如何？即将出台的法规是否会影响运营？

在完成外部扫描之后，我们还需要对组织进行内部扫描：回顾公司的愿景、使命和战略计划；检查组织的优势和劣势；分析公司现在的发展阶段，以及未来5年或10年的计划；对公司领导进行访谈和调查，了解公司高层的认知和理念。

组织收集了有关外部世界、竞争对手和自身的信息后，就可以在需要时制定应对影响的战略。在进行环境扫描时，应该使用各种方法来收集数据，包括检视出版物，进行焦点小组访谈，采访组织内外的领导者以及管理调查。环境扫描是战略规划的重要组成部分，因为它提供了影响组织未来因素的信息。收集到的信息将使领导层主动应对外部影响。

三、SWOT分析

SWOT分析（强弱危机分析），即优劣分析法或道斯矩阵，由阿尔伯特·汉弗莱（Albert Humphrey, 1926—2005）提出，该方法通过评价自身的优势（Strengths）、劣势（Weaknesses）、外部竞争机会（Opportunities）和威胁（Threats），帮助组织在制定发展战略前对自身进行深入、全面的分析。

SWOT分析

理想的SWOT分析由专属团队完成，最好包括一个会计相关人员、一位销售人员、一位经理级主管、一位工程师和一位项目管理师。如果你是小微企业创业者，就需要一人身兼数职。当然你也可以通过咨询其他专业人士完成SWOT分析。

需要分析的优势与劣势包括：资源类（财务、专家、社区资源），客户服务（内部资源、专业技术能力），效率，竞争优势，基础设施，质量，员工，管理，价格，等等。

需要分析的机会与威胁包括：竞争者和合作者的行为，宏观经济和社会发展状况，贷款利率或汇率，市场发展趋势，法律或法规的变化，等等。

进行SWOT分析，需要在整体目标获得明确和获得共识后进行。整体的组织和计划目标尚未被确认时，SWOT团队成员有各自的想法，这会导致SWOT分析缺乏核心，最后分析出的结果就会无法落实。在SWOT分析之后，需用USED技巧得出解决方案，USED是Use、Stop、Exploit、Defend的缩写，如用中文的四个关键字来表达就是"用、停、达、御"，即如何发挥优势、如何克服劣势、如何抓住机会、如何抵御威胁。

在目的地和旅游企业的战略规划中，SWOT分析是常用的方法之一。张俊英（2021）分析了青海打造国际生态旅游目的地的现状、优势、劣势、机遇和挑战，提出了采取顶层设计和规划、构建国际化生态旅游产品体系、健全生态旅游服务功能、树立国际生态旅游目的地品牌形象、推动生态旅游产业融合发展、提高生态旅游资源的配置水平六大发展战略。张苗苗（2018）分析了吉林省冰雪休闲体育旅游的优势、劣势、机会和威胁，认为该省的优势是冰雪资源丰富、文化底蕴深厚、赛事活动多样等；劣势为气候较寒冷、产业链条不够完善、人才短缺等；机遇是全民健身战略的实施、"带动三亿人参与冰雪运动"的契机、振兴东北老工业基地、长吉图和长吉一体化发展等；威胁则为全球气候变暖、行业内国内外市场竞争激烈、技术更新迭代快等。

思考、讨论与分享

如果你决定在旅游行业内工作，请分析并写下你的优势、劣势、机会和威胁。

SWOT分析

优势	劣势	机会	威胁

第二节 计划的类型、目标和过程

一、计划的类型

(一) 运营计划

运营计划(Operational Planning)旨在通过实施战略计划来达成特定目标,是每个组织指导日常活动所需要的计划。组织能够通过这种详细的计划明确人员配置、事务安排及行动原因等。运营计划需要做到将规划和预算有效整合(Camillus和Grant,1980)。运营计划可分为两种类型:一次性计划或持续性计划。一次性计划,顾名思义,在实现目标后就会失去意义。例如,酒店制订的五月份营收100万元计划。持续性计划是指为重复发生的、经常出现的活动制定的行动准则或方针。

(二) 应急计划

应急计划(Contingency Planning)常用于应对无法预见的突发情况。包括旅游企业在内的各种类型的组织都处于不确定的自然、社会和经济环境之中,国家成立不同等级的应急管理部门就是为了构建应急预案体系,做好应急演练,并妥善应对各种突发事件。管理学家很早就注意到组织应从权变视角制订应急计划应对可能出现的不确定性和危机(Lindsay和Rue,1978)。如果没有可靠的应急计划,在重大的社会、经济、政治事件的冲击下,很多企业不得不裁员,一些小企业甚至不得不彻底倒闭。

(三) 战术计划

制订战术计划(Tactical Planning)是为了实现短期目标而对任务进行优先排序。比较典型的例子是铁路运输的乘务人员数量计划(Şahin和Yüceoğlu,2011):某个铁路局应该最少拥有多少名乘务员?应该怎样安排任务才能在满足乘务员休息要求的同时保证每趟列车上的乘务员能满足乘客服务需求。

(四) 战略计划

战略计划(Strategic Planning)用于实现长期的大目标。战略计划主要涉及的内容包括基本准则、规范和程序,以及具体活动等(Wolf和Floyd,2013)。战略规划过程本身旨在回答四个基本问题:本组织现在处于何种发展阶段?本组织未来应该发展到何种水平?本组织应如何达到这种水平?本组织是否在实现这一目标的正确方向上?

思考、讨论与分享

选择学校食堂的一个窗口或学校附近美食街的一家餐饮店,为其制订简单的每日运营计划。

二、组织的目标

组织目标是公司管理层制定的,是组织希望努力争取达到的未来状况。制定组织目标有很多好处。它们可以指导员工努力工作,证明公司的活动和存在的价值,定义绩效标准,为不必要的目标提供约束机制。我们可以根据具体、可衡量、可实现、现实和有时限(即 Specific、Measurable、Attainable、Relevant、Time-bound,SMART)五项原则来制定目标。虽然制定合理的目标有助于组织计划实施,但随着时间的推移,目标可能会变得不符合现实,所以需要组织进行动态调整。

(一)设定组织目标的标准

组织目标有三个不同的标准:级别、领域和时间尺度。

1. 级别

组织目标在组织结构或等级层次上有所不同。组织结构由三个部分组成,即高层、中层和基层。对每个级别而言,目标都是不同的,都需要有更具体的、适合该级别的目标。"增加利润和市场份额"对高层管理者来说是一个合适的目标,但对基层管理者来说"增加12%的销售额"才是一个适合的目标。

2. 领域

组织为不同的领域,具体地说是不同的部门,设定不同的目标。一个组织可能有许多部门,如营销、财务、运营、会计、人力资源、法务等。每个部门都应该有一个不同的目标;这个目标规定了各部门的任务,并与整个组织的目标相一致。

3. 时间尺度

组织有许多对应不同时间尺度的目标。例如,对于一家连锁酒店,"在全国范围内开设100家分店"是一个长期目标;"酒店客流量在暑期增加50%"是一个短期目标。

(二)组织目标的类型

根据级别、领域和时间尺度三个标准,目标可以分为三种类型:战略目标、战术目标和运营目标。

1. 战略目标

战略目标是由组织的高层管理者制定的目标。这些目标是通过关注广泛的一般性问题而制定的。战略目标或战略通常是长期的,为不同的时间尺度和领域制定其他目标。

2. 战术目标

战术目标一般由中层管理者制定,重点是如何根据战略目标付诸行动。各部门的中层管理者通常负责实现这些目标。

3. 运营目标

运营目标通常是为了解决与战术性目标相关的短期问题,由基层管理者负责实现这些目标。

三、计划的制订

计划的管理职能是要求管理者确立目标,并说明实现这些目标的方法。因此,计划是未来活动的基础。简单地说,计划就是事先决定要做什么。计划有两个基本组成部分:目标和行动声明。目标代表管理者希望实现的结果。行动声明展现了组织如何实现其目标。计划是一种深思熟虑的、有意识的工作,管理者用它来确定实现特定目标的行动方案。对管理者而言,计划就是思考要做什么、由谁来做、如何做,以及何时做。计划还需要考虑过去的事件、未来的机会和当下的威胁。在计划的过程中,我们会发现组织的优势和劣势。

管理层需要通过估计相关环境的未来变化来确定企业自身的理想定位,寻找计划的方向。计划具有强制性和约束性,一经制订,组织中的管理者和员工都要遵循其规定和要求。若要改变计划,需要有明确的理由,并进行全面的讨论。

计划的制订有如下几个步骤。

(1) 设定目标。这是制订计划的首要步骤。各部门要在组织目标的框架内设定自己的目标。比如一家景区设定的目标是第二年的游客量达到20万人次,是目前游客量的两倍。

(2) 确定计划的前提条件。计划着眼未来,有一些因素会影响组织制订当下的计划。如果忽视这些因素就会对计划产生不利影响。例如,如果在山区的沟谷地带修建住宿设施,就必须考虑到山洪等因素的潜在威胁。

(3) 制定备选行动方案。一旦确定了目标,就会做出假设,下一步就是根据这些假设来制定行动方案。实现目标的方式可能有很多,应该制定多个备选行动方案。例如,旅游目的地增加游客量的方案有多种,如降低价格,增加广告和促销,举办特殊节事活动,等等。

(4) 评估各备选行动方案。这一步骤应根据要实现的组织目标来评估每个备选方案的积极和消极方面。在计划允许的内外部条件下,在可获得的资金和资源的范围内,每一种选择都要从低成本、低风险和高回报的角度进行评估。例如,景区的游客增长方案需评估所有的备选方案,分析每个方案的优点和缺点。

（5）选择一个最佳方案。采纳并实施最优的方案，也就是实施最有利可图且负面影响最小的计划。管理者的经验和判断力在选择最佳方案时起着重要作用。例如，旅游目的地通过降低门票价格或免收门票的营销方案增加游客量，通过游客带动目的地的相关消费，并赢得口碑，获得回头客。

（6）实施计划。这是其他管理职能融入计划的一个步骤，涉及"做需要做的事"。在这一步骤中，管理者需要将计划清楚地传达给员工，并通过他们的具体工作将计划转化为实际行动。这一步骤涉及分配资源、组织劳动力和购买设备。例如，旅游目的地需要通过各种传播途径宣传降价或免费政策，同时需要监管旅游相关服务企业的服务质量，及时响应投诉。

（7）后续行动。后续行动主要包括不断监测计划并定期收集来自各方的反馈意见。计划的监测对于确保计划按预期实施非常重要。定期检查并将结果与既定目标和要求进行比较才能确保目标实现。例如，景区通过线下游客调查和线上游客评论分析，以及员工工作观察和座谈等，了解实际的客户体验、营业收入、员工表现等。

四、战略管理

战略管理是对组织实现其目标的所有必需品进行持续的计划、监测、分析和评估的过程，即帮助组织评估现状，制定战略，部署战略，并分析战略的有效性。

有效的战略管理有助于组织及其领导层思考和规划未来的发展路径，并为其员工指明方向，以及有助于提高运营效率、扩大市场份额、增强盈利能力。

一般来说，战略管理过程通常包括五个阶段：①评估组织当前的战略方向；②识别和分析内部和外部的优势和劣势；③制订行动计划；④执行行动计划；⑤审查计划。

有效的沟通、数据收集和组织文化在战略管理过程中也发挥着重要作用，尤其是在大型企业。缺乏沟通和消极的企业文化可能导致其战略管理计划和各业务部门所开展的活动不一致。

第三节 决 策

一、决策和决策类型

（一）决策

决策是指决定的策略或办法，即人们提出可行的备选方案并做出选择的过程。它是一个复杂的思维操作过程，包括信息收集、加工，最后做出判断并得出结论。决策从确定问题开始，以做出选择或决定结束。

（二）决策类型

决策可以根据不同的标准进行分类。

1. 战略决策、战术决策和业务决策

根据范围不同，决策可分为战略决策、战术决策和业务决策。战略决策是指组织为保持与外部环境的适应性，针对那些影响整体格局、决定组织长期发展方向的重大问题所做出的决策，它主要由组织高层管理者制定。战术决策是指在执行和实施战略性决策的过程中，为了合理且高效地解决组织内部诸如财务管理、销售计划、产品开发方案等重大事项而做出的决策，它通常由组织的中层或高层管理者制定。业务决策是指为了落实战略决策和战术决策，而在日常生产经营活动中，针对提高效率和效益、合理组织业务活动等方面所做出的决策，它主要由基层管理者制定。

2. 程序化决策和非程序化决策

根据重复性，决策可分为程序化决策和非程序化决策。程序化决策是指那些经常重复发生，能够按照既定的程序、处理方法和标准来执行的决策。非程序化决策是指那些具有高度的偶然性、随机性、缺乏先例可循，且包含大量不确定因素的决策。

3. 平时决策和危机决策

根据所处的时期不同，决策可以分为平时决策和危机决策。平时决策是指决策者在正常情况下，为解决常见的公共问题并实现公共利益而制定的决策。危机决策则是指在高度逆境中，决策者为了应对突发危机事件而做出的决策。

4. 个人决策和集体决策

根据主体不同，决策可以分为个人决策和集体决策。个人决策是指决策者主要依据自己所掌握的信息，并结合个人的知识、经验和判断力所做出的决策。群体决策是指由委员会、工作团队、研究小组等共同做出的决策。

5. 确定型决策、不确定型决策和风险型决策

根据可控程度，决策可分为确定型决策、不确定型决策和风险型决策。确定型决策是指在具备充分信息，能够准确预见各种可行方案结果的情况下做出的决策。风险型决策是指在缺少完整的信息，但能够预见每个方案的执行结果及其出现的概率的情况下做出的带有一定风险的决策。不确定型决策是指在每个可行方案都可能出现几种结果但各种结果出现的概率未知的情况下，完全凭决策者的经验、感觉和创造性而做出的决策。

二、决策方法

决策方法是指在面对各种问题和情境时，所采用的一系列分析、评估和选择的过程与手段。这些方法旨在帮助决策者从多个可行的选项中找出最优的解决方案。

(一) 三种决策模式

1. 理性决策模式

理性决策模式是较常用的决策方法。理性决策模式通常包括以下步骤：确定问题或机会，收集和组织相关信息，分析情况，制定一系列的选择方案，对每个选项进行评估和赋值，选择最好的方案并果断采取行动。

其优点在于允许采用基于科学的、客观的数据制定决策。这就减少了错误、歪曲和假设的机会，也减少了决策者个人情绪的干扰。由于采用了循序渐进的方法，决策者有能力处理复杂环境中的困难问题。

其缺点是这个决策过程有时会受到信息不足和时间限制。由于决策需要大量的信息，观察、收集和分析必不可少，决策者需要投入大量的时间和精力。理性决策模式是一种倾向于谨慎行事的决策方法。

2. 直觉决策模式

直觉决策模式的结构化程度要低得多，这种模式较多考虑主观意见。直觉决策模式会采用以下几种方式处理信息。

(1) 模式识别：关注固定模式，并利用这些模式来确定行动方案。

(2) 相似性识别：找到与之前情况的相似性，认识到特定情况的因果关系。

(3) 显著性：理解哪些信息是重要的，以及它影响个人判断的方式。

与理性决策模式相比，直觉决策模式的优点是能够促使决策者快速做出决定。它考虑到了个人的情绪，确保了能够在决策过程中发挥积极情感的正面作用。相较于理性决策模式(按部就班地制定决策)，直觉决策模式选择倾向于将信息放在更广泛的场景内考虑，可以帮助管理者整合零散的数据和事实，从而对需要完成的工作进行全面的审查。

直觉模式的缺点是在很大程度上依赖于个人的经验和判断，因此，情绪性的、不成熟的或不充分的经验最终可能会影响判断，并导致决策者做出错误的决定。

3. 识别启动模式

作为上述两种模式的结合体，识别启动模式可以帮助人们在复杂情况下快速做出决定。这就导致了两种选择：一是决策者没有发现任何缺陷，并按照预先设计好的脚本执行他们所选择的行动方案；二是决策者在行动过程中遇到了问题，他们会重新制定不同的方案来解决问题，并重复这个过程，直到最后成功。

该模式的优点在于融合了理性决策模式和直觉决策模式，提供了心理上的各种情景模拟。这种内在的推演可以有效避免一些问题。

该模式的缺点是不断试错使其相对费时，如果时间紧迫，决策者可能会选择第一个确定的行动方案，但该方案可能不尽人意。

（二）循证管理：决策的新思路

用事实（数据）说话是我们在日常工作和生活中经常会使用的策略。循证管理（Evidence-based Management），即在管理和决策中明确采纳当前认为的最佳证据。这是一种有意识地将公认的惯例和意见放在一边，使用批判性思维和最佳可用证据进行决策的方法。

"循证"一词最早出现在20世纪90年代的医学领域。不过，现在这个概念已跨越了犯罪学、教育学、公共政策学和管理学等多个学科。这里所说的"证据"指的是能够支持（或反驳）某一主张的事实、信息或数据。从本质上讲，所有管理者都需要根据"证据"做出判断。大卫·萨克特（David Sackett）将循证管理定义为，通过询问、获取、评估、汇总、应用和评价，认真、明确且明智地使用源自多方的最佳证据来做出决策，以增加获得有利结果的可能性（Pfeffer和Sutton，2006）。

管理者很少关注他们做出选择所依据的证据的质量。循证管理试图通过帮助管理者仔细评估他们所掌握的证据的有效性和适用性，以及如何找到最有效的证据来解决这个问题。因此，要成为一名以证据为基础的管理者，就意味着必须利用科学文献来解答问题，做出战略决策，并制定长期目标。

循证管理具有如下优点：①循证管理可以帮助组织和管理者在复杂的数据世界中设定目标。复杂的问题无法用简单的方法解决，因此，组织和管理者必须一步一步地朝着目标努力。在循证管理中，组织和管理者会进行实验以达成其战略目标。这包括创建假设以推进组织实现其当前的目标，管理者使用收到的证据来评估目标。②减少判断错误。循证管理可以降低不合逻辑的思维、偏见或疲劳影响管理决策的可能性。③增加问责。循证管理可以确保管理者在决策时考虑到最佳可用证据。

我们必须记住，循证管理是一种方式，而不是一个僵化的系统。循证管理能使管理者更加负责任，同时改善组织绩效。我们可以通过循证管理的六个步骤来提升决策的积极效应：①提问；②获取；③评价；④整合；⑤应用；⑥评估。

循证管理有四个证据来源，具体包括：①科学文献。基于证据的科学知识比专家判断或最佳实践更准确。科学文献包括经过同行评议后发表的研究，以及来自享有良好声誉且公正的行业机构的主要研究成果，等等。②内部数据。基于实际数据的专业判断比基于经验的判断要准确得多。我们不仅可以使用诸如产品分析、KPI和其他业务指标之类的数据，还可以使用产品管理工具和产品管理软件跟踪、分析产品指标。③专业知识。通常，许多人的专业经验比少数人的个人经验得出的结论更准确。比如与行业专家等联系，可以帮助我们获得更全面的观点。④利益相关者。为了获取主要利益相关者（尤其是客户）对产品相关决策的意见，我们除了利用焦点小组、内部投票或高效的企业讨论管理软件，还可以成立客户顾问委员会。

三、决策中的错误和偏差

中国历史上有大量的成语,其中的很多词语是古人经验的总结、智慧的结晶,生动地诠释了人类各种认知偏差导致的行为差池。例如,"刻舟求剑""亡羊补牢""纸上谈兵"等。遗憾的是,很多人在工作和生活中仍旧会犯同样的错误,做出错误的决策,进而严重影响自己的工作和生活。

(一)过度自信偏差

过度自信偏差(Overconfidence Effect)产生的原因是人们对自己言行的认知和判断过于乐观(Pallier等,2002)。这种偏差导致个体在决策过程中倾向于高估自己的能力、低估风险,并可能忽视或低估实现目标过程中可能遇到的困难。研究表明,在做任务时,人们如果说有100%的把握,而实际他们完成任务的概率只有80%(Adams和Adams,1960),因为他们对自己过度自信的认知偏差会导致决策失误。那么,应如何避免这一认知偏差?我国古代先贤早就给出了建议,"兼听则明,偏信则暗"(汉·王符《潜夫论·明暗》)。

(二)锚定偏差

当人们过分依赖预先存在的信息或他们在做决定后发现第一条信息时(Ni、Arnott和Gao,2019),就可能出现锚定偏差(Anchoring Effect),它是谈判和面试过程中的常见问题。2023年的"五一"假期是疫情之后第一个时间较长、真正开放后的小长假,人们普遍有长距离出游的意愿,很多游客甚至提前几个月就预订了假期的客房,但有的酒店仍旧按照之前的价格设定规则办事,没有及时调整"五一"期间的客房预订服务,当游客出现井喷时,为了追求更高的客房价格而临时毁约,严重影响了酒店和目的地的形象。同样,我们可以用锚定偏差来解释点餐过程中的食物浪费问题。研究证实,消费者确实存在"眼大肚小"的偏差性内部锚,也就是在点餐时会高估自己所需摄入的食物量。针对这个心理认知偏差,通过饱腹感标签可以在消费者点餐时合理确定食物量(黄元豪、李先国、黎静仪和刘玥彤,2023)。

(三)代表性偏差

下面图片中,在第一排的四种树中,你认为哪一个更像第二排的那一棵树?绝大部分人是根据两个物品之间代表性特征的相似性来做判断的。不少人会选第一排第二棵树,因为它和下面的树在树冠形态上最相似。采用这种通过关注事物的某些代表性特征进行判断的决策方法,我们能简单快捷地做出决策,但采用这种决策方法也会产生代表性偏差(Representativeness Bias),致使我们做出错误的决策。

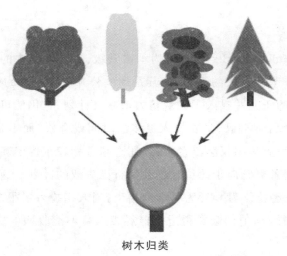

树木归类
（作者：Tomwsulcer，CC0）

（四）可用性偏差

可用性偏差（Availability Bias）也被称为易得性偏差或易得性偏见，是启发式偏差的一种（Tversky 和 Kahneman，1973）。可用性偏差即决策者在做决定时使用他们最容易获得的信息，或者人们在讨论一个特定的主题、概念、方法时，脑海中会直接浮现的例子，比如最近发生的或听到的事情，经常发生的或经常听到的事情，等等。在旅游管理中，我们选择某些明星作为旅游目的地的代言人，并通过各个渠道进行推广，其实就是在利用可用性偏差，我们会因为这些明星而想起他们代言的旅游目的地。

（五）确认偏差

理性的决策过程中假定我们会客观地收集信息，但实际上很多时候我们只看到了我们想看到的东西，这就会形成了确认偏差（Confirmation Bias）（Nickerson，1998）。我们会有意识去寻找支持或者有利于证实自身信念的各种证据，并倾向于忽视那些挑战我们观点的事物。例如，两个人可能在社交媒体上争论某一问题，双方都会寻找支持自己观点的证据，而不是对问题进行宏观、全面把握。大数据算法导致的"信息茧房"（Information Cocoons）（桑斯坦，2008）很有可能会增加确认偏差，因为推荐给我们的信息都是我们想看到的。

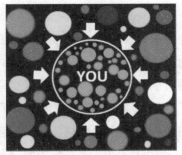

"信息茧房"示意
（作者：Evbestie，CC BY-SA 4.0）

思考、讨论与分享

举例说明生活中你亲身经历的确认偏差。

（六）承诺偏差

承诺偏差（Commitment Bias），也称为承诺升级，指即使过去的行为未能达到预期效果，个体仍倾向于坚持过去的行为，尤其是那些公开表现出来的行为（Staw，1997）。即使你进行了广泛的研究并投入了大量精力来制订计划，它仍然可能失败。在某些情况下，管理者可能会告诉自己，只要投入更多的时间或金钱，而不是改变路线，原来的策略仍然有效。这种做法不仅会浪费资源，还意味着相较于提出新想法并朝着可能更好的方向努力，管理者更倾向于让员工继续执行已失败的计划。这种行为模式的本质在于沉没成本谬误，经济学者和行为科学家指出，当人们投入了很多资金和资源（沉没成本），而项目却失败时，他们会觉得过去已经投入且不能收回的成本很"浪费"，所以有必要继续投资。

思考、讨论与分享

请用承诺偏差来解释赌徒的心态。

四、大数据、人工智能和决策

循证管理强调管理决策必须建立在科学数据和事实之上，使用大数据、人工智能技术能优化决策过程，更有利于企业的业务发展，其具体优势包括：①优化销售渠道；②精简销售流程；③提高生产力；④提供灵活的定价模型；⑤更好地了解客户需求。

为了充分利用大数据带来的好处，我们需要牢记以下两点：

第一，数据质量至关重要。数据是当今最有价值的原材料。然而，一些组织错误地只关注数据收集本身，而不考虑数据的质量。高质量的数据可以带来更好的决策。此外，不准确、不可靠或不一致的数据只会产生相反的效果。因此，数据驱动型企业必须特别注意向其分析系统提供高质量的数据。

第二，数据驱动文化至关重要。为了最大限度地利用数据分析，销售运营必须坚持数据驱动文化原则。这意味着使用者应该了解数据来自哪里、分析过程的目标是什么、使用什么指标，以及如何解释这些指标。

推荐阅读

1. 斯蒂芬·罗宾斯、玛丽·库尔特《管理学（第13版）》，中国人民大学出版社。
2. 周三多、陈传明、刘子馨、贾良定《管理学——原理与方法（第七版）》，复旦大学出版社。

3. 奥利维耶·西博尼《偏差》，中国财政经济出版社。

问题

1. 什么是环境的不确定性？
2. 计划有哪些类型？
3. 如何设定组织的目标？组织目标有哪些类型？
4. 计划的基本流程包括哪些步骤？
5. 什么是组织战略？
6. 什么是环境扫描和SOWT分析？
7. 决策的基本方法有哪些？
8. 什么是循证管理？
9. 举例说明常见的决策偏差。
10. 大数据对决策有何价值？

课后任务

第四章

第五章
组织、变革和创新

> **学习目标**
>
> 阅读本章后,你应该能够:
> 1. 了解并掌握组织的构建方式。
> 2. 了解并掌握组织结构的配置。
> 3. 了解并掌握传统和现代组织组织的特征。
> 4. 了解并掌握虚拟组织的特征。
> 5. 了解并掌握组织文化及其作用。
> 6. 了解并掌握组织人力资源管理的基本内容。
> 7. 了解并掌握拒绝组织变革的原因以及如何有效执行变革。
> 8. 认识学习和创新对组织发展的重要价值。

我们发现一些动物会通过有效的组织和明确的分工提高工作的效率,例如,蜜蜂以细致的劳动分工、精巧的社会行为和有效的整体运作使其成为存在于自然生态系统中的超级有机体(Superorganism)。组织和分工也使人类能够更加有效地工作,提高工作效率。科学、合理的组织能够让旅游目的地和旅游企业取得事半功倍的效果;相反,不合理的分工则可能带来无效劳动。本章首先介绍了组织通过哪些方法和手段实现权力的分配和劳动分工;其次介绍组织结构配置的传统和现代方式;最后介绍了组织变革的影响因素、组织内拒绝变革的原因,以及如何有效地组织变革。同时,讨论了创新的类型,以及组织如何通过学习和创新实现持续发展。

第一节 组织结构

组织结构是指组织内个人和团队之间的分工协作关系。为了实现组织的目标,必须对个人的工作进行适当的协调和监管。组织结构规定了报告关系(即谁需要向谁报告),确定了正式的沟通渠道,并描述了间是如何相互联系的。不同的组织可以采用不同的结构,每种结构都有各自的优势和劣势。虽然有些组织结构可能更适合某些特定的环境和任务,但我们必须牢记任何组织结构如果管理不善都会出现问题。

一、组织结构的设计

管理者在进行组织结构设计时,必须考虑六大重要因素:专业化、集中化、正规化、层级化和部门化。

(一)专业化

专业化允许管理者将复杂的任务分解成更小且更具体的员工可以完成的任务。每个员工上岗前都需要经过专门培训,学习如何以最好的方式完成这项小而具体的任务。专业化在制造业和服务业中都十分重要。例如,在一个装配流程中,每个员工都在产品开发过程中执行重复的任务:A 负责组装框架、B 负责固定侧面、C 负责粉刷产品、D 负责保证产品完整、E 负责准备产品出货。虽然整个开发过程相当复杂,并结合了不同的专业步骤,但是当所有的步骤都由不同的员工来完成时,这个过程就不那么复杂了。在产品开发过程中,每个员工都完成了自己的任务,产品就能够顺利生产出来了。如果只有一名员工负责整个产品开发过程,那么结果将非常耗时且生产效率低下。

(二)集中化

组织中,权力可以集中,也可以分享。集中化是指决策权在一个组织中较高层级集中的程度。在权力集中化的组织中,高层负责制定重要的决策,这意味着决策责任更多地落在更高级别的管理者肩上,因此对首席执行官和其他高级管理人员的判断能力提出了更高要求。而在权力非集中化(即分权化)的组织中,问题通常由更接近问题发生源头的基层员工来解决。

> **思考、讨论与分享**
>
> 你喜欢集权的公司还是分权的公司,为什么?

(三)正规化

正规化是指一个组织明确阐述政策、程序、工作描述和规则,并将其书面化的程度。组织通过书面规则来规范员工的行为,这使得员工在根据具体情况做出工作决策的自主权相对有限。正规化的好处是使员工的行为可预测。一旦工作中遇到难题,员工会倾向于查阅工作手册或程序指南寻求解答,因此,员工会在组织内部以相对一致的方式来解决遇到的问题。

虽然正规化减少了模糊性,并为员工明确了工作标准和方向,但它也存在不足之处。高度的正规化可能会使员工习惯以某种方式行事,从而降低组织的创新能力(Pierce和Delbecq,1977)。与权力集中化的组织相比,高度正规化的组织在决策过程中往往更为缓慢。(Wally和Baum,1994)。服务业特别容易受到高度正规化的影响,有时候,正在倾听客户问题的员工需要立即采取行动以解决因服务失误而导致顾客不满的问题,然而,这些问题的答案并没有出现在任何程序指南或工作手册中。

(四)层级化

层级数量是影响组织结构的另一个重要因素。在保持组织规模不变的情况下,金字塔结构在一线员工和最高管理者之间设置了多个管理层级,而扁平化结构只有少数几个管理层级。在金字塔结构中,每位经理管理的员工数量通常较少,这使得经理有更多的机会监督和指导员工的工作。相比之下,在扁平化结构中,向经理汇报的员工数量较多,这使得管理者难以密切监督每位员工,故而每位员工有更大的行动自由。研究显示,扁平化结构能够更好地满足员工需求,并促使他们达到更高的自我实现水平(Porter和Siegel,2006)。

当然,扁平化结构也可能面临一些挑战。当管理者监督大量员工时,扁平结构对那些需要管理者更密切指导员工的组织来说尤其不利。此外,在扁平化结构中,由于管理层级较少,晋升机会就比较有限。尽管如此,扁平化结构在满足员工自我实现这一高层次需求方面表现更佳。相比之下,金字塔结构的组织规模更大、发展更为成熟,因此在这样的组织中工作时,员工可能会更有安全感(Porter和Lawler,1964)。

(五)部门化

部门化大致可分为职能部门化和业务部门化。职能部门化的组织会根据员工的角色或特长,将其分成若干组。比如财务部、市场部和研发部等,每个部门内部都设有专业小组向部门经理汇报。业务部门化的组织会根据具体的产品、项目或地点,将员工分成若干小组。例如,一家银行可能会设有零售银行部、投资银行部和私人银行部等部门。在业务部门化的组织中,员工往往需要成为多面手而非某一领域的专家,因为他们需要负责执行各种不同的任务,而非专注于某一特定领域的任务。

在现实中,许多组织倾向于采用职能和业务混合的组织结构。例如,如果企业有多种业务,那么按业务划分部门有利于提高创新能力、缩短反应时间。此时,每个业务部门都可能配备专门负责营销、制造和客户服务的员工为各自的业务服务。然而,企业也可能集中一些业务并保留职能结构,以优化人力资源管理和提升信息技术的成本效益。此外,当企业需要在不同地域提供服务时,它们也可以建立地域性的部门。例如,总部位于深圳,主要从事文化旅游产业、房地产及酒店开发运营的大型企业华侨城采用的就是这种组织结构。

每种类型的部门化都有其优势。当一家企业没有大量的产品和服务需要特别关注时,职能结构往往比较有效(如一般的旅行社)。当一家企业(如携程)拥有多样化的业务时,每项业务(车船机票预订、住宿预订、度假旅游安排等)都会有独特的需求,则业务结构对及时解决客户需求和预测市场变化更有用。职能结构在相对稳定环境中更能发挥作用。相比之下,采用业务结构的组织更加灵活,在变化剧烈的市场环境中可以表现得更好。研究表明,当员工在变化环境下的产品部门工作时,由于其所从事的活动多样且复杂,员工心理能力对其工作表现至关重要(Hollenbeck等,2002)。

二、组织结构的类型

(一)机械式和有机式结构

正规化、集中化、层级化和部门化等结构要素往往并存于组织内。因此,我们可以根据这些要素的排列方式形成不同的组织结构。

机械式结构表现为高度正规化和集中化。在机械式结构的组织中,沟通主要依赖正式的渠道,员工会被分配具体的工作任务并拥有明确的角色和责任,组织的运作方式往往比较僵化,不愿意改变,因此,机械式结构不适合需要创新和采取快速行动以应对内外部环境变化的组织。机械式结构还会限制员工个人的自主性和自我决定权,导致其工作的内在动机水平降低。

虽然机械式结构存在一些缺点,但是当内外环境比较稳定时,对试图将效率最大化、成本最小化的组织而言,它具有效率优势。例如,麦当劳内部是典型的机械式结构,员工必须严格遵守操作流程(高度正规化),这种结构使麦当劳能够以较低的成本在世界各地生产统一的产品。机械式结构对处于初创期的企业比较有利(Sine、Mitsuhashi和Kirsch,2006),因为新的企业结构往往还不够完善,管理者和员工对自己角色的认知模糊。

与机械式结构相反,有机式结构具有更高的灵活性和分散性,正规化程度较低。在有机式结构的组织中,沟通更加流畅和灵活,员工的工作职责更宽泛,组织鼓励员工根据具体的任务需求及个人专业水平来履行职责。有机式结构有利于提升员工的工作满意度,对创业行为和创新能力(Covin和Slevin,1988)比较有利。就具体的创新而言,机械式结构有助于推动渐进性技术创新,而有机式结构则能推动突破性技术创新(陈建勋、凌媛媛、王涛,2011)。

(二)传统和现代组织结构

在传统组织结构中,权力呈现向上流动的特点,所有员工遵循一个指挥系统。传统的组织结构图看起来像一个金字塔。首席执行官位于最上面,中间层由部门经理组成,向首席执行官报告,并监督其部门的整体运作。下面一个层级由一线经理或主管组成，负责管理本部门或团队的日常工作，最底层是向他们报告的非管理层员工。传统组织结构包括职能型组织结构和部门型组织结构。

现代组织结构没有严格的等级制度，没有自上而下的权力安排，它打破了员工之间的部门界限，鼓励所有员工一起为实现企业目标而进行项目合作。参与项目合作的员工虽会接受任务要求和绩效目标，但他们有权力决定完成项目的最佳方式。这种结构有助于促进整个组织的资源共享，从而更好地实现目标。现代组织结构包括矩阵型组织结构和扁平化组织结构。

采用矩阵型组织结构时，组织仍保留部门，但会建立包括不同部门员工的项目组。在这种结构下工作的员工可能有两个上级领导，即项目经理和部门经理。例如，一个试图推出新产品的组织可能会创建一个项目小组，将来自研发、营销和财务等部门的相关成员聚集在一起。

扁平化组织结构能够消除员工和高管之间的中间管理层级，适合规模较小的企业处于初创阶段的企业。员工接受的监督较少，有较大权力来组建团队，并可以根据自己的兴趣或技能选择岗位。

三、虚拟组织：组织的新形式

随着网络通信和移动互联技术不断发展，信息数据呈现爆炸式增长，这就要求企业必须以更加灵活的组织结构来适应时代的发展（马丁、李朝，2017）。在此背景下，虚拟组织（Virtual Organization）应运而生。虚拟组织的成员分布在不同地点工作，通过电脑、电话和其他技术协同工作并实时沟通。值得注意的是，不同组织的虚拟程度因其性质而异，一般而言，组织可以在时间、空间、文化和组织分散这四个维度上展现出不同程度的虚拟性（Shin，2004）。

虚拟组织的优势在于，它能够降低管理成本，提升员工满意度，提高工作效率，扩大招聘范围，灵活安排工作时间，降低员工离职率；此外，还有助于企业进入新市场，促进企业间的知识共享与知识集成，推动知识创新与价值创新（张保仓、任浩，2018）。

虚拟组织面临的挑战包括同事之间情谊的缺失，企业文化难以发展，沟通的重要性增加，潜在的合规性和安全问题。为了应对这些挑战，虚拟组织需要制定详尽的程序，以确保员工绩效的一致性，并且为员工提供在远程工作环境中高效履职所需的资源和支持。

思考、讨论与分享

你愿意在虚拟组织中工作吗，为什么？

第二节　组织文化、员工和团队

一、组织文化

（一）定义

文化是一个由价值观、信仰和行为组成的系统,涉及物质、制度和精神三个层面。文化塑造并决定了一个组织的运作方式和工作的完成方式,组织文化体现了企业的性格特质。

组织文化可以决定企业的成败,是人们在战略管理过程中必须考虑的关键组成部分。文化是组织中人们制定目标、执行任务和配置资源的主要因素。强大的组织文化将使管理者更容易激励员工按照既定的战略执行任务,因此,创建适合组织文化的战略非常重要。

知识链接

组织文化类型

（二）优秀组织文化的特质

每个组织的文化不尽相同,重要的是保留体现组织个性的内容。当然,优秀的组织文化具有一些相同的特质。

(1)优秀的组织文化能够使组织的发展目标和员工的工作动机具有一致性。

(2)优秀的组织文化倡导对员工的贡献给予奖励,奖励形式包括公开表扬、感谢信、晋升机会及奖金等。

(3)优秀的组织文化倡导员工在日常工作中相互沟通、建立信任。

(4)优秀的组织文化鼓励员工积极发表有利于组织发展的建议和采取具体行动。

(5)优秀的组织文化能够促使员工之间相互激励、良性竞争,从而提升生产力并创造更高的利润。

(6)优秀的组织文化能够让员工学会观察并从容且灵活地应对内外环境的各种高度动态变化。

(7)优秀的组织文化强调员工之间的协作,这不仅能提高工作效率,还能使员工在工作中获得价值感和幸福感。

(8)优秀的组织文化强调探索性学习,有利于员工将创造性思维应用于组织的各个方面。

(9)优秀的组织强调以诚相待,公正公开。

(10)优秀的组织文化能够让员工安心且自觉地为组织做贡献,不会让他们处于时刻担心被淘汰或受到处罚的焦虑情绪之中。

(三)组织文化的形式

组织文化有多种传播形式,主要包括故事、庆典和仪式、符号、语言等。

1. 故事

故事通常包含重要事件或人物,比如组织创始人的故事、打破陈规的故事、真诚面对错误的故事等。关于英雄的故事是强化组织文化价值观的有力工具(曲庆,2007),特别是在引导新员工理解组织文化方面发挥着重要作用。

2. 庆典和仪式

庆典和仪式是一系列重复的活动,用于表达和强化组织的价值观,即哪些目标较重要、哪些人较重要、哪些员工是多余的。在庆典和仪式中,组织会对取得成就的员工给予认可和奖励,如在年会给优秀员工颁奖。在餐饮业和酒店业中,技术比武同样可以看作一种仪式,通过这种仪式,组织希望参与个体能够感知到技能提升、交流沟通、职业发展、组织承诺、自我实现和物质利益等的价值(张海洲、卢松、张宏梅、陆林,2017)。

3. 符号

符号是组织价值的有形或无形表征,比如组织的标志、组织的史料馆、组织内部的景观设计等。当我们进入不同的组织,我们会对这个地方有一种特定的"感觉",可能是正式的、随意的、有趣的、严肃的等。组织的物质和非物质符号创造了这种地方感。这些符号向员工和外界传达组织的价值体系和高层管理人员的期望。

4. 语言

许多组织及其内部单位会将特定的语言作为识别成员身份的一种方式。例如,学校教务处和学生事务处的老师就各自使用了不同的工作语言,这些语言可以将老师和学生与别的工作群体区分开来。这里提到的语言,就是所谓的行话。此外,组织和团队还会形成一些只有他们自己才能理解的潜台词。通过学习这种语言,成员可以证明他们接受了这种组织文化,并愿意保护这种组织文化。

二、卓越的员工和团队

(一)人力资源管理

人力资源管理是培养和支持员工并确保积极的工作环境的组织职能,管理方式因企业和行业的不同而不同,但通常包括以下内容。

(1)招聘。招聘是人力资源管理过程中的重要部分。招聘包括内部招聘和外部招聘两种类型。内部招聘是指组织在其员工队伍中选出需要的人才,而外部招聘是指组织以发出通知的方式在其员工队伍之外招聘符合条件的人才。

（2）选拔。选拔是人力资源管理过程的第二步，组织根据标准选择需要的人才，这些标准主要包括工作所需的特定技能、教育经历和工作态度。选拔过程通常包括初步筛选、笔试、面试等。

（3）培训。在选拔之后需要对新员工进行培训，提高新员工的知识储备和技能水平，以满足工作要求。岗位培训分为在职培训和脱产培训两种：在职培训是在工作场所提供的培训，使用办公室本身的设备；脱产培训是指新人在远离实际工作场所的地方接受培训。

（4）绩效评估。绩效评估是将现有员工的效率与组织先前设定的标准进行比较的过程。人力资源管理部门会向员工提供反馈，使员工能够根据组织的要求提高自己。绩效考核是决定员工升职或降职的关键。员工绩效考核可以通过传统和现代两种方法进行。传统方法包括量表评价法或检查表法，不涉及技术进步。现代方法包括行为锚定评价量表法、关键事件法、评估中心法等。

（5）激励。企业常通过给予员工奖金、肯定和其他福利来激励员工做得更好，比如发放津贴和分红。这些奖励通常给予优秀的员工，表彰他们为企业所做的贡献。

（6）补偿。在补偿方面，人力资源管理部门必须严格遵守相关规定；同时，在对员工进行补偿之前，人力资源管理部门还需要仔细评估其工作，以免对企业的财务预算造成不利影响。

（7）维护劳动关系。管理层制定与员工相关的政策时，要确保这些政策和程序能够得到有效执行。此外，管理层还需负责解决可能出现的劳动纠纷。

（8）员工的健康福利和安全。企业必须确保员工在法律规定的适当、安全和健康的工作环境下工作。例如，确保工作环境干净卫生，提供饮用水和卫生设施，保障良好的通风、适宜的温度和充足的照明，提供休息和就餐场所，提供应急设施设备，等等。

（9）遵守法律法规。人力资源管理不仅要遵循我国的法律法规，还应根据行业特点和经济标准吸纳国际的法律法规。

（二）卓越员工

人才是组织成功的第一关键要素。培养卓越的员工要做好发现潜在优秀员工、花时间和精力培养员工和留住优秀员工三项工作。

（1）发现潜在优秀员工。可以通过开发成熟的量化工具，如认知商（语言、计算和空间与物理认知能力）、动机商（工作动力）和情商（与周围人互动的方式）来识别组织内部和外部有潜力的卓越员工。

（2）花时间和精力培养员工。组织应当像投资优质项目一样投资优秀员工。为了帮助员工成长，组织需要评估员工的优势和不足，为他们的优势提供"强化"课程，同时针对不足给予坦诚的反馈和相应的培训机会，加强员工进一步的学习，帮助员工做好职业生涯规划，并为他们配备优秀的导师。

（3）留住优秀员工。优秀员工离职的原因包括缺乏发展机会、领导独断专行、员工的能力和贡献不被认可等,因此,想要留住优秀员工,组织需要赞赏他们的工作,在组织和团队内部强调他们的价值,给予提升的空间,给予符合他们创造的价值的奖励。

(三) 卓越团队

两个人就可以成为一个团队,团队是组织的基础。团队一般具有如下要素:①规模。团队成员数量一般为15—20人。团队成员越多,管理就越复杂。②目标。每个团队都有一定的目标,这是它存在的理由。③规则。每个团队都需要一定的规则来指导成员互动。④结构和角色。团队需要基于成员所担任的角色和职位设计组织结构。⑤互动。它包括面对面、电话、书面或其他方式。⑥集体身份。它受成员之间的参与精神、协作、信任、开放、沟通等因素影响。

团队包括正式团队(组织官方组建)和非正式团队(员工自主组建)两种类型。一般而言,一个团队的形成包括五个阶段:成型(互相试探)、磨合(出现冲突)、规范(确定各项正式和非正式的制度)、绩效(高效合作和产出),以及终止/结束阶段。

建设优秀的团队,需要注意以下几点:①团队领导以身作则,能指明发展方向;②有明确的目标、角色分工和职责;③确保团队成员的能力和观点多元化;④遵循明确的愿景和使命;⑤建立高效的协作网络(如共享信息),让重复性工作自动化;⑥赋予团队成员决策自主权;⑦鼓励个人和职业的持续发展。

第三节 组织变革和创新

一、变革

(一) 组织变革的原因

组织变革是指一个组织从一种状态向另一种状态的转变。组织变革可以采取多种方式。它可能涉及组织的结构、战略、政策、程序、技术或文化等方面的变化。这种变化可能是提前数年计划的结果,也可能因外部环境的变化而被迫发生。组织变革可以采取激进的方式迅速改变组织的运作方式,也可以采取渐进的方式慢慢改变做事的方式。无论选择哪种类型,组织变革都意味着需要放弃旧有的方式,并适应新的方式。组织变革的原因如下。

(1) 人口老龄化。随着我国人口的老龄化加剧,劳动力的平均年龄逐渐上升,人们偏好的福利类型可能会随之发生改变。因此,更加灵活的工作安排,如弹性工作时间,可能会变得更受欢迎,同时,对于那些对当前工作状况感到不满的员工来说,他们则可能更倾向于选择退休。

(2) 技术。摩尔定律认为计算机电路的整体复杂性将在不增加成本的情况下每18

个月翻一番,于是,这样的变化促使企业迅速改变其技术。以我们熟悉的音乐产业为例,20世纪80年代首次推出激光唱片(CD)时,它们比传统的黑胶唱片(LP)更具吸引力。由于生产CD的成本比生产LP低很多,多年来,唱片生产公司从这种技术更新中获益良多。然而,当通过Napster和Kazaa等软件进行的点对点文件共享(P2P)威胁到他们的业务核心时,音乐公司发现他们对这种颠覆性的技术变革完全没有准备。之后,苹果公司的iTunes提出在线付费购买音乐的新模式,一开始市场对付费音乐也持观望态度,但现在,大家正在逐步接受这种新的消费方式。

思考、讨论与分享

查阅文献,回顾旅游业中预订方式的变化。

(3) 全球化。全球化是推动组织变革的另一个重要外部因素。其一,全球化让企业可以选择在成本更低的地区运营。某些国家,如改革开放初期的中国,在生产商品和提供服务方面具有成本优势,因此吸引了大量外国企业前来投资建厂。然而,随着劳动力成本的上升,一些外资企业开始将工厂搬迁到成本更低的东南亚等地。其二,全球化也可以让企业利用全球的人才、资源和市场。例如,中国义乌把握了全球化和电子商务平台发展带来的巨大机会,成为全球最大的小商品交易中心。但全球化也带来了挑战,服务外包迫使许多企业必须在一个与本国习惯完全不同的制度环境中运营,处理因工作岗位转移到海外而产生的员工压力,重新培训劳动力,以及学习如何在全球范围内与全球劳动力进行竞争。

(4) 市场条件。市场需求的变化致使企业不得不做出改变。例如,随着互联网预订机票的普及,人们能够更高效、便捷地比较不同航空公司的票价,这使得航空公司间的竞争主要聚焦于成本控制。于是,航空公司开始削减以往被视为标配的服务,如餐饮、饮料供应及行李托运费用,从而催生了廉价航空公司。企业能否有效应对环境挑战和威胁,关键在于其决策者对环境变化的敏感度及反应速度。那些反应迟缓的企业,即便是老牌企业,也很有可能被迫退出市场。

廉价航空春秋航空的空客A320飞机

(作者:Windmemories,CC BY-SA 4.0)

思考、讨论与分享

比较一下父母喜欢的旅游目的地和我们喜欢的旅游目的地有何不同。

（5）组织发展。小型创业公司如果创业成功，就会继续成长。以携程为例，它于1999年创立时仅是一家小型公司，如今已成长为中国首屈一指的大型在线旅游服务平台。又比如，高端餐饮品牌新荣记起源于浙江临海老城区的一家海鲜大排档，至2022年，它已发展成为拥有6家米其林认证餐厅的餐饮企业。然而随着时间的推移，小型企业逐渐发展为大型、复杂的组织，其管理也面临着诸多挑战。例如，随着高层管理人员的更替，企业曾经坚持的原则可能发生改变。同时，由于企业规模庞大，一些部门自主做出的决定也可能跟企业整体愿景相左。

（6）业绩不佳。与业绩不佳的企业相比，成功的企业往往更难做出改变。这是因为高绩效有时可能导致过度自信，进而产生惰性。因此，成功的企业常常倾向于继续沿用那些曾使他们取得成功的做法。

（7）高层管理人员变动。企业高层管理人员的变动也是组织变革的动力。一般而言，长期任职的首席执行官不太可能改变其成功路径。相反，新的首席执行官和新的高层管理团队会对公司的文化和结构进行革新。这也符合中国的一句俗语："新官上任三把火。"

（二）拒绝变革的原因

拒绝变革的原因如下。

（1）不习惯。人们不喜欢变化，即使是简单的变化，如将某一款软件升级到最新的版本。如果公司的组织结构和员工的角色发生较大的变化，员工就需要抛弃原先熟悉的习惯，重新适应新的部门、规章和角色，此时员工容易产生逆反心理。

（2）个性。研究表明，拥有积极的自我概念（自信、乐观、充满希望）的人更善于应对变化。风险容忍度是衡量个人对变革的抵抗程度的一个变量。对回避风险的人来说，技术或组织结构上的变革可能更具威胁性（Wanberg和Banas，2000）。

（3）不确定性。变化不可避免地会带来不确定性。如果你听说你的公司正在与另一家公司合并，这意味着一些职位可能会被取消，有些人的工作职责可能会发生变化。这种变化无法被预期，这就给人们带来压力，使人们产生一种失控的感觉（Fugate、Kinicki、Prussia，2008）。

（4）对失败的恐惧。当员工觉得在新系统下他们的绩效可能会受到影响时，他们也会抵制变革。那些觉得自己在新系统下可以表现良好的人，更有可能促进变革，那些在变革后对自己的能力信心不足的人，则不太支持变革（Herold、Fedor和Caldwell，2007）。

（5）变革的个人影响。人们更欢迎那些在个人层面对他们有利的变革（比如给予他们更多的权力,或者改善工作环境等)。研究还表明,当变革主要影响工作单位,而对个人工作方式影响较小时,支持变革的程度最高(Fedor、Caldwell和Herold,2006)。变革可能影响员工在组织中的权力和影响力。即使团队运作对组织发展更有益,一些领导者也可能因为在新的组织结构中失去了威望和地位而抵制变革。

(6) 变革的普遍性。任何变革都应该考虑组织的其他变革。如果组织结构在过去5年内从职能型到产品型,再到地域型、矩阵型,最终又重新回到职能型,那么可以预期这种变革会遇到一定程度的阻力,因为人们会因不断变化而感到疲劳。此外,如果组织缺乏成功的变革故事,人们可能会怀疑新的变革计划。另外,变化的大小也会影响人们的接受程度。例如,与从金山办公系统转换为微软办公系统相比较,从传统办公方式转化为数字办公方式的变化会更大,遇到的阻力也会更大。

(三) 阻力的类型

来自员工的抵制,往往是变革失败的主要原因。一般而言,根据抵制的程度,我们可以将人们分为四种类型:①积极抵制者。他们对变革的消极反应最直接,可能会直接破坏变革工作,并直言不讳地反对新流程。②消极抵制者。他们不一定直接表达反对意见,但会不同程度地干扰变革。③遵从者。他们被动地接受变革,缺乏热情,顺应变化。④积极支持者。他们是新结构、新方法、新制度的捍卫者,并且鼓励周围的人也支持变革。

(四) 有效地规划和执行变革

列文(Lewin)提出了"解冻—改变—再冻结"三阶段变革模型,哈佛大学教授约翰·科特(John Kotter)在《领导变革》一书中阐述了改变组织的八个步骤。接下来,我们将这两个模型相结合,为大家呈现一个新的组织变革的过程模型。

组织变革的过程模型

1. 变革前的解冻

许多变革之所以失败,是因为人们对变革的准备不足。当员工没有准备好时,他们更有可能抵制变革。在变革之前,组织应该做好如下准备:

(1) 创造一个变革愿景。在成功的变革中,领导者对变革有一个整体的愿景,若这一愿景令人振奋,人们就有可能对变革做出重要的承诺。

（2）沟通变革计划。当员工知道将要发生什么，以及何时发生、为什么发生，他们可能会克服对变革的不适感。如果领导者在会议上阐述了变革的重要性，员工就有理由相信这一变革是出于战略性的考虑。

（3）培养一种紧迫感。如果人们觉得有必要进行变革，他们就更有可能接受变革。那些计划变革的人需要说明，组织的竞争力、声誉，乃至生存都受到了外部或内部的威胁，若不采取行动将招致可怕的后果。

（4）建立同盟。人们对变革的看法会受到意见领袖的影响。与其试图让所有人同意，不如说服意见领袖并让他们做好准备。一旦这些人同意变革，他们就会成为盟友。

（5）提供支持。管理层可以通过提供情感支持和工具支持，帮助员工为变革做好准备。情感支持形式包括经常讨论变化，鼓励员工表达他们的担忧，以及明确表达对员工在新系统下能够有效执行任务的信心。工具支持涉及为员工提供培训方案，使他们知道如何在新系统下运作。

（6）允许员工参与。参与计划变革工作的员工往往对变革持有更积极的看法。他们有机会表达自己的关切，并能参与到变革的过程之中，确保问题得到妥善解决。他们将更了解变革的原因、变革的替代方案，以及为什么被选中的替代方案比其他方案更好。最后，他们会对计划中的变革产生强烈的归属感，并更倾向于积极参与其中。

2. 执行变革

在列文的三阶段变革模型中，第二个阶段聚焦于执行变革。此阶段，组织在技术、结构、文化或程序方面实施变革。为确保变革的成功，以下是一些有效的促进措施：

（1）继续提供支持。随着变革的进行，员工可能会经历高压。他们可能会更频繁地犯错，或者对自己的新职责或工作描述感到不确定。管理层在帮助员工应对这种压力时起着重要作用，他们要表现出支持的态度并且耐心对待，并且在变革完成后要继续给予员工支持。

（2）创造小胜利。在变革过程中，如果组织能够获得一个小的胜利，变革就更容易被接受。如果变革的范围很大且回报期很长，员工可能难以察觉到变革的发生，因此，将变革分成几个阶段，并为每个阶段设定相对容易达成的小目标，是一个有效的策略。对于变革的策划者来说，小的胜利也很重要，它可以让员工知道他们正在沿着正确的方向稳步前进。

（3）排除障碍。在变革的道路上，往往会遇到许多阻碍。其中，有些关键人物虽然在表面上支持变革，却在暗中阻碍变革的实施。此外，还有一些障碍植根于组织的结构、现有流程或文化之中。管理层的工作是识别、了解并消除这些障碍（Kotter, 1995）。

3. 重新冻结

实施变革后，变革的成功与否取决于变革是否成为组织文化的一部分。换言之，变革所带来的思维方式、行为方式和执行方式应该成为常规。在这个阶段，管理层需要做的工作包括：

(1) 宣传成功。为了保证变革的持久性,组织可以与员工分享变革成果,这样做能够增强员工的信心,使他们相信实施变革是一个正确的决定。

(2) 再接再厉。组织高层应秉持持续改进的理念,一旦取得良好成果,就应持续推动变革进程,并从中获取更多益处。

(3) 奖励采用的变革。为了确保变革成为永久性的规范,组织可以通过奖励那些积极接受并推动变革的人来实现这一目标。奖励可以采取多种形式,其中,公开表彰那些支持变革的人,可以吸引更多员工接受变革。

(4) 让变革成为组织文化的一部分。变革一旦成功,将成为组织文化的一部分。如果变革只发生在表面上,则会产生误导,进而阻碍真正的变革。

二、学习和创新

(一) 学习型组织和组织学习

学习型组织,是指企业通过"组织学习"实现员工的知识更新和保持企业的创新能力。在这种组织中,员工能够通过学习实现个人价值,同时使组织绩效得到提高。1990年,麻省理工学院彼得·圣吉出版的《第五项修炼》一书,全面地阐述和推广了"学习型组织"的概念。他提出通过"五项修炼"终身学习,提升企业的竞争力。

"五项修炼"包括:第一项修炼——自我超越(Personal Mastery);第二项修炼——改善心智模式(Improving Mental Models);第三项修炼——建立共同愿景(Building Shared Vision);第四项修炼——团队学习(Team Learning);第五项修炼——系统思考(Systems Thinking)。

学习型组织需要营造一种内部知识共享的氛围。知识共享作为知识管理的重要环节,它架起了个人和组织知识的桥梁,增强了吸收和创造知识的能力,从而使公司和个人获得持续的竞争优势。另外,除了传统的面对面的知识分享之外,社交媒体也是一个很好的工具,它因具有便捷性、高效性和使用广泛而备受青睐。

与知识分享相对的是知识隐藏(Knowledge Hiding),它是指组织中的个体面对他人的知识请求故意进行隐瞒的行为。知识隐藏不利于个体间知识分享行为的产生,是知识领域的反生产行为,对组织效能具有严重破坏作用(王志成、赵曙明、杨杰,2020)。在旅游业中,知识隐藏会严重影响员工提供创新性客户服务的能力(Arain、Hameed和Khan等,2022)。

(二) 创新管理

创新是旅游业和酒店业获得竞争优势的一种手段,对我国处于激烈市场竞争中的民营酒店集团尤其如此(陈妙林,2015)。然而,获得的创新、知识和技术可能很容易被竞争对手获得。研究显示,采用支持创新的新模式和概念非常重要。具体来说,成功的渐进式和激进式创新的关键在于有新的背景和概念框架,通过这个框架,创新得以孕育，客户需求得以满足，从而产生新的竞争优势（Souto，2015）。

1. 定义和类型

创新是指人为了满足自身需要，遵循事物发展的规律，对事物的整体或其中的某些部分进行变革，从而使其得以更新与发展的活动。创新管理指组织在创新过程中所采取的一系列管理活动和策略，旨在通过决策、计划、指挥、组织、激励、控制等管理职能活动和组合，为社会提供新产品和服务。

根据不同的分类标准，创新有不同的类型。

（1）根据创新对象分类：①产品创新。产品包括物质产品和非物质产品。②服务创新。服务创新与产品创新一样。③商业模式的创新。商业模式是一个公司运作和挣钱的方式。商业模式创新涉及战略、营销、供应链、定价、成本等方面。④流程和技术创新。它包括生产流程的改进或新技术的应用。⑤组织创新。它可以是组织流程的创新，也可以是组织结构的创新，还可以是管理创新。⑥社会创新。它是指那些对社会有益的创新，如教育等方面的创新，其主要目的并非营利。⑦环境创新。任何有助于改善环境的创新都是环境创新，如开发环境友好型产品。

（2）根据创新的程度分类：①激进创新。这是一种对产品、服务或流程进行重大变革的创新方式，其影响较大，能够催生出全新的市场。②渐进创新。它是对现有产品、服务或流程的优化和进一步发展，有利于维护客户利益、降低成本、重新定位、适当开发新市场、适应新变化。

（3）根据新颖性分类：①维持性创新。这种类型的创新指的是对现状的改进，类似于增量创新，侧重于当前的客户及其需求。②颠覆性创新。这种类型的创新致力于开发一个新市场，如开发共享民宿。

2. 促进组织创新

为了提升创造力并借助创新获得竞争优势，管理者应当对创新更加包容。以下一些做法可以帮助管理者充分发挥员工潜力，鼓励他们以新的方式解决问题：①给予时间。如果员工总是受困于紧迫的时间和堆积如山的项目，他们就没有余暇去创新。如果管理者希望组织成为创新的引领者，就必须为创新活动留出必要的时间。②给予自主权。管理者必须明确员工需要对自己的决定负责，并给予他们指导，让他们对自己的工作有信心。③鼓励讲故事。除了核心信息，讲述故事的方式也很重要。拘泥于准则、流程和方法会抑制创造力。管理者要给予员工一定的自由，让他们尝试不同的讲述方法，并鼓励他们大胆创新。④确保一致性。在开展创意活动之后，管理者需要明确设定下一步行动，并立即分配职责，将通过"头脑风暴"产生的想法付诸实践。如果管理者始终如一地坚持创新，并向员工表明，他们努力打破常规的思考会产生积极的效果，组织内部就会形成一个良性循环，不断激发创造力。

推荐阅读

1. 斯蒂芬·罗宾斯、玛丽·库尔特《管理学（第13版）》，中国人民大学出版社。
2. 周三多、陈传明、刘子馨、贾良定《管理学——原理与方法（第七版）》，复旦大学出版社。
3. 杰拉德·J.普奇奥、约翰·F.卡布拉、内森·施瓦格勒《组织创新：创新创业实用指南》，清华大学出版社。

问题

1. 组织结构的设计需要考虑哪些因素？
2. 传统和现代组织组织的特征是什么？
3. 虚拟组织有什么特征？
4. 组织文化内涵及其作用是什么？
5. 组织人力资源管理的基本内容有哪些？
6. 拒绝组织变革的原因是什么？如何有效执行变革？
7. 什么是学习型组织？
8. 组织可以通过哪些方式实现创新？

第五章

第六章
领导、激励和沟通

阅读本章后,你应该能够:
1. 了解并掌握五种人格特质。
2. 了解并掌握四种气质类型。
3. 了解并掌握领导的特质。
4. 了解并掌握主要的领导风格。
5. 了解并掌握激励的类型。
6. 了解并掌握主要的激励手段。
7. 了解并掌握沟通的类型。
8. 了解并掌握沟通的技巧。

领导是组织(团队)的核心,优秀的旅游企业的成长离不开卓越的领导。领导的主要工作是鼓舞士气,营造和谐的组织(团队)氛围。激励是领导必须学会的重要技能。本章主要介绍了五种人格特质和四种气质类型,以及不同的领导风格和激励的类型。

第一节 领导特质和风格

人格特质对领导风格具有重要影响。了解领导风格,需要从认识人格特质和气质开始。

一、人格特质和气质类型

(一)人格特质

人格(Personality)指的是一系列复杂的,具有跨时间、跨情境特点的,对个体特征性行为模式有影响的独特的心理品质。特质是满足一致、稳定、因人而异这三个标准的人格特征。在人格特质研究中,最有代表性的是大五人格理论(Digman,1990),下面对这五个维度进行简单描述。

大五人格理论的五个维度

(1) 开放性(Openness):开放性是指认可和欣赏各种不寻常的想法和愿意尝试各种独特体验的倾向。高开放性的人富有想象力、求知欲强,低开放性的人希望通过坚持不懈来实现目标,有时表现为教条主义、墨守成规。

(2) 尽责性(Conscientiousness):尽责性是指自律、尽职尽责、不顾外界期望而努力取得成就的倾向。它与人的冲动控制、调节、引导水平有关。高尽责性表现为有纪律、谨慎、有计划。低尽责性表现为做事有灵活性但冲动、杂乱无章。

(3) 外向性(Extraversion):外向性是指与外部世界连接的广度。外向的人善于交际、喜欢玩乐,内向的人安静、低调、深思熟虑、较少参与社交活动,这是因为他们更需要独立空间。需要指出的是,我们不应将这种特质理解为害羞、抑郁或冷漠。

(4) 亲和性(Agreeableness):亲和性有助于社交和谐。亲和程度高的人重视与他人相处,表现为体贴、善良、信任他人、乐于助人。亲和程度低的人在与他人交往时,看重自身利益,表现为多疑、不合作。

(5) 神经质(Neuroticism):神经质是指有强烈的负面情绪的倾向,神经质程度高的人经常表现为焦虑、悲观、愤怒,神经质程度低的人即情绪稳定的人,不容易受内外干扰因素影响。

居民的个性及其对社区和游客的看法在形成旅游发展的整体支撑方面发挥着重要作用。不同人格特质的人对旅游发展的影响有所不同,游客人格特质与旅游行为也存在一定的关系。例如,旅游自拍已经成为一种普遍行为。以往认为具有自恋等人格特征的人倾向于自拍,但有研究者认为该结论不适用于旅游情境。他们发现亲和性和开放性对自拍的情感体验需求呈正向影响,对情绪稳定性呈负向影响;外向性对自我展示需求呈正向影响,对情绪稳定性呈负向影响;外向性和开放性对社会交往需求均呈正向影响;尽责性对旅游自拍需求没有显著影响(殷章馨、夏赞才,2018)。

近年来,有学者提出第六种人格特质——诚实-谦卑(Lee和Ashton,2004),这一特质早期被归入大五人格特质的亲和性特质。诚实-谦卑特质明显的人较少通过操纵和利用他人来获得个人利益,或认为自己高人一等或享有特权;缺乏诚实-谦卑特质的人相对更倾向于奉承或操纵他人,出于个人利益而改变规则,且认为自己地位特殊、拥有特权。研究也证实诚实-谦卑特质与个人偏差行为有关,如不道德的商业决策(Ashton和Lee,2008)。

真正优秀的领导者所需具备的较突出的人格特质包括尽责性、开放性、外向性等。这些人格特质具体表现为执行任务时具有高度的责任感,具有批判性思维,能够接纳新想法(即便面对可能出错的情况也保持开放的态度),自信,不自我怀疑。无论是领导小团队还是大企业,这些人格特质都能让个人脱颖而出,成为优秀的领导者(Lew,2019)。

就具体的领导风格而言,外向性、亲和性、尽责性和开放性与真实的领导风格呈正相关,而神经质则与之呈负相关(Shahzad、Raja和Hashmi,2021)。开放性、亲和性和尽责性则是道德领导力的重要前提(Özbağ,2016)。同样,外向性已被证实对领导力具有重要影响(Salgado,1997)。

(二)气质类型

古希腊学者认为人有四种基本的气质:胆汁质、多血质、抑郁型和黏液质(Buckingham,2002),然而,大多数人都是这些气质类型的混合体。

(1)胆汁质(Choleric Temperament)。胆汁质的人擅长决断、意志坚定,善于自我激励。这个群体的人可以成为很好的领导者。另一方面,胆汁质的人易怒,通常被认为过于严格、缺乏同情心和不太友好。

(2)多血质(Sanguine Temperament)。这种类型的人乐观、张扬,喜欢聚会,享受生活。不过多血质的人的兴趣无法保持很久,也不太喜欢承诺。因此,多血质的领导者可能不太可靠,轻易承诺,经常提出美好的计划,却不愿意坚持。

(3)抑郁质(Melancholic Temperament)。抑郁质是所有气质类型中最情绪化的,这类人会注意别人不愿意注意的事情,他们多是完美主义者,这导致他们经常表现出不快乐和不满意。抑郁质的领导者富有创造力、同情心,但他们不擅长处理人际关系,所以抑郁质的领导者一般需要有一个多血质的帮手。

(4)黏液质(Lymphatic Temperament)。黏液质是情绪最稳定的类型,表现为随和、爱好和平、不叛逆、抗压能力强。黏液质的领导者处事平稳,临危不惧,但缺乏创新。

二、领导者及其特质

领导者可以是一个或多个人,他(们)负责选择、培养、训练和影响一个或多个具有不同天赋、能力和技能的追随者,并引导这些追随者关注组织的使命和目标,心甘情愿、满怀热情地投入精力和情感,努力实现组织的使命和目标(Winston 和 Patterson,2006)。成功的领导者是推动组织发展的关键力量和核心智慧。他们富有远见,引领组织规避风险,知道抓住机会,并团结为实现组织目标而努力工作。优秀的领导者善于将魅力、热情和自信完美结合。尽管很少一部分人具有成为领导者的天赋,不过,领导者的大多数特质都可以通过时间积累和实践锻炼来获得(Patel,2017)。

优秀的领导者应具备以下特质:

(1)适应性和灵活性。优秀的领导者面对不确定性事件和危机,不会陷入困境。他们能够跳出框架,迅速适应不断变化的情况。

(2)自信。优秀的领导者做事沉稳、果断和自信,不会过于急躁或咄咄逼人。

(3)善于激励。优秀的领导者知道如何激励周围的人,鼓励他们做到最好。

(4)勇气。优秀的领导者意志坚定,勇于面对挑战。

(5)创造力。优秀的领导者不仅自身拥有创造力,还能够帮助周围的人提升创造力。

(6)富有责任心。优秀的领导者知道权力和责任是对等的,他们勇于承认自己的错误并承担责任(Patel,2017)。

(7)情绪稳定。优秀的领导者除给人依靠外,还能够控制自己的情绪,避免反应过度。

(8)明智决断。优秀的领导者善于审时度势,做出准确判断,推动团队不断前进。

(9)成就导向。优秀的领导渴望成功,并且致力于带领员工获得成功。

(10)善于沟通。优秀的领导者熟练运用多种沟通渠道,包括面对面交流、书面沟通、电话沟通、公共演讲、社交媒体等,知道如何与社会、与其他领导者及进行良好的互动(Patel,2017)。

(11)毅力。优秀的领导者富有恒心,面对困难或重大障碍不会退缩。

(12)执行力。优秀的领导者具有高超的处事技巧和能力,是员工的榜样,清楚应该如何妥善处理各项事务。

(13)值得信赖。优秀的领导者善于利用信任在领导者和追随者之间建立紧密相连的纽带。

(14)了解追随者。优秀的领导者关注员工的需求,并真心实意地关心他们、帮助他们获得成功。

三、领导风格

领导(Leadership)是一个人影响一群人以实现共同目标的过程(Northouse, 2015),这个过程是人(领导者和追随者)与其社会和组织环境之间的复杂互动的过程(Day,2000)。领导风格是领导者提供组织战略方向、实施计划和激励下属的方法。在实践和研究中形成了多样的领导风格,下面我们将介绍几种较有代表性的风格。

(一) 威权型领导

威权型领导(Authoritarian Leadership)倾向于把所有的决策权都掌握在自己手中,独自决定政策、程序、任务、结构、奖惩。其主要意图是实现完全控制,威权型领导通常要求员工无条件的服从。当领导者是组织中最具智慧、最有能力的人时,这种领导风格可能会取得成功。在时间紧急的情况下,威权型领导是一种有效的策略。当员工需要明确的指导时,也会使用威权型领导。

这种领导风格的优势是可以减少做出关键决策的时间,明确地强调指挥链,减少执行计划中的错误,并产生协调一致的结果。其不足之处在于,过于严格的领导风格有时会导致员工产生逆反心理和行为,进而抑制其创造力,影响组织协作,降低组织的任务绩效和组织公民绩效(朱永跃、马媛、欧阳晨慧等,2022),增加员工的压力,引起员工的不满,并最终导致人员流失。

思考、讨论与分享

《三国演义》中哪个人物的领导风格倾向威权型?为什么?

(二) 民主型领导

民主型领导(Democratic Leadership)又称参与式领导,其本质在于让员工参与决策过程,促进员工的利益共享和实践平等。因此,在民主型领导下,员工会感到被包容、愿意参与并有动力为组织做出贡献。这种领导风格的优势在于,能提高员工的积极性和工作满意度,鼓励员工激发创造力,从而有助于建立一个强大的组织,实现高水平的绩效。其不足之处在于,决策过程变得非常耗时;领导者在某些情况下可能需要向员工道歉;沟通问题时有发生;信息高度共享可能导致信息安全问题;员工缺乏经验,可能会做出不明智的决定。

(三) 授权型领导

授权型领导也被称为放羊型领导(Laissez-faire Leadership),侧重于将主动权下放给员工。如果员工能够胜任、承担责任并且更喜欢从事个人工作,那么这可能是一个成功的领导策略。授权型领导的优势在于,可以营造一个积极的工作环境,让有经验的员工有效利用其经验,充分激发其创造力。其不足之处在于,领导者没有明确的指挥权,可能会难以适应突如其来的变化;员工之间的分歧可能会分裂一个组织,导致动力不足和士气低落。

(四) 交易型领导

交易型领导(Transactional Leadership)指建立在领导者与员工之间的某种"交易"的基础上的领导,它通过明确的任务和角色需求来引导和激励员工完成组织目标。在这种领导风格下,领导者会设定明确的目标,员工需要知道他们如何通过遵守规定而获得奖励。这种领导风格侧重于遵循既定程序和规则,而不是对组织进行变革。其优势在于,领导者能够消除或大幅减少指挥链中的混乱,创建一个既便于领导者管理,又便于员工遵循的系统,从而有效提升员工的积极性和生产力。其不足之处在于,它可能抑制员工的创造力,过分强调规则而缺乏人情味,进而导致同事间以及上下级关系的冷漠。

(五) 变革型领导

与交易型领导不同,变革型领导(Transformational Leadership)旨在努力改变追随者的需求并重新引导他们的思维。其优势在于,领导者高度重视组织愿景,善于使用情感和灵感来获得员工的支持,从而使团队士气高涨。这种领导风格并不采取强制手段,高度重视人际关系,因此,人员流动率较低。例如,在推动酒店绿色转型过程中,变革型领导会对绿色组织认同产生积极影响,从而激发组织中的绿色创造力(Mittal 和 Dhar,2016)。其不足在于,领导者重视愿景,而对当下缺乏关注;长期使用情感激励,导致员工身心疲惫;有时会可能会为了达成目标而违背原有的协议和法规,甚至欺骗员工。

(六) 家长式领导

家长式领导(Paternalistic Leadership)是指领导者期望通过一定的控制来提高员工的忠诚度和绩效。家长式领导在东亚儒家文化地区较为突出。家长式领导包含仁慈、道德这两个软性要素和权威这一硬性要素。家长式领导通过权威来指挥员工,对他们违反指示和标准的行为做出惩罚;通过仁慈和道德为员工提供资源,促进其成长。一般而言,家长式领导的优势在于促使员工努力独立工作,并为他们提供职业发展机会。在这种领导方式下,员工通常认为各种规则和指导方针符合他们自身的利益,努力工作或保持忠诚最终会得到认可和回报,他们有思考的自由,可以公开表达自己的想法和意见,从而提升创造力(Khorakian、Baregheh 和 Eslami 等,2021)。此外,家长式领导不仅可以提高组织的任务绩效和组织公民绩效(朱永跃、马媛、欧阳晨慧等,2022),还可以提高员工的工作满意度、工作积极性及留任率。这种领导方式的不足之处在于,领导者可能会选择性地偏袒某些员工,从而可能导致嫉妒、冲突和歧视,其他员工会觉得自己不受重视;同时,员工可能不得不盲目地跟随领导者,最终会完全依赖领导者,导致自我效能感较低。

四、导游(领队)的风格

导游(领队)作为旅游目的地与游客间的纽带,扮演着公关者、探路者、表演者和导师等角色。导游(领队)的风格是指其带领旅游团所采取的方法或模式及其习惯和行为。有研究者从导游角色的角度出发,明确了导游在社交互动、沟通表达、处理突发状况、关怀游客等方面所表现出的多种导游风格,分别是持续提醒、准备充分、幽默风趣、善解人意、文化大使、口才出众、详尽解说、机智敏捷、尽职尽责、体贴周到、客户导向等(Tsaur和Teng,2017)。这些风格无论是对导游(领队)还是对其他旅游工作者都具有重要的启发价值。

思考、讨论与分享

根据上述导游(领队)的多种风格,你认为自己适合哪种风格?

知识链接

导游(领队)的六种角色和十二种风格

第二节 激 励

一、定义

激励是指领导者通过一系列的手段、方法或措施,激发和调动员工的积极性、主动性和创造性,使员工产生一定的驱动力,从而朝着既定的目标前进的过程。激励涉及个体的需要、期望、目标、动机和行为等多个方面。我们通常用满意度、感知公平和组织承诺等指标来评估激励的效果。在组织管理中,有效的激励对于提高员工的工作积极性和绩效具有重要的作用。激励的方式多种多样,包括进行物质奖励、进行精神鼓励、提供职业发展机会、改善工作环境等,因此,领导者需要根据员工的特点和需求,制定个性化的激励方案。

二、激励的类型

不同的激励类型对行为过程会产生程度不同的影响。

(一)外在激励和内在激励

外在激励是指利用外部因素来鼓励个体完成组织安排的任务。这些外部因素包括加薪、休假、奖金等正向激励因素,以及失去工作的威胁等负向激励因素。我们需要牢记的是,外在激励并不一定会发挥作用。员工作为理性人会对激励和所需付出的努力进行权衡。例如,酒店行业普遍存在员工加班等情况,从而导致员工产生工作倦怠,因此,酒店普遍采用货币激励的方式来解决这一问题。

内在激励,是指个体因为本身的兴趣爱好、成就感、自我实现等内在因素而产生的内在动力。与外在激励不同,内在激励不依赖于外部的奖励或惩罚,而是源于个体内心的需求和动机。每个人的个性和目标不同,其内在激励也会有所差异,因此,领导者需要了解他们并制定个性化的激励策略。内在激励对于提高员工的工作绩效、促进个人成长和发展,以及增强组织的凝聚力和创新力具有重要作用。

(二)物质激励和精神激励

物质激励,是指通过给予员工物质上的奖励或福利来激发其工作积极性、提升工作效率的一种激励方式。物质激励包括薪酬、奖金、提成、福利、奖品、股权激励等多种形式,旨在通过提供经济上的回报来满足员工的物质需求,激励员工更加努力地工作,为组织创造更大的价值。

精神激励,是指通过满足员工精神层面的需求和期望来激发其工作积极性、提升工作满意度和忠诚度的一种激励方式。与物质激励不同,精神激励更侧重于对员工的情感、心理等方面需求的满足。精神激励通常包括荣誉激励、情感激励、目标激励、参与激励和竞争激励等多种形式。

三、激励的手段

领导者可以通过以下几种手段进行激励。

(1)奖励制度。领导者可以设计一个公平、透明的奖励制度,以物质和精神奖励相结合的方式激励员工。以海底捞为例,其精心设计的服务员等级提升制度,不仅激励了员工提升服务质量,还为员工提供了明确的职业晋升路径。

(2)组织文化。领导者应该致力于建设一种合作、开放和友好的组织文化,让员工在这种氛围中感受到归属感和使命感,从而激发他们的工作热情和创造力。例如,韦格曼斯(Wegmans)连锁超市连续多年上榜《财富》杂志"100家最适合工作的公司"榜单,该公司非常重视组织文化,其核心一种大家庭基调,员工认为管理层关心他们,他们也彼此关心(Nohria等,2008),这种良好的组织文化激励员工努力工作。

(3)工作安排。安排有意义、有趣和具有挑战性的工作同样有助于激发员工的内在动力。以世界著名的太阳马戏团(Cirque du Soleil)为例,其员工可以对表演的编排提出意见,可以参与不同节目的表演来学习新技能,员工还可以通过全球巡演等方式接触该领域的世界顶级艺术家,开阔眼界,从而进一步激发他们的积极性。

太阳马戏团的露天表演场地

(作者:Elemaki,CC BY 3.0)

(4) 绩效管理和资源分配。绩效管理和资源分配是激励员工的重要手段。公平、可信和透明的绩效管理和资源分配过程有助于满足员工的各种需求,能够激发员工的竞争意识和进取心,使他们更加努力地工作,争取获得更高的绩效和更多的回报。

第三节 沟 通

一、定义和要素

沟通是信息、思想和情感在个人或群体间进行传递与理解的过程。这个过程中,人们通过口头、书面等方式,将信息、思想或情感从发送者传递到接收者,并寻求接收者的理解、反馈或响应。沟通的要素如下:

(1) 发送者。发送者首先确定需要传递的信息;其次运用正确的语序和恰当的词汇来准确表达其意图,并将信息传递给接收者;最后通过观察接收者的反应做出回应。

(2) 信息。信息是发送者希望接收者获得的内容。信息不仅包括遣词造句,还包括说话的方式,如面对面交流时的语气、肢体语言和外表,以及书面写作的风格等。

(3) 渠道。在组织中,我们可以通过多种渠道传递信息。其中,语音渠道包括面对面交谈、演讲、电话交谈等;书面渠道包括信件、报刊文章等。

(4) 接收者。接收者通过听觉、视觉、触觉、嗅觉和味觉等多种感官来接收信息。

(5) 反馈。反馈由接收者向发送者返回的信息构成,可以是口头形式,也可以是书面等其他形式。这些反馈信号使信息发送者能够判断信息是否被准确、完整地接收。同时,反馈也为接收者提供了一个澄清或表达同意与否的机会。此外,反馈量的增加有助于提高沟通的准确性。

(6) 环境。发送和接收信息的环境包括物理和心理两个维度,具体涉及桌椅、灯光和音响设备,以及正式着装、沟通时双方的距离等因素。

(7) 语境。沟通的语境涉及环境、场景和参与者的个人期望。例如,在重要的晚宴上,人们会着正装出席,沟通的方式也非常正式;但如果是一场周末的烧烤派对,人们就会穿休闲装参加,沟通和交流也更为随意。语境在沟通,尤其是跨文化的沟通中发挥着非常重要的作用。

(8) 噪声。它是指阻碍或改变消息发送者想要表达的意义的东西,既包括环境噪声(如汽车喇叭会干扰面对面沟通的效果),又包括心理噪声(即我们在听取或阅读信息时,已有的固定思维对沟通的影响)。

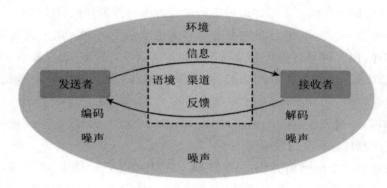

沟通的要素

与组织相关的沟通通常包括以下五个层次:人际沟通、团队层面的沟通、组织层面的沟通、组织间的沟通、与公众的沟通。沟通是一项核心的领导职能,有效的沟通对于领导者至关重要(Rizvi和Popli,2021),领导者需要熟练掌握不同层次的沟通技巧。

领导者与员工之间的沟通核心目的在于通过有效传递信息,建立信任,使员工朝着正确的发展方向。在沟通方面有所欠缺的领导者将对员工的满意度、积极性和生产力水平产生直接的负面影响。

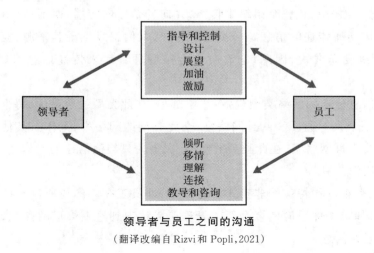

领导者与员工之间的沟通
(翻译改编自 Rizvi 和 Popli,2021)

二、沟通类型

沟通类型可以从多个维度进行划分。

（一）正式沟通和非正式沟通

沟通按组织系统可分为正式沟通和非正式沟通。

1.正式沟通

正式沟通是指通过组织结构图中设计的官方渠道进行的沟通。它可以发生在上下级之间，也可以发生在同级或管理者之间。这些沟通可以是口头的，也可以是书面的，通常情况要记录存档。正式沟通可进一步分为纵向沟通和横向沟通。

纵向沟通，顾名思义，通过正式渠道垂直向上或向下沟通。向上沟通是指从下级到上级的沟通，向下沟通是指从上级到下级的沟通。申请休假、提交报告、申请贷款等都属于向上沟通。通知员工参加会议，将工作委托给下属，告知员工公司的政策等都属于向下沟通。

横向沟通，一般发生在一个部门和另一个部门之间。例如，生产经理可能会联系财务经理讨论原材料的交付或采购。

正式沟通中的交际网络类型：①单链型，在这种类型的网络中，信息通过单链从上级流向下属。②车轮型，在这个网络中，一个上级的所有下属通过他进行沟通，下属之间不直接沟通。③循环型，在这种类型的网络中，信息在一个循环中传递。每个人只能与相邻的两个人沟通。④自由流动型，在这个网络中，每个人都可以与任何其他人自由沟通。⑤倒 V 型，在这种类型的网络中，一个下属可以和直接上级以及其上级的上级沟通。

2.非正式沟通

任何不遵循正式沟通渠道进行的沟通都被称为非正式沟通。非正式沟通常被称为"小道消息"，因为它在整个组织中传播，并向各个方向传播，而不考虑权力的级别。虽然非正式沟通所传递的信息容易被歪曲，并且人们很难发现其来源，但非正式沟通传递信息的速度非常快，因此，它有时也会被管理者用来传递信息，以了解下属的反应。

非正式信息传递的网络类型包括：①单链型，在此类型的网络中，每个人都按照一个序列与另一个人沟通。②八卦网络型，在此类型的网络中，个体与其他个体随机进行的沟通。③集群网络型，在此类型的网络中，个人只与他信任的人沟通，这种沟通方式在组织中较为普遍。

此外，还存在一种特殊的非正式沟通形式，即员工在工作场所以外就非工作事宜进行的沟通，如员工休息时的聚会等。管理层需认识到这一渠道的存在，并关注通过这些渠道流通的信息。

（二）语言沟通和非语言沟通

沟通按方式可分为语言沟通和非语言沟通。

1.语言沟通

语言沟通是指说话者通过改变语调、语速，以及运用强调、停顿等手段来表达情感、进行信息交流的过程。其中，语调的变化会对我们说话的语气产生影响；强调可以通过重音或拉长语调的方式在沟通中凸显出来；停顿可以让听者更好地跟上说话者的节奏，从而提升交流效果；语速可快、可慢，具体可根据实际情况进行调节。

2.非语言沟通

非语言沟通是指在人际交往过程中，通过除语言外的各种方式，如面部表情、肢体语言等，来进行信息传递和情感表达的过程。非语言沟通在人际交往中具有至关重要的作用，能够对语言沟通进行有效补充。

三、沟通障碍

沟通障碍可能会导致信息传递受阻或产生歧义，进而引发误解，因此，对管理者而言，识别这些障碍并采取相应的措施加以克服，是至关重要的。组织中的沟通障碍大致可分为以下几类。

（1）语义障碍。这是一种存在于信息编码和解码过程中的问题。通常，这种障碍是因使用了错误的词语、错误的翻译、不同的解释而造成的。例如，一位在外国工作的中资公司经理与不懂中文的工人用中文沟通就会遇到这种障碍。

（2）心理障碍。情感或心理因素也会成为沟通的障碍。当接收者因情绪波动而无法正确理解信息时，心理障碍便显现无遗。因此，在沟通过程中，发送者和接收者都需要保持平和、健康的心理状态。

（3）组织障碍。与组织结构、规章制度、权力关系等有关的因素有时会成为有效沟通的障碍。在一个高度集权的组织中，自由交流可能会受到限制。此外，严格的规章制度和烦琐的程序也可能成为沟通的障碍。

（4）个人障碍。如果上级认为某一信息会对其权威产生不利影响，他可能就会压制这种信息；但如果上级对下属的能力不信任，他可能就不会征求下属的意见。

（5）渠道障碍。沟通渠道的选择对于确保信息的有效传递至关重要，缺乏适当的沟通渠道将导致严重的沟通障碍。在商业组织中，人们一般使用多种类型的沟通渠道，具体包括数字沟通渠道（如社交媒体、内部网、员工协作软件、项目管理工具、反馈软件等），以及面对面的沟通渠道、书面沟通渠道等。

四、沟通的技巧

一个优秀的领导者能够敏锐地捕捉到与个人或团体沟通时的隐含信息，并在情绪、动态、态度、价值观和关注点等方面与其保持同步,擅长根据环境调整信息传递方式,确保沟通无遗漏。那么,如何实现有效的沟通呢?

(1)沟通时要诚实。无论面对何种情况,都应坚持真实、坦率的原则。诚实意味着不隐瞒信息,不夸大事实,也不刻意回避问题。诚实地表达自己的想法和感受,能够建立起相互信任的基础,推动双方更深入的交流和合作。

(2)沟通时要注意个性化。每个人的背景、经历、价值观和沟通风格都各不相同,因此,在沟通时,要关注并尊重对方的个性化特点。这意味着要根据对方的兴趣、需求和期望来调整自己的沟通方式,以确保信息能够准确地被对方理解和接受。

(3)沟通的内容要具体。在沟通过程中,提供具体、明确的信息是至关重要的。模糊或笼统的表述容易产生误解和歧义,影响沟通效果。准确且清晰的沟通内容,有助于双方更好地理解对方的立场和需求。

(4)沟通时要关注未来。有效的沟通不仅关注当前的问题和需求,还要着眼于未来的发展和合作。在沟通中,既要关注双方的长远利益和共同目标,探讨如何通过合作实现互利共赢,又要关注可能面临的挑战和机遇,共同探讨应对策略和解决方案。

(5)沟通时要保持开放的心态。儒家提出"君子和而不同",对于不同的观点,甚至反对意见,并不一定要说服他人改变,而是要了解他人的不同看法,始终保持开放的心态,促进双方之间的互相理解和包容,增进彼此的信任和合作。

(6)沟通时要善于倾听。通过倾听,双方可以更好地理解对方的立场和需求。同时,也要给予对方积极的反馈,以表明自己在认真倾听并理解对方的想法。这有助于营造和谐的沟通氛围,促进双方之间的有效交流。

(7)沟通时要能读懂潜台词。有时人们会运用隐喻、暗示等手法来表达自己的真实想法和感受。这就要求我们在沟通时要能够敏锐地捕捉这些潜台词,理解对方的真实意图,从而更好地满足对方的期望和需求。

(8)把团队当作个人进行沟通。这意味着在沟通时,要关注每位团队成员的意见和想法,了解他们的需求和期望,并尽力满足他们的合理要求。同时,也要鼓励团队成员之间的互相交流和合作,促进团队内部的和谐与团结。

推荐阅读

1.斯蒂芬·罗宾斯、玛丽·库尔特《管理学(第13版)》,中国人民大学出版社。

2.周三多、陈传明、刘子馨、贾良定《管理学——原理与方法(第七版)》,复旦大学出版社。

3.詹姆斯·M.库泽斯、巴里·Z.波斯纳《领导力:如何在组织中成就卓越(第6版)》,电子工业出版社。

问题

1. 大五人格的内涵是什么？
2. 什么是气质类型？
3. 优秀领导者的特质有哪些？
4. 主要的领导风格有哪些？
5. 激励的类型有哪些？
6. 主要的激励手段有哪些？
7. 主要的沟通障碍有哪些？
8. 如何进行有效的沟通？

课后任务

第六章

第七章
控　　制

学习目标

阅读本章后，你应该能够：

1. 了解并掌握组织控制的定义和类型。
2. 了解并掌握高效控制系统的定义和特征。
3. 了解并掌握控制的过程。
4. 了解并掌握组织绩效和员工绩效的概念。
5. 初步掌握员工绩效评估的一些方法。
6. 了解并掌握平衡计分卡的概念及使用。
7. 了解并掌握服务质量控制的定义和过程。
8. 了解神秘顾客法的优势和不足。
9. 从服务行业从业者的角度认识到自己言行、仪态和能力的不足，并通过自我监督和他人监督加以改正。

俗话说：没有规矩，不成方圆。员工的个性不同、动机不同、利益诉求也不同，为了让员工实现组织的既定目标，就需要采取有效的控制措施。同时，控制必须掌握好尺度，加大控制力度可能会提高工作的效率，但也容易抑制员工的主动性和创新精神，影响员工的身心健康。本章首先阐述了控制的类型和方式，探讨了数字技术时代组织控制面临的新问题，特别是数字监控和员工隐私的平衡问题。其次，由于绩效是组织控制的主要手段，本章还从组织和员工两个角度探讨了如何提升绩效。最后，因为旅游业属于服务业，服务质量对持续发展至关重要，所以本章讨论了通过改善服务质量和维护客户关系来提升顾客忠诚度这一话题，并介绍了服务业中常用的监控服务质量的方法——神秘顾客法。

第一节 控制的定义和类型

一、什么是控制

组织需要对个体成员的互动进行有序安排,控制是实现这种安排的基本要素(Tannenbaum,1962)。就组织管理而言,控制指的是一个人、一群人或一个组织决定有意识地影响另一个人、一群人或一个组织将要做的事情的过程(Tannenbaum,1962)。现代企业一般通过将实际绩效与设定的标准的比较来实现控制,这体现了组织中管理的目标导向功能,并且每个层级的管理者都需要执行控制。组织中控制的重要性体现在以下几个方面:

(1) 减少偏差。控制可以帮助组织减少对既定标准和期望的偏离。管理者通过控制以及将绩效与设定的标准进行比较,可以识别任何差异并及时采取纠正措施。

(2) 保持工作正常运转。有效的控制可以确保活动和任务沿着既定轨道顺利推进,并与组织的目标保持一致。它有助于监控进度,识别潜在问题或瓶颈,并采取主动措施解决这些问题。有效的控制不仅能使工作流程保持顺畅,还能保证任务按时完成,并最终有助于整体生产力的提升和组织的成功。

(3) 确保目标达成。管理者通过定期监控,可以评估实现预期结果的进展情况。一旦出现偏差,管理者可以采取适当的纠正措施来重新调整并引导员工努力实现目标。

(4) 确保秩序和纪律。执行标准、规则和程序,并建立一个结构化的环境,有利于员工理解组织或上级的期望并努力实现这些期望。这促进了决策和行为的一致性、问责性和公平性,有助于增强组织的责任意识和弘扬诚信文化。

二、控制的类型

(一) 按控制对象划分

从控制对象来看,它可以分为以下类型。

1. 人员控制

人员控制旨在通过一系列管理措施,对员工的行为、绩效进行引导和调控,以确保员工的行为与组织目标保持一致,同时激发员工的潜能,提升工作效率。人员控制关注的问题既包括谁应该成为组织的一员(如应该聘用或解雇谁),又包括人员培训和发展问题。

2. 结构控制

结构控制旨在通过调整组织结构、流程和决策权,以及建立合理的岗位职责和权力分配机制,实现组织目标。

3. 制度控制

制度控制表现为对活动的约束和对规范的控制,通过限制行动来实现管理者或组织的目标。这种限制可以通过显性(如法律行为、指令、命令等)或隐性(如精神、道德规范和企业文化)的方式实施。

4. 动机控制

相比制度控制,动机控制是一种软性控制,表现为员工偏好和目标的控制。管理者通过一定的奖惩制度,刺激员工选择特定的行动和达成预期的工作目标。

5. 信息控制

信息控制也是一种软性控制手段,涉及控制传播什么信息、向谁发送信息,以及如何利用信息。

(二) 按控制方式划分

从控制方式来看,它可以分为以下类型。

1. 产出控制

产出控制(Output Control)是监督结果的管理过程。它包括监督和测量工作的时间、效率和速度等,其目的在于确保所有部门和员工都高效运转。产出控制的核心是衡量结果,即绩效(Ouchi和Maguire,1975),如视频的点击量、酒店的入住率、火车站的客流量等。

产出控制在学习中也发挥着重要作用。例如,考试成绩是衡量产出的重要指标。如果你在一次考试中表现不佳,你可能会采取纠正措施,更加努力地学习,以应对下一次考试。

2. 行为控制

行为控制(Behavior Control)是与产出控制相对应的控制模式(Ouchi和Maguire,1975),这种控制通常强调规则和程序。例如,许多餐饮企业有严格的着装要求,以确保员工符合当地卫生部门的规定;许多企业要求支票由两个人签署,以防员工挪用资金。

建立有效的奖励制度是进行行为控制的关键,因此,管理者既要奖励任务绩效高的员工,又要奖励表现出利他行为的员工。以实行小费制的餐厅为例,餐厅服务员为了获得小费,会努力做好餐桌服务工作,然而,如果一个服务员过分专注于个人服务,忽视了与经理、厨师和其他服务员的有效沟通与合作(缺乏组织公民行为),则整个餐厅的服务质量会受到影响。管理者必须意识到除了奖励个人绩效高的员工,也要表彰具有团队精神的员工。

3. 社群控制

与上述两种组织内正式的控制方式不同,社群控制(Clan Control)是一种非正式的控制类型,主要依靠被认同的价值观和规范来引导人们为组织的利益而努力。社群控制与社会资本(成员之间的信任和互助)紧密相关;此外,对团队的社群控制还依赖于主管对业务流程和应用领域的深入了解,以及对项目团队行为的认知程度(Kirsch、Ko和Haney,2010)。社群控制广泛应用于创新、创意产业(如高科技企业)。例如,如果强制要求科学家每年必须申请一定数量的专利(产出控制),或者强制执行严格的着装规定和上下班时间(行为控制),这很有可能会扼杀其创造力。

社群控制在学校中也很重要。学校的社团往往围绕着共同的价值观和团队精神而建立,并且各个学校的校友组织也将众多毕业生联系在一起。此外,举办团队建设活动、运动会和年会,究其本质也是通过社群控制来提高凝聚力的一种方式。

一个组织和团队中并不会只使用一种控制方式。在项目团队管理中,产出控制、行为控制与社群控制,对角色内行为(依据组织制度和工作职责而产生的一系列的行为)和角色外行为(有利于组织发展的工作范畴以外的不属于职责范围内的行为)有不同的影响,并且对项目绩效也有明确的影响。研究发现,当正式控制(产出控制、行为控制)和社群控制同时应用时,角色内行为减少,角色外行为增加(Hsu、Shih和Li,2017)。

(三)按控制时机划分

从控制时机来看,它可以分为以下类型。

1. 前馈控制

前馈控制(Feedforward Control)又称主动控制或预先控制,指的是管理者通过预测而预先采取控制行为,不是等不好的结果出现后再采取措施。在旅游业中,前馈控制的例子如,在监测到可能引发海啸的重大地震后,提前发出海啸预警,让海滨游客提前做好准备。需要注意的是,前馈控制只能影响线性发展的现象,比如提前向海滨地区发布台风预警或大地震后的海啸预警,但它不能控制非线性的、无法预测的现象,如地震。

2. 并发控制

并发控制(Concurrency Control)又称实时控制,旨在实时地识别并预防组织内部的问题。这意味着系统处于持续监控状态。并发控制要求所有员工活动都根据标准进行衡量。在旅游业中,并发控制的例子如,旅行社工作人员通过GPS对前往目的地的团队车辆进行跟踪,以及通过车内监控系统对导游和游客是否遵守乘车安全(如系安全带)进行检查。

3. 后馈控制

后馈控制（Feedback Control）发生在活动或流程完成之后，管理者可以使用这种手段来评估其团队在任务结束后实现既定目标的有效性。在旅游业中，后馈控制的例子如，酒店的销售团队制定了半年的营销目标，半年后，酒店总经理根据这个目标来考核销售团队的绩效。后馈控制的缺点在于管理行为产生以后才能进行修正。有时候，等管理者采取处理措施时，问题已经变得非常严重。因此，后馈控制比较适合随着时间推移重复的过程、行为或事件，如酒店客房的整理、餐厅的咖啡制作等，主管可以根据事先制定的标准对整理后的客房质量和饮料味道进行评判。

第二节　组织控制面临的问题

一、社交媒体和控制

社交媒体不但改变了我们的沟通方式，而且在公共关系、内部和外部沟通、招聘、组织学习和协作等方面为企业提供了巨大的机会。在工作场所使用社交媒体也有潜在的问题。在工作中使用社交媒体（无论是员工个人使用还是组织作为官方工具使用）可能会出现以下问题：可能会受到网络病毒攻击；遭遇网络诈骗，导致数据或身份信息被盗，酿成信息泄露事故（周涛、曾环宇、邓胜利，2019）；表达负面评论；滥用社交媒体从事非法活动等。

组织可以通过以下途径发挥社交媒体的积极作用：

（1）利用社交媒体广纳人才。例如，雇主可以在社交网站上发布具有挑战性的技术问题，然后联系提供最佳答案的人并邀请其加入。

（2）提升员工归属感和忠诚度。社交媒体可以成为快速传播组织信息的绝佳工具，让所有员工都有参与感，让他们感觉到紧密地联系在了一起，从而增强他们对组织的归属感和忠诚度。

（3）外部通信。在"新零售"模式下，旅游目的地和旅游企业需要重新思考品牌定位和表达方式，通过多样化的媒介渠道积极发声，提前获得消费者认同，激发长尾效应（指的是原来不受到重视的销量小但种类多的产品或服务由于总量巨大，累积起来的总收益超过主流产品的现象）和复购红利。

（4）促进学习和创新。社交媒体蓬勃发展也为企业突破式创新带来了机遇。企业可以通过内部整合模式，借助组织忘却学习①来促进突破式创新，也可以通过外部营销导向的社交媒体利用模式，深化跨界用户的参与和融合，从而促进突破式创新（李正

---

① 组织忘却学习是对组织内部陈旧、误导性知识的扬弃和新知识的融合与学习过程。

卫、赵鑫、王飞绒，2023）。

（5）知识共享与协作。社交媒体有助于组织从传统的自上而下的集体知识管理模式转化为自下而上的新模式。同时，社交媒体还解决了企业的知识购买成本问题（Razmerita、Kirchner和Nabeth，2014）。企业不需要求助外部顾问或第三方供应商就可以利用各种平台和工具来获取并使用内外部的专业知识。此外，内部的社交媒体平台为员工提供了协作的空间，便于他们交流想法和经验。

然而，使用社交媒体也存在诸多潜在风险，组织要学会有效控制这些潜在风险，如黑客攻击、商业机密泄露、举报等。信息安全专家认为，单纯依赖技术无法保证信息的安全；用户的疏忽大意、知识匮乏、意识淡薄、恶意行为、冷漠态度及抵触心理，往往才是导致安全漏洞的主要因素。因此，组织应该建立正式的社交媒体制度，并向员工清楚传达公司的社交媒体制度：①员工需要培养良好的判断力并具备基本常识；②不要让社交网络影响工作效率；③注意自己的隐私设置；④注意社交媒体的礼仪；⑤使用免责声明或以第一人称说话，明确发表的意见仅为个人意见；⑥遇到问题可直接向人力资源部门反映，而不是在社交媒体上抱怨。

二、数字监控和工作场所隐私

数字化和互联网技术在工作场所的广泛应用，方便了组织对员工的监控。一些先进的系统甚至可以追踪员工数据来改善其健康状况。例如，微软开发的一款系统通过智能手表收集员工的血压、心率等健康信息，生成个性化的"焦虑评分"，从而向员工提出健康建议（Thiel、Bonner和Bush等，2022）。在实际工作场所，组织可能会通过摄像头来监控员工的活动，或者使用公司电脑或电话来记录员工的操作行为。绝大多数员工监控工具都集中在跟踪绩效、提高生产力和阻止违规行为上（Thiel、Bonner和Bush等，2022）。这些信息和通信技术不仅有助于提高生产力、优化资源配置和保障员工安全，还使全面的电子绩效监控成为可能（Kalischko和Riedl，2021）。

然而，工作场所的数字监控并不一定能够产生雇主希望达成的效果。相反，它可能会给员工的身心带来负面影响，如疲劳、员工士气低落等（Kalischko和Riedl，2021）。据报道，受监控的员工更有可能违反规定，出现组织偏差行为（Thiel、Bonner和Bush等，2022）。

同时，数字监控所引发的工作场所的隐私问题已成为这个时代较令人不安的职业问题之一（Hartman，2001）。工作场所是体现公司监控与雇员隐私之间伦理矛盾的重要空间（居然，2015；吕耀怀、王源林，2013），雇员数据的采集与利用，体现了雇主对员工隐私、尊严、利益等方面的尊重与权衡（吕耀怀、王源林，2013）。此外，员工在招聘、在职期间和解聘后都可能会面临隐私泄露的风险（晏蕾、杨宏玲，2013）。例如，在工作过程中，单位实施的数字监控、组织的体检，以及采集的指纹、声纹等信息，都可能泄露员工的个人隐私。

第三节 控制过程

在制订计划后,管理者必须通过一系列控制手段确保计划得以实施,因此管理的控制功能对组织的成功至关重要。基本的控制过程中的各个步骤几乎适用于任何管理场景,如提高服务质量、减少浪费、增加销量等。

一、建立明确的标准

绩效标准是组织或团队在运营业务期间必须实现的计划目标,是判断组织、团队或个人业绩的标准。标准一般分为两类:一类是可测量的或有形的标准,另一类是不可衡量的或无形的标准。

可测量的或有形的标准包括成本、产出、支出、利润等。

不可衡量的或无形的标准是指业务运营过程中的某些无法用货币衡量的标准。例如,经理的管理智慧、员工的偏差,以及员工对工作和公司的态度。组织需要将这些无形的标准有形化。例如,在旅游业中,顾客对一线员工的表扬,客房员工上交离店顾客的遗失物品等都可以作为体现员工工作态度的关键事件。很多组织通过加减分制度来量化这些关键事件(正面事件加分,负面事件扣分)。

在项目管理中,管理者需要制定与项目目标一致的控制措施。例如,如果你负责一个直播团队,关键绩效指标(KPI)涉及直播准备、有效直播和其他评估项三个方面,其中,有效直播的具体标准包括:准确且及时地上架商品链接、调整价格与库存、发放福袋;实时观察数据,协助主播掌控节奏;等等。

二、衡量业绩

控制过程的第二个主要步骤是衡量业绩。通过对比实际产出的绩效和计划制订的标准,管理者能够比较容易地发现运营过程中的偏差。有形的绩效标准的衡量相对容易,而无形的绩效标准,我们会用一些具体的事件来衡量。例如,管理者的业绩可以通过员工态度、员工士气、员工对工作环境满意度的变化,以及员工与上级的沟通的有效性等标准来衡量。

三、与标准比较

实际绩效与计划目标的比较非常重要。当实际绩效与计划目标存在差距时,管理者必须确定偏差的程度及其根源。管理者必须查明偏差是正偏差还是负偏差,还必须深入分析导致偏差的各种可能的原因,具体包括计划本身的错误、各部门间协调不足、计划执行存在缺陷、监督不力或沟通不畅等。

四、沟通结果

在沟通的过程中,不仅要清晰地表明实际绩效与计划目标之间的差距,还要深入剖析造成这种差距的具体原因。此外,要及时将结果告知利益相关者,并向他们提供最新、最准确的信息及切实可行的解决方案,以便能够有效缩小实际绩效与计划标准之间的差距。

五、采取纠正措施

一旦明确了偏差的原因和程度,管理者就必须及时采取措施补救。管理者可以对已发生的偏差采取纠正措施。如果采取纠正措施后实际绩效仍然未能达到计划目标,管理者可以调整目标,至此控制过程就结束了。更值得注意的是,跟进是控制过程中不可或缺的一环,管理者只有切实采取行动进行纠正,才能确保控制的有效实施。

第四节 组织绩效和员工绩效

组织内部控制模式的变化对员工的反应、满意度、挫折感、紧张感、自我实现或幸福感有着重要的影响(Tannenbaum,1962)。

一、组织绩效

组织绩效是组织在特定时间段内所实现的目标和结果,它反映了组织有效地利用资源来实现目标、改善沟通和优化结果的能力。

(一)改进组织绩效的领域

改进组织绩效主要集中在以下三个方面。

1. 财务绩效

财务绩效重点关注组织在财务等方面运营成果。以一家公司的财务业绩为例,我们可以通过检查其净利润、资产回报率(税后净利润/总资产)和投资回报率(税前年利润/投资总额×100%),也可以通过衡量增加值来评估财务业绩。计算增加值的方法有两种,一种是生产法,即增加值=总产出－中间投入;另一种是收入法,即增加值=劳动者报酬＋生产税净额＋固定资产折旧＋营业盈余。

2. 产品市场绩效

产品市场绩效主要关注产品的市场份额是否上升,或者产品升级是否有助于提高销量等。

3. 股东价值

股东价值着眼于股东获得了多少财富。很多人认为这是衡量组织绩效的最后标准。股东价值也可以指公司的市值。

（二）影响组织绩效的因素

多种因素影响组织的目标，以及为实现这些目标而选择的策略和工具。

1. 外部因素

外部因素不受组织控制，但仍影响组织的发展、绩效和结构，具体包括自然环境因素、经济因素、社会因素、政治因素等。台风、金融危机、战争、政局动荡等因素都会影响组织的绩效。

2. 内部因素

内部因素主要包括目的、使命、价值观、设施设备等。例如，有的企业家更关注企业创造的经济价值，有的企业家更关注企业所创造的社会价值。

3. 个人选择因素

个人选择因素即个人关于预期成本和收益的决定。以旅游业为例，一些企业家在行业创新和引进新产品方面发挥了重要作用，这些新产品不仅能够体现地方和社区可持续理念的共同价值观，还有利于促进区域发展和利基市场产品的再生产（Ateljevic 和 Doorne, 2000）。

（三）组织绩效的衡量

1. 财务绩效指标

财务绩效指标与组织管理效率和利润有关。除上述提到的几个指标外，它还包括股本回报率、股价等。财务绩效指标通常在公司向股东提交的年度报告中加以阐述和强调。报告应该客观，并使用有意义的参考资料和数据，如公司过去的业绩。例如，黄山旅游2021年财报显示，公司实现营业收入8.95亿元，同比增长20.84%；净利润4347.10万元，同比扭亏为盈。

思考、讨论与分享

搜索并阅读北京首旅酒店（集团）股份有限公司2023年度第一季度财报，评估其经营效益。

2. 平衡计分卡

哈佛大学的罗伯特·卡普兰（Robert Kaplan）教授和戴维·诺顿（David Norton）教授共同开发了一种名为"平衡计分卡"的组织绩效衡量工具。平衡计分卡可以使管理人员将注意力从单一关注财务指标,转向对一系列重要指标的全面监控。其目标是帮助组织平衡财务措施和其他措施,这对于维持组织的长期绩效至关重要。平衡计分卡建议管理者通过跟踪少数几个关键指标来了解组织绩效的总体概况,主要体现在以下四个方面:财务、客户、内部业务流程、学习与成长。

3. 对标最佳实践

对标最佳实践(Benchmarking of Best Practices)的本质是确定产品、服务或流程的最高标准,然后进行必要的改进以达到这些标准。许多公司都通过对标最佳实践,定制了适合自己需求的方法。具体的对标类型包括绩效对标、过程对标、战略对标、内部对标等。对标管理使一个组织能够有机会通过与其他组织的比较,深入了解自身的表现。评估结果不仅为组织提供了一个基准,还有助于组织确定需要重点改进和提高竞争力的领域。此外,评估结果还有助于开发一套标准化的实践指南。通过设定绩效期望、实施监测,组织能够营造一种持续改进的文化氛围,并加速推动变革进程。

对标类型

类型	定义
绩效对标	比较绩效指标,目的是确定我们公司与其他公司相比有多好
过程对标	比较方法和流程,以努力改进我们自己的流程
战略对标	改变公司的战略方向,并在战略方面与竞争对手进行比较
内部对标	与同一公司的不同部门进行比较
竞争对标	与最佳竞争对手比较绩效和结果
功能对标	在自己的行业或技术领域内,与技术或流程的标杆进行比较研究,对标的目的是成为该技术或流程中的典范
通用对标	不管在哪个行业,与所有行业中表现最佳的公司进行比较

(翻译改编自Bhutta和Huq,1999)

Bhutta和Huq(1999)提出了五步"最佳实践"模型:①计划学习;②组建标杆团队;③确定合作伙伴;④收集和分析信息;⑤适应和改进。

二、员工绩效

员工绩效是指员工在履行其岗位职责、完成指定任务的过程中,为组织所付出的努力及所做贡献的价值。绩效的衡量标准包括工作质量、工作效率等。领导者关注员工绩效不仅对企业有利,还可以帮助员工充分发挥其潜力,同时也能提高组织整体绩效,从而对士气和工作质量产生积极影响。尤为重要的是,当员工表现不佳时,客户满意度可能会下降，从而导致整个企业业绩不佳和难以达到既定目标。

（一）员工绩效关注的领域

每个员工的角色不同，因此衡量其绩效的指标最终取决于组织及员工所从事的工作类型。总的来说，员工绩效的衡量主要包含以下三个方面。

1. 工作质量

工作质量是组织衡量员工绩效的关键指标。管理者需要回答以下问题：员工是否尽了最大努力来确保高质量的结果？是否达到了绩效目标？工作质量为分析员工绩效的所有其他要素提供了基础。

2. 速度和效率

管理者需要检查员工每周、每月或每季度完成的工作量，并将其与预期目标进行对比，以评估员工是否按时完成任务、工作效率是否有显著提升，或者是否存在时间浪费的情况。同时，管理者还要注意员工是否为了快速完成工作而牺牲了工作质量。

3. 信任和一致性

高绩效员工可以获得更多的信任，拥有更大的自主权，并在没有太多监督的情况下继续取得出色的成果。管理者应学会根据员工的状态进行授权和集权，但在此之前，管理者需要解决以下问题：员工能否独立工作，还是需要管理者频繁指导？员工是否始终如一地践行公司的价值观？员工是否能准时完成任务并达到既定标准？

（二）评估员工绩效的常用方法

评估员工绩效的常用方法有以下几种。

1. 360°反馈法

360°反馈法主要收集来自公司内部团队成员、主管以及其他相关人员的反馈、意见和建议。借助这种方法，管理者，特别是人力资源部门的管理者，不仅能够看到员工的直接经理对其的评估，还可以看到全面的绩效视图。

2. 关键事件法

关键事件法指专家、管理者或工作人员在大量收集与工作相关信息的基础上，详细记录其中关键事件以及具体分析其岗位特征和要求。关键事件法包括三个重点：一是观察，二是书面记录员工所做的事情，三是有关工作成败的关键性的事实。关键事件法的基本程序包括：①情境（Situation），描述事情发生时的情境；②目标（Target），为什么要做这件事；③行动（Action），当时采取什么行动；④结果（Result），采取这个行动产生了什么结果，使用者改变行为会产生什么结果。

3. 目标管理法

通过目标管理法，管理者和员工共同制定绩效目标并设定明确的完成期限。当员工参与制定目标时,他们可以了解个人目标如何助力公司整体目标的达成。这种方法有助于提高员工的参与度和积极性。

4. SWOT分析法

SWOT分析法同样适用于员工的绩效评估,在使用时,我们可以将弱点替换为发展领域,并将机会视为员工个人成长及其在公司内部晋升的未来机会。重要的是鼓励员工主动分享他们认为自己擅长的事情,这不仅有助于展现员工的优势,还能表明他们可能希望在哪些方面获得进一步发展。

5. 排名或排行榜

这是很多公司普遍使用的方法,一般利用编号等级(例如1到5或1到10)对员工在特定领域的表现进行排名。经理或人力资源部门可以设定排名标准,这些标准通常包括行为表现、能力水平以及项目的完成情况等。

6. 自我评估

员工根据管理者提出的问题来评判自己的表现。有些员工可能并不清楚自己的表现,但当管理者发现员工对自己绩效的看法与管理者的想法之间存在差异时,管理者可以在会议中讨论这些差异。这种方法可以帮助员工了解绩效考核的内容,从而缓解其工作焦虑。

第五节 服务质量控制

一、服务质量衡量

产品由制造者生产后提供给消费者,制造者能够在生产过程中控制产品质量。然而,服务的供给和消费是同步进行的,这是一个共同生产或共同创造的过程。例如,在预订酒店时,虽然营销页面显示该酒店的各项服务非常卓越,但真实的服务质量只有在入住的过程中才能真正感受到。由于服务具有无形性,与有形的产品相比,如何衡量服务质量成为一个问题。为解决此问题,我们将无形要素有形化,并用定量的方式进行衡量。Parasuraman、Zeithaml和Berry在1985年提出了著名的服务质量模型(SERVQUAL)用于评估包括旅游业在内的服务水平。这个评价模型最初包括10个维度,分别是可靠性、响应性、能力、可达性、礼貌、沟通、可信度、安全性、理解或了解客户、有形性。后来几位研究者(1988)将维度精简到5个,分别是可靠性(Reliability)、响应性(Responsiveness)、有形性(Tangibles)、保证性(Assurance,综合沟通、信誉、安全、能力和礼貌)和移情性(Empathy,综合了理解和了解客户与可及性)。下面我们对服务质量模型的五个维度做简单介绍。

（1）可靠性。可靠性指高效而准确地提供服务的能力，它用于衡量服务提供商是否履行了自己的承诺。例如，你第二次到某家酒店获得的服务与第一次有了差别，这会影响你对这家酒店服务质量的评价。

（2）响应性。响应性指衡量服务提供商为满足客户需求而事先做好准备的程度，以及他们对客户的请求做出反应的速度。例如，在乘坐火车时，人们希望能很快地通过检票口，如果排队人数过多，车站就会开放更多自助过闸通道，引导客人到人工检票通道，降低人员密集程度。

（3）有形性。有形性指服务场所及其提供的服务在视觉上的展现，包括设施、设备的外观和服务人员的仪容仪表。例如，景区的服务设施和宣传材料、酒店门口干净的地板、服务人员的着装和言行等。

（4）保证性。保证性指员工通过专业的知识、精进的技术、礼貌的态度和良好的沟通技巧，使顾客相信公司的服务质量和能力。例如，我们走进一家酒店、餐馆或旅行社时，接待人员能自如地回答我们提出的所有的问题；再如，当我们在酒店停车时，服务员或礼宾员能快速、优雅地走到车边，打开车门，微笑着拿过行李，并引领客人办理入住手续后到客房休息。

（5）移情性。移情性又称同理心，指服务提供商为客户提供关怀、个性化服务的能力，其目的是让客户真切感到自己是服务提供商的"贵宾"。例如，客人在酒店丢失了一件纪念品，服务人员听到其求助后非常着急，并想方设法帮客人找到了遗失物品，客人感觉受到了尊重。

二、导致服务质量问题的原因

以下五个差距会引发服务质量问题：

（1）知识和技能差距。当服务提供商不知道客户想要什么，并且无法以适当的方式与他们接触时，就会出现质量问题。

（2）标准差距。如果服务供应商对客户的认知从一开始就是错误的，与客户的需求不符，并且错误地将其纳入质量政策和规则中，这就会导致员工在服务时出现问题。

（3）交付差距。当服务供应商实际提供的服务与客户期望不同时，就会出现交付差距。例如，餐馆规定30分钟内上菜，但后厨和服务人员未能做到这一点。

（4）沟通差距。服务供应商向外界发布的营销信息与客户实际接收到的信息之间存在明显的差距，从而导致客户产生不满。

（5）满意度差距。满意度是衡量服务质量的重要指标。当客户期望的服务与他们实际获得的服务有很大差异时，就会产生不满。

三、服务质量模型的应用

我们可以在以下几方面应用服务质量模型,以提升组织的服务质量:

(1)服务质量衡量。定期使用服务质量模型有助于确定客户期望与服务印象。这些数据可以帮助我们发现服务质量问题并制定解决方案。

(2)客户满意度评估。了解客户满意度有助于留住现有客户和吸引新客户。服务供应商可以通过比较客户在五个维度上的期望与实际体验,来评估其服务与客户需求的匹配程度,即通过实际体验值减去期望值来量化满意度(He、Cheng 和 Swanson 等,2022)。

(3)服务改进与创新。组织可以通过分析期望和认知之间的差距来提升服务质量。这有助于推动服务创新和持续改进工作。

(4)竞争标杆管理。组织可以通过衡量和比较客户的看法和期望来确定自己的竞争地位、优势和劣势。这些数据为制定有效的竞争策略提供了宝贵的信息。

(5)培训与发展。组织可以通过研究服务提供商得分较低的维度来确定培训需求。这有利于提升员工专业技能和客户服务质量。

(6)服务补救。组织可以通过比较服务失误前后的客户感受来评估补救工作。

推荐阅读

1. 斯蒂芬·罗宾斯、玛丽·库尔特《管理学(第13版)》,中国人民大学出版社。
2. 周三多、陈传明、刘子馨、贾良定《管理学——原理与方法(第七版)》,复旦大学出版社。
3. 赫尔曼·阿吉斯《绩效管理(第4版)》,人民大学出版社。

问题

1. 简述控制的内涵和类型。
2. 控制的基本流程是什么?
3. 简述平衡计分卡的定义及使用方法。
4. 什么是组织绩效?什么是员工绩效?
5. 简述服务质量模型。

课后任务

第七章

第八章
旅游系统和旅游供应链管理

学习目标

阅读本章后,你应该能够:
1. 了解旅游系统的构成要素。
2. 了解旅游产品的特点。
3. 了解旅游供给的概念。
4. 了解旅游需求的影响因素。
5. 了解超额预订的概念及其对旅游企业的影响。
6. 了解旅游业的分销渠道。
7. 了解供应链中参与主体的合作与竞争。

在这个互联的世界中,旅游企业已无法再以独立实体的身份参与竞争,而必须作为旅游业的供应链一员参与市场竞争。公平合作、良性竞争和有效协作的旅游供应链有利于旅游企业提高盈利能力、竞争力和顾客满意度(Zhao 和 Hou,2022)。本章主要介绍旅游系统和旅游供应链、旅游供需管理及供应链关系管理等内容。

第一节 旅游系统和旅游供应链

一、旅游系统

一个系统由多个相互联系的部分组成,每个部分通过其动态特性相互影响,同时也对外部影响做出响应。旅游就是一个系统,旅游吸引物、交通、住宿、设施等要素相互作用,同时,旅游系统也对社会、政治、技术和生态等外部环境做出反应。20世纪70年代,许多研究者应用一般系统理论探讨旅游现象,并由此产生了许多旅游系统理论。在《旅游规划》一书中,冈恩(Gunn,1979)提出了"旅游基本系统"的概念,并认为该系统包括五个组成部分:游客、交通、景点、服务设施和信息。莱珀(Leiper,1979)基于系统理论把旅游业定义为一个开放的系统,并确定了五个基本组成部分:游客、客源地、往返的交通、目的地和外部环境(包括物理环境、文化环境、社会环境、经济环境、政治环境和技术环境)。20世纪90年代,他又将这个系统整合为游客要素、地理要素、产业要素和环境要素四个部分。在全球化以及移动互联网与大数据蓬勃发展的时代背景下,旅游系统的能动性愈发显著,它将人、地、物、组织、资金等要素纳入其中,逐渐扩张成为一个覆盖全球的异质性复杂网络——全球旅游系统。在这个系统中,同类要素节点相互连接,形成了全球旅游系统的各类子网络,这些子网络覆盖不同地域范围,各跨国节点之间也存在互动关系(史甜甜、翁时秀,2020)。

(一)游客要素

游客根据自己的需要,开展休闲观光、商务出行、教育考察、健康疗养、朝圣探访及文化交流等不同形式的旅游。根据世界旅游组织的定义,游客可以被视为在旅游目的地短暂停留(连续居住不超过一年)的居民,他们在旅行结束后,会返回原居住地或出发地。基于服务主导逻辑的核心思想,游客应该居于旅游系统的核心位置(许峰、李帅帅、齐雪芹,2016)。

(二)地理要素

地理要素指旅游过程中涉及的地理区域。游客从一个地理区域(出发地)出发,借助交通工具,到达另一个地理区域(目的地),并在完成旅行后返回其出发地,这就形成了一个旅游循环。因此,旅游活动涉及三个地理区域:①旅游客源地,指游客旅游开始和结束的地方,这是旅游需求产生的地方。②交通通道,指游客到达目的地所经过的区域,连接旅游客源地和旅游目的地。当游客进行长途旅行时,需要临时停留的这些地区即旅游过境地。例如,迪拜就是著名的旅游过境地。③旅游目的地,指游客在旅行过程中选择前往的地方,是旅游活动的重要组成部分。

迪拜天际线
(作者:Tim Reckmann,CC BY-SA 3.0)

（三）产业要素

旅游企业是为了满足游客需求而推广旅游相关产品的组织。旅游业是一个非常复杂的行业，它不是一个单独的实体，由多个产业融合而成的综合体。一般而言，它由食、住、行、游、购、娱六个子部门构成，这些部门的企业主要是中小企业。这些企业分布在不同的地方，有的位于旅游客源地，有的位于旅游目的地。

（1）餐饮。餐饮业是旅游业的重要组成部分，在旅游过程中为游客提供必要的饮食服务。具体的餐饮类型有餐馆、酒吧、咖啡馆、夜市等。由于与游客联系紧密，餐饮业是消费者投诉较多的旅游子部门之一。

（2）住宿。到不同地区旅行的人需要有地方休憩和放松，因此，住宿业对旅游业的重要性不言而喻。具体的住宿类型有酒店、青年旅舍、露营、民宿、邮轮，以及分时租赁住宿等。总体而言，国内外酒店业持续增长，这表明当产品结构、游客结构和供求关系得到妥善处理时，住宿市场具有较强的盈利能力。同时，无论是经济型酒店还是精品酒店，越来越多的经营者感受到快速发展的市场中的竞争压力。游客的态度和需求变得愈发重要，他们的品位和需求也在不断变化。创新、市场变化和价格竞争持续改变着住宿供应商的经营环境，无法适应变化的经营者将被市场淘汰。

露营

（作者：Xue Guangjian，Pexels）

思考、讨论与分享

在 HOTELS 杂志公布的2021年度"全球酒店集团225强"榜单中，34家中国酒店集团上榜的原因是什么？与国外知名酒店集团相比，中国酒店集团还需要在哪些方面做出努力？

(3)交通。交通运输部门通过提供多样化的交通工具,帮助游客到达他们想去的地方,不仅包括前往旅游目的地的交通方式,还包括游客抵达后所需的出行支持。具体的交通方式包括航空交通(飞机)、公路交通(汽车)、水上交通(轮船)、铁路交通(火车)等。旅游交通主要关注两点:一是智能交通系统。这一系统旨在整合不同交通方式,使人们能够更好地了解路况,更安全、更协调、更智慧地利用交通网络。交通管理中心(TMC)是智能交通系统的大脑,其高效运作依赖于自动化的数据收集流程和精确的位置信息,以及对这些数据的深入分析。交通管理中心产生的准确信息,将及时传送给人们,为其出行决策提供有力指导。二是减少温室气体排放。在包括我国在内的许多国家,航空业(远途旅游)和私家车(自驾游)是碳排放的主要来源。为了减少温室气体排放,游客可以使用更清洁的交通方式出行,如搭乘公共交通、骑自行车或徒步等。

水上交通

(作者:William Oris,Pexels)

(4)旅游吸引物。景点和节事活动是旅游吸引物的重要组成部分。景点是游客在旅游目的地参观的关键要素,节事活动则会增加旅游目的地的活力和魅力,两者是吸引游客前往该地旅游的拉力因素。旅游吸引物分类如下:①自然景点和人造景点。前者如国家公园(自然),后者如长城(人造)。其中,自然景点可进一步划分为人工管理和野生状态两种,人造景点又可以分为传统人造景点(如故宫)和现代人造景点(如欢乐谷)。②节点型景点或线性景点。节点型景点可以是一个大都市(如北京、巴黎等),也可以是一个具体的旅游景区。许多旅游目的地将反映地方形象的标志性景观(如北京的长城、巴黎的埃菲尔铁塔等)作为营销点来吸引游客。线性景点有丝绸之路、京杭大运河等。

丝绸之路上的交河故城

(作者:Colegota,CC BY-SA 2.5)

旅游资源是潜在的旅游吸引物,《旅游资源分类、调查与评价》(GB/T 18972—2017)将旅游资源分为8个主类23个亚类110个基本类型,8个主类分别是地文景观、水域景观、生物景观、天象与气候景观、建筑与设施、历史遗迹、旅游购品、人文活动。

(5)购物、娱乐。购物和娱乐活动是旅游业的重要组成部分,具体类型有大型购物中心、主题公园等。例如,位于加拿大的西埃德蒙顿购物中心净面积达570000平方米,设有室内主题乐园、水上乐园和溜冰场等游乐设施,以及超过800间商户和超过2万个泊车位,旺季每天人流量约有15万人次。

西埃德蒙顿购物中心室内景观

(作者:GoToVan,CC BY 2.0)

（四）环境要素

旅游是一个开放系统，它与外部环境相互作用。外部环境系统各要素对旅游系统产生积极或消极的影响。影响旅游系统的环境要素包括以下几点。

（1）政治因素。当政治环境和谐、社会秩序井然时，旅游系统便能有效运行；反之，政局的不稳定则会阻碍旅游业的发展。国内层面，如果政府加强旅游规划，加大对旅游业的投资，确保税收优惠政策，那么这将促进旅游业的发展；国际层面，如果旅游客源地国家和旅游目的地国家之间存在良好关系，签证和通关手续便捷，那么旅游业将会蓬勃发展。

（2）经济因素。影响旅游发展的经济因素主要包括旅游客源地的人均收入、可支配收入和居民生活水平等。此外，如果旅游目的地能提供价格实惠的旅游产品和服务，也能促进当地旅游业的发展。经济因素还与全球金融总体状况直接相关。例如，2008年的金融危机导致全球人均收入下滑，这对旅游业造成了严重冲击，特别是以泰国为代表的亚太旅游业。

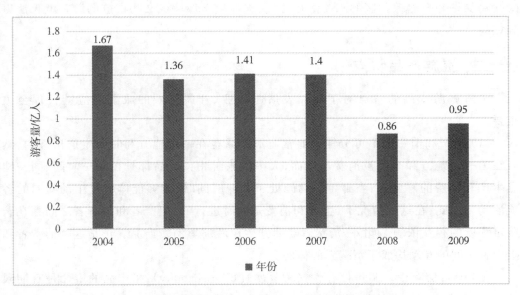

2008年亚洲金融危机对亚太旅游业的影响
（编者根据世界旅游组织数据绘制）

（3）社会文化因素。游客的体验很大程度上取决于目的地居民对旅游的欢迎程度。如果旅游目的地居民对游客的态度极为友好，那么这将吸引大量客源地居民前往该地。此外，如果旅游目的地存在公共安全问题，或其他问题导致的游客不安全事件，那么这也会导致潜在游客对旅游目的地产生负面印象，从而抑制他们的出游意愿。

思考、讨论与分享

某旅游目的地发生的宰客事件是否会影响你前往该地,为什么?

(4) 技术因素。随着技术的持续快速发展,旅游业的形态正不断发生改变。旅游目的地通过改善技术环境来提升游客体验;旅游企业借助技术手段来开展营销活动;游客通过互联网收集有关旅游目的地、交通路线和景点的信息,并在此基础上做出决策。

(5) 生态环境因素。生态环境因素与旅游目的地的生物多样性紧密相关。污染、绿化减少、拥堵、过度利用等负面影响提醒我们旅游永续发展的重要性。因此,政府必须提高利益相关者对旅游资源可持续性的认识,并采取措施消除或减少旅游负面影响。

(6) 法律因素。法律因素是指旅游客源地、旅游过境地和旅游目的地的法律体系和秩序,它们是保护游客权益和旅游业健康发展的基础。例如,如果没有消费者权益保护相关法律法规,游客在旅游目的地遭遇欺诈后就无法伸张合法权益;如果没有针对文物保护和自然保护区的相关法律法规,破坏生态环境或文物古迹的游客就无法得到惩处。

二、旅游产品特点

了解旅游产品的特点对于我们发展旅游业、开展有效的旅游供应链管理至关重要。

(1) 生产和消费的不可分性。通常有形产品是在一个地方和时间生产出来的,然后在另一个地方和时间被消费。然而,大多数旅游相关产品都是在同一时间、同一地点生产和消费的。例如,当野生动物园处于营业时间时,游客能体验野生动物园的各项活动。因此,在这种情况下,生产和消费是同时进行的,生产者和消费者之间存在着一定程度的相互依赖。此外,消费者需要到生产者那里消费产品。正是这种消费者和生产者之间的互动构成了消费者的体验。

(2) 不可储存性。不可储存性又称易腐性(Perishability),指产品的寿命是有期限的,一旦过了期限,产品就不能销售了。因此,旅游服务一旦产生就需要被消费。例如,航班今天的座位必须今天销售完,而不能像普通有形产品一样可以留到次日继续销售。

(3) 异地性。旅游者需要到目的地旅游才能消费这些旅游产品。旅游产品通常无法在购买前进行检查,这意味着旅游产品的销售在很大程度上取决于产品的表现。不过,现在有了虚拟现实等数字技术,游客能够在一定程度上提前体验旅游产品,但这仍无法替代现场的感受。

(4)复合性。旅游产品由住宿、交通、观光、餐饮、购物、娱乐等多种不同的服务成分组成,这些子部门的构成和运营存在较大差异,但只有这些部门相互协作才能为游客提供良好的旅游体验。

(5)异质性。旅游服务和产品体系中,不同企业间往往展现出巨大差异,难以实现全面标准化。例如,同样是鱼香肉丝这道菜,不同餐馆之间的食材、味道存在不同。同样,不同酒店提供的标准间亦各具特色。这种异质性不仅体现在硬件设施上,还体现在品牌、服务人员、食物烹饪方法以及为客人提供的附加服务等方面。

(6)不确定性。旅游产品的需求往往受到季节性因素的影响,如气候、节假日等。在旺季,旅游产品的需求量大增,而在淡季则可能大幅下降。除此之外,旅游产品还受不可抗力的影响,如自然灾害、骚乱、战争等。这些因素给旅游产品带来了不确定性。

(7)互动性。旅游产品的互动性是指游客不仅停留于观赏的层面,还可以亲身融入,去体验旅游产品所带来的乐趣。这种互动性在现代旅游产品中扮演着至关重要的角色,可以提升游客满意度和忠诚度。

三、供应链

21世纪激烈的全球竞争集中在供应链上,而不是单一企业。从宏观角度来看,供应链(Supply Chain)是由众多供应商和采购商组成的团队,以接力的模式,完成从原材料采购、中间产品及最终产品的制造,直至将成品送达用户手中的,由一系列设施和分销渠道形成的网络。从微观角度来看,供应链就是一系列节点组成的网络,执行诸如原材料采购、零部件制造和组装,以及最终产品组装和成品交付等功能(Song,2012)。

供应链的管理包括三个层次:①战略层次。这个层次的管理涉及长期问题的决策,如需求规划、战略联盟、新产品开发、外包、供应商选择、定价和网络配置决策。②战术层次。这个层次的问题涉及库存控制、生产/分销协调、物料处理和设备选择。③运营层次。这个层次的问题包括每周或每天的工作安排,如车辆调度、路线、劳动力分配和流程规划。

从理论上讲,供应链改进不应该仅由供应链中的一个环节(企业)来完成,而应该由所有的合作伙伴共同完成。信任、承诺和依赖是建立长期合作的基础,合作伙伴关系和战略联盟的目标是减少总成本和库存、增加信息共享、减少不确定性以及加强对供应和分销渠道的控制,这样供应链中的每个企业都可以从有效的管理中获益,比如提升产品可靠性、缩短订单到交货的时间、降低成本(Prasad 和 Selven,2010)、提高客户满意度(Tracey、Lim 和 Vonderembse,2005),最终提高组织和行业整体的竞争力(Lee 和 Fernando,2015)。

供应链整合

四、旅游供应链

供应链管理的概念也已经为旅游业者所接受,因为现代的商业竞争已经从旅游企业之间的竞争转移到旅游业供应链之间的竞争。一般认为,旅游供应链包括景点、运输公司、住宿企业、纪念品商店、旅行社、公共部门等为游客提供商品和服务的组织(Peng、Xu和Chen,2011)。旅游目的地供应链系统如图8-9所示。

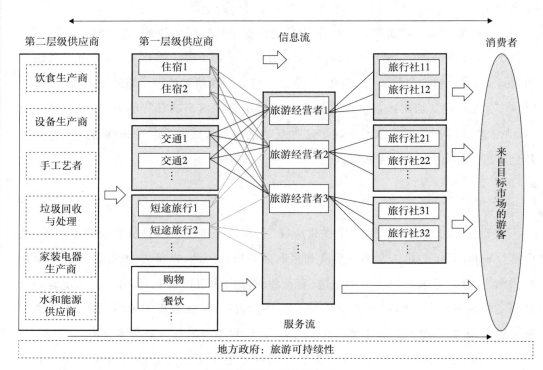

旅游目的地供应链系统

(翻译改编自Zhang、Song和Huang,2009)

宋海岩(2012)提出了旅游供应链管理的理论框架,包括管理目标、网络结构、管理问题、决策变量、绩效评估和研究方法六个部分,为我们理解旅游供应链管理提供了一个清晰的视角。

(1)管理目标,具体包括游客满意度、供应链可持续性、货币价值(成本和利润)、应对需求的不确定性。

(2)网络结构:①确定成员,包括供应链下游的旅行社、旅游服务商,上游第一层级供应商如酒店、运输企业、购物中心、餐馆等,以及向第一层级供应商提供服务或产品的第二层级供应商;②确定旅游供应链成员之间的权力关系和业务联系。

(3)管理问题,包括需求管理、成员关系、供给管理、库存管理、产品发展、供应链协调、信息技术管理等内容。

(4) 决策变量:①战略层次包括政府税收、投资、旅游承载力建设、新成员的进入/阻止;②战术层次包括采购和生产、定价、产品差异化、广告和营销、库存政策;③运营层次包括行程安排、路线规划、旅游产品报价等。

(5) 绩效评估,包括财务绩效、运营绩效和总体绩效三个层面。

(6) 研究方法,包括概念研究、案例和实证研究、定量研究三种解决旅游供应链发展和管理问题的方法。

第二节 旅游供需管理

一、旅游供给管理

(一) 旅游供给

旅游供给是指供游客享用或购买的所有服务和商品。从供给侧的观点来看,旅游供给企业可分为两大类:专门为游客服务的企业如旅行社,以及同时为游客和当地居民服务的企业如商场、酒吧等。当前,我国旅游消费结构升级处于一个关键历史节点,国民旅游消费迅速升级倒逼旅游业供给侧结构性改革提速。《"十三五"旅游业发展规划》提出,供给侧结构性改革将通过市场配置资源和更为有利的产业政策,促进增加有效供给,促进中高端产品开发,优化旅游供给结构,推动旅游业由低水平供需平衡向高水平供需平衡提升。从微观层面来看,在线旅行社快速发展的同时,传统旅行社在地理实体空间的布局也在发生变化。例如,重庆主城区的旅行社零售门店呈现出比较明显的,向城市商圈、交通设施和大型社区集聚的特征,商圈与非商圈门店、临街与写字楼门店的销售等级存在显著差异(胡志毅、邓伟、韦杰,2014)。此外,研究表明,旅游景区的区位至关重要。旅游景区存在"酒香也怕巷子深"的现象,但随着人均收入的提高,地理距离对国家级风景名胜区的旅游接待人数的影响呈现减弱趋势。高铁的开通对国家级风景名胜区的旅游接待人数具有显著的正向影响(何仁伟、李光勤、曹建华,2018)。

(二) 供给管理

供给管理强调供应链中买卖双方的关系。供给管理涉及建立长期关系、选择供应商,以及对供应商进行认证等方面。旅游供给管理中常见的供给关系(Zhang、Song 和 Huang,2009)有供应商(酒店、度假村、景点和航空公司)与旅行社之间的关系,批发商和零售商之间的关系,等等。

以旅行社和酒店的关系为例,与旅行社保持良好关系是酒店成功的重要因素,信任、承诺、协调、沟通质量、信息交换、参与、使用建设性的问题处理技术及双方的相对依赖性,是影响酒店和旅行社之间良好关系的关键。

对大多数旅游企业来说,选择特定服务的供应商至关重要。对企业而言,供应的绩效对业务有直接的财务和运营影响。一般而言,供应商的选择包括以下步骤:

(1) 建立供应商评分表。评分表应该量化,评估内容包括供应商特点(如规模、资产、信誉等)、重要战略调整因素、适用的商业政策、各种法律法规等管制措施等。

(2) 确定合理的供应商。定好选择标准后,我们要创建一个供应商库,从中选择供应商。在这一阶段,我们要考虑的对象包括:现有供应商、过去的供应商、竞争对手(前提是竞争对手是诚信的)、行业内的团体组织,以及来自各方的推荐等。

(3) 选择供应商。将收集的信息制成表格,并使用评分表对潜在供应商进行排名。我们可以选择排名最高的供应商;也可以选择几家入围供应商,再对其进行面试或实地考察(如使用神秘顾客法或自己以顾客身份入住酒店、参观景区等),最终选择合适的供应商。

(4) 谈判。确定供应商之后,就需要跟供应商谈判。在这个阶段,我们需要谨记的是,不要告诉对方他们是唯一一家入选的供应商;如果谈判内容比较复杂,需要请专业人士介入。

(5) 签订合同。对于许多交易,采购订单(如旅行社与酒店签订采购订单)就是合同;对于复杂的情况,可能会先签订一个合同,随后再根据合同内容创建一个单独的采购订单。

二、旅游产品开发

供应链管理的目标是在正确的时间用正确的产品满足客户的需求,因此,产品开发在供应链中起着至关重要的作用。有效的产品开发可以加快产品上市的时间,提高产品质量,降低生产成本,使需求变化小。然而,产品开发并非易事,这是一个复杂的过程,需要供应链中不同参与者的共同努力,还需要很好地理解客户的需求,并对涉及的产品组件和元素进行仔细分析,以确定潜在的产品能适合不断变化的消费者口味。下面我们来看几个旅游产品开发的例子。

农业旅游是一种以农场为依托,以互动性质与农业体验的真实性为准则的产品类型。具体包括:①在非农场间接互动的农业旅游,如入住旧农舍,体验农村风情但不直接参与农场活动;②在农场间接互动的农业旅游,如居住在农场民宿中,通过民宿主人了解农场生活;③在非农场直接互动的农业旅游,如参观农业博物馆;④在农场直接互动的阶段性农业旅游,如游览和参观农场;⑤在农场直接互动的真实性农业旅游,如参与农事活动。农业旅游产品可以围绕上述类型进行开发设计(Flanigan、Blackstock和Hunter,2014)。

文艺青年(文青)指拒绝随大流、标志自己与众不同的志向与品位的青年。为迎合这一群体的旅游需求,文青旅游产品就产生了。这类旅游产品的开发设计需要注意以下几点:①旅游资源,包括改建或活化后的老建筑、特色老街、特色建筑、文艺休闲娱乐活动(艺术活动、文青市集、独立音乐人演出、街头表演等)、文艺休闲娱乐场所(艺术工作室、手工艺品店、文创空间、书店、博物馆、电影院等)、特色的历史文化、深度体验当地文化的活动(学习当地语言和做地方菜等)、良好的自然风光。②体验行为,设计适合文青的活动,如聆听音乐、品尝咖啡、阅读书籍等,以满足他们追求内心平静与自我提升的需求。③空间环境,包括新奇与怀旧的反差、传统与现代的反差、热闹与安静的反差、旅游环境与日常生活环境的反差等。④社交互动,包括旅游途中与同行的亲朋及伴侣有良好的互动,以及旅游途中与自己的内心进行深度对话,等等。⑤接待人员,年轻、着装鲜艳亮丽、具有特色的接待人员,不仅能为游客提供专业的服务,还能成为一道亮丽的我风景线。

另外,在开发迎合当代年轻人品位的后现代旅游休闲产品时,则应该注意回归自然、怀旧复古、绿色永续、强调体验等产品风貌(郑健雄,2014)。

书店

(作者:Min An,Pexels)

三、旅游需求管理

(一)需求和弹性

需求是指消费者愿意并且能够在给定时间段内以不同价格购买的商品数量。对某一特定商品而言,其需求受到多种因素的影响,包括该物品的感知必要性、价格、感知质量、便利性、可用的替代品、购买者的可支配收入和品位,以及许多其他选择因素。需求与价格成反比。价格与数量需求之间的关系也称为需求曲线。

弹性是需求和价格的百分比变动比率(弹性为绝对值),当弹性大于1时,该商品表现为奢侈品,也就是当价格变高时,人们的购买需求会相应减少,如跨洲出国旅游对部分人而言就是一种奢侈品。当弹性小于1时,该商品通常是必需品,也就是无论价格发生怎样的变化,人们的需求都不会发生大的变化,如食物就是必需品。

(二)旅游需求

旅游需求是指旅游者旅游期间在旅游目的地购买的商品和服务,通常用游客数量或旅游支出来衡量。从战略的角度来看,旅游投资决策,特别是那些涉及基础设施和旅游度假村投资的决策,需要长期的财政支持,严重依赖需求预测。如果投资项目不能满足需求,沉没成本可能非常高。从运营的角度来看,航空公司、旅行社、酒店、邮轮公司和娱乐设施供应商等旅游企业的活动都由旅游需求驱动。

旅游需求受到可达性、可支配收入、成本、行业竞争、财富分配、供应商竞争、广告宣传、假期、汇率、政府法规和税收政策的影响,但其中许多因素是旅游行业无法控制的。这些影响因素之间有时候会相互作用,例如,海南由于旅游价格较高,离岛免税政策实施初期免税额较低,并没有起到激发额外旅游需求的作用(左冰、谢梅,2021)。

在日常经营中,为了预测需求,酒店和餐厅等旅游企业的管理人员需要收集以下几类信息:预订和预约的比例、客户期望的服务时长,以及服务可能持续的时间等。

四、分销渠道

旅游供应链内的企业需要与上游和下游的合作伙伴建立密切的关系。供应商向批发商、零售商提供个性化旅游产品和服务,以确保个性化产品和服务的组合通过各种渠道出售给游客。

(一)分销链的构成

旅游分销链是指从事旅游产品分销的企业和平台。分销过程始于旅游产品和服务的提供者,最终由消费者结束。一般来说,分销链由供应商、批发商、零售商和终端消费者四个组成部分。

(1)供应商主要包括住宿企业、交通企业、旅游景区等,如酒店、航空公司和故宫等。

(2)批发商主要包括两种类型:一种是目的地管理组织或入境旅行社,如当地文旅部门;另一种是使用全球分销系统(GDS)进行管理的在线旅行社。在有些情况下,批发商直接向消费者销售包括旅游活动、住宿、交通和旅游保险的旅游套餐或行程。

(3)零售商直接向旅游者销售旅行套餐,如传统的线下旅行社。大部分线下旅行社现在也在线上向游客销售各种单项旅游产品(如机票等)和旅行套餐(团队、自助和半自助等)。

(4)终端消费者。游客是分销链中最关键的组成部分,因为他们是产品的最终用户。消费者的选择和决定会对分销链的其他环节产生巨大影响。消费者行为的趋势或个人决定都会影响旅游产品的宣传和销售方式。

（二）分销渠道的类型

1. 传统渠道、线上渠道、移动渠道

随着数字销售渠道的兴起，游客如今能通过更多样化的渠道购买旅游产品和服务。旅游供应商不仅可以选择传统旅行社作为分销渠道，还可以在移动应用上推销产品和服务。一般而言，分销渠道按渠道性质可分为三种类型。

（1）传统渠道。传统渠道通常是指与在线和移动体验分开的线下营销渠道，如旅行社、旅游信息中心、传单和宣传册等。有时候批发商也可以成为传统渠道的一部分。

（2）线上渠道。近年来，在线旅行社在旅游业中占据主导地位。用户可通过易于使用的集中平台来规划、预订和购买个性化旅游产品。消费者通常可以在一个网站完成航班购买、酒店预订、汽车租赁等旅行安排，操作流程方便快捷。由于和实体旅行社相比，维护网站的成本相对较低，这些平台的价格可能更便宜。

（3）移动渠道。与在线渠道类似，移动渠道依托于应用程序等数字平台来推广和销售旅游产品。近年来，许多专注于整合旅游购买体验的移动应用程序流行起来。此外，航空公司、酒店和其他主要供应商也已经开始开发应用程序来提高客户忠诚度和参与度。除此之外，移动营销的其他形式还包括短信营销、移动广告和推销电话等。

2. 直接渠道、间接渠道

分销渠道按销售过程是否有中间商又可以分为直接渠道和间接渠道两种类型。直接渠道是指产品从生产者手中直接转移到最终消费者手中的渠道。企业可以直接控制该渠道且不涉及任何中间环节。间接渠道是指产品从生产者手中经过若干中间商向消费者转移的渠道。产品从生产者到消费者之间经过的中间环节包括批发商、零售商、代理商等。

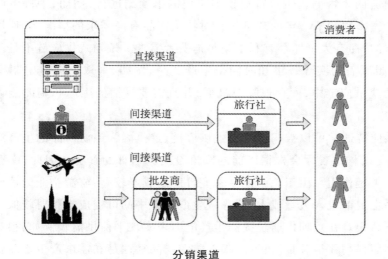

分销渠道

（翻译改编自 Song, 2012）

（三）选择合适的分销渠道

作为一家旅游公司，了解各种分销渠道对促进业务发展至关重要。一般而言，我们需要完成如下工作：

（1）确定目标市场。消费者的年龄、购买习惯等因素对分销渠道的选择具有显著影响，因此，必须明确目标市场。例如，年龄较大的消费者群体更有可能选择线下旅行社等传统渠道，而年轻的消费者群体可能会通过在线平台和社交媒体购买旅游产品或服务。

（2）研究渠道。在寻求潜在的战略合作伙伴时，我们要了其声誉。进行分销时，关键在于将企业品牌与经销商结合起来，因此，选择符合企业价值观的平台和业务非常重要。此外，我们也需要了解每个渠道的成本和收益，并根据企业业务发展情况做出明智的决策。

（3）评估成本和收益。每个平台和分销渠道都有不同的定价模型。有的直接收取固定的服务费用，有的通过购买并转售企业的服务来获利，还有的会在产品预订时向客户收取费用。

（4）跟进绩效。一旦我们选择了一个或多个渠道来分销企业的产品和服务，我们就需要紧密跟踪绩效及成本。

五、旅游产品库存管理

（一）推链和拉链

供应链的需求管理模式决定着库存管理。理解推动式供应链（推链）和拉动式供应链（拉链）之间的区别对于我们开展产品库存管理非常重要。在推动式供应链中，产品从生产商流向零售商。生产规模根据历史需求预测进行，例如，手机生产厂商根据前几年的销售额预测下一年的产量。在对特定产品有高需求的情况下，使用推动式供应链是可取的，拥有大量库存有利于满足消费者需求。拉动式供应链不是基于历史预测，而是按照所需的实际数量和时间来生产产品，例如，采取个性化定制模式的生产商。在拉动式供应链中，库存被降至最低，并且需要灵活的生产和调度能力来满足需求的变化。

旅游供应链通常可以被归为推动式供应链，这是因为旅游产品的生产通常基于历史需求预测。例如，餐厅会根据以前的客流量购买当日的食材。因此，库存在旅游供应链中起着关键作用。由于旅游产品易变且固定成本较高，旅游企业为达到一个固定的产能水平会提前投入大量成本，这导致生产过程中的可变成本相对较低。这使得旅游企业经营者很难在短期内通过提高生产能力来实现平衡供需。例如，很难在短期内建造一家酒店提高住宿容量。另外，很多旅游产品往往是在需求产生之前就已经生产出来的，需求通常是通过库存来满足的。因此，制定有效的库存管理策略是实现高效旅游供应链管理的关键。

（二）产能管理

1. 定义

产能（Capacity）是企业在给定的时间内能够生产或销售的数量。产能管理（Capacity Management）是指在任何时候、任何条件下，确保企业最大限度地发挥其潜在能力进行生产的行为。部分旅游产品和服务具有易变、难以存储等特点，因此，与制造业的产能管理不同，旅游企业不能在需求放缓期间积累库存，以备需求增加时使用。同时，旅游业具有明显的季节性特征，这意味着如果按照游客最高需求提供产品（如按照旺季的游客量建造酒店），那么在一年的大部分时间里，这些闲置资源会造成浪费，进而增加成本。

2. 产能和需求匹配策略

实现需求和产能匹配的一般方法有两种。第一种是调整需求策略。这种策略的核心在于通过各种方法使需求与现有的产能相适应。具体包括：①提供不同的服务。应根据不同时间（如季节等）来调整服务内容。例如，加拿大的惠斯勒山（Whistler Mountain）滑雪胜地在无法滑雪的夏季会转型为提供培训项目的场所。②与消费者沟通。这是一种信息共享行为，旨在帮助消费者了解需求高峰期，从而选择非高峰期使用服务，以免需求无法满足。③修改提供服务的时间和地点。一些企业会根据客户需求的变化，灵活调整服务的时间和地点。④价格差异化。价格差异化策略取决于对价格敏感性和需求曲线的深刻理解。例如，商务旅行者对价格的敏感度低于观光旅行者。

第二种是灵活调整产能策略。具体包括：①扩展现有产能。这包括延长服务时间、增添设备等措施，需要注意的是，旅游业是劳动密集型企业，人力资源的数量决定着企业的产能。②使产能和需求波动一致。这包括使用临时工和外包等措施。③租用或共享设施、设备。例如，旅行社不用按旅游旺季的需求购买大巴车，可以在旅游旺季向公交公司租用大巴车，这可以极大地降低成本。④淡季歇业。除降低运营成本的考虑外，这样做也可以保证旅游设施的维修和保养，以及员工的培训和发展。⑤员工轮岗。如果员工接受了交叉培训，他们就可以在不同岗位间轮换，以填补人力空缺。⑥改造或移动设施设备。有时企业可以通过调整、移动或创造性地修改现有容量以满足需求波动。

思考、讨论与分享

如何在不增加酒店客房的数量的情况下，提高黄金周目的地的（特别是热门旅游目的地，如张家界、黄山、三亚等）的住宿吸纳能力？

（三）超额预订

旅游服务提供者通常接受预订服务。当有预约时，额外的需求将被转移到同一设施的其他时间段或同一机构内的其他设施。预订有利于客户减少等待时间和保证服务的可用性。然而，当客户未能兑现其预订时就会出现问题。未完成预订而导致空位、空房或空桌，这对旅游服务提供者来说意味着服务能力的浪费。为了应对临时取消和未到等情况，许多服务机构采用了超售策略——超额预订。超额预订是指出售比实际存在的更多的座位，以抵消取消和未到席的影响。

以酒店为例，超额预订的策略包括：①按固定百分比超额预订。有些酒店可能会选择按一定比例超额预订，如2%、3%，甚至10%。该百分比通常基于历史数据以及酒店过去取消和未入住的经历而定。②转换酒店。当酒店超额预订且无法容纳客人时，原酒店通常会安排客人前往替代酒店住宿，这种做法在业内很常见。酒店通常会安排客人入住与其原酒店相似的同等级酒店。然而，在特殊情况下，若无法提供同等条件的住宿，酒店可能不得不安排客人入住档次稍低或条件稍差的酒店，这种情况往往会引起客人的不满。③赔偿。在许多情况下，超额预订的酒店将为客人造成的不便提供赔偿。这可能包括前往替代酒店的免费交通、免费餐点等。许多在线旅行社还针对超额预订和补偿制定了具体规则，酒店必须遵守这些规则才能与平台合作。

超额预订的优点在于，它能够有效对冲未抵达或取消预订的客人所带来的空缺，从而帮助酒店获得较高的入住率，并使收益最大化。此外，超额预订还能进一步提升酒店的运营效率。然而，超额预订也会带来负面影响，具体包括影响客人体验，损害口碑，让一线员工面临服务困境等。

思考、讨论与分享

如果你是前台或大堂经理，你将如何向酒店客人解释超额预订？

（四）收益管理

收益管理（Revenue Management）是一种旨在实现利润最大化的方法，是在不同的时期、对有不同需求的顾客采取不同的产品或服务定价，以产生最高收入或最大收益的综合策略。开展收益管理的公司通过预测市场需求，针对不同的细分市场实施差别定价，优化资源配置，在成本不变的情况下使收益机会最大化，并同时将机会成本和风险降到最低（Kimes, 1989）。例如，酒店的海景房和非海景房虽然室内设施是一样的，但价格不同。

第三节　供应链关系管理

考虑到不同组织的目标,有效的上下游关系管理和供应链内的协调是实现和保持整个供应链及其单个成员竞争力的关键。在供应链中,参与主体之间的关系主要分为两种类型:①垂直关系。它存在于不具有相同或相似能力的异质参与者之间,如零售商、分销商、制造商和原材料供应商,如航空公司和酒店之间的关系。②水平关系。它存在于供应链中具有相同或类似功能的同质参与者之间,如位于同一个旅游目的地的不同酒店。

根据参与主体的合作紧密程度,供应链中参与主体的关系可以划分为三种形态:①交易型。双方之间保持距离,合作有限。②协作型。两个或更多的旅游组织之间合作,旨在避免双方(多方)之间的冲突损害各自长期的利益。③战略型。供应链合作伙伴之间做出了长期承诺,愿意调整其业务目标和管理实践,以共同推动长期目标的实现。

根据各梯队的市场结构,以及参与主体之间或多个参与主体之间的权力和依赖关系,供应链中参与主体的关系可以分为四种类型:多对多、一对多、多对一、一对一。

一、合作

旅游供应链是一个复杂的网络,涉及广泛的部门,每个部门都有自己的市场结构。旅游组织不仅需要考虑自己的市场结构,还需要考虑其他组织的市场结构。此外,旅游业的一个显著特征是其动态性,它允许参与者不时更换商业伙伴,以最大限度地提高盈利能力和竞争力。例如,政府与旅游公司之间以及游客与环境之间的关系会随着时间的推移而演变。各种参与者的参与以及供应链关系的演变使得旅游供应链中的关系管理更加困难,但对供应链中关系的良好理解对于实现高效的旅游供应链管理至关重要。信任和相互依赖对供应链合作伙伴之间的关系质量至关重要(Shi 和 Liao,2013)。

在酒店服务领域,供应商和顾客都被期望按照一种特定的认知脚本行事,如果任何一方偏离了脚本,可能就会出现价值共同毁灭,而不是价值共同创造(Järvi、Keränen和 Ritala 等,2020)。就外部环境而言,环境动态性和环境敌对性均可对旅游供应链联盟企业最终是否投入关系资本产生影响。在动态环境中,具有不同风险态度的旅游供应链联盟企业对于旅游市场行情的预期有所差异,进而影响其最终对关系资本的投入,而在敌对性增强的环境中,旅游供应链联盟企业最终均投入关系资本的可能性更大(刘娴、赵中华,2019)。

频繁沟通是确保成功协调所有供应链活动和及时交付产品的关键。那些经常与供应商合作的企业相较于同行，表现出更高的增长率、更低的运营成本和更高的盈利能力。内部产品团队和外部供应链合作伙伴在整个新产品开发过程中定期进行协作，确保了最终设计的可操作性和可制造性，并降低了出现生产或质量问题的可能性。通过扩展供应链各层之间的协作，可以更有效地交换信息，从而改进组件预测、缩短交货时间、简化采购流程并提高生产率。当团队开始定期共享信息时，制造商可以更清晰地了解操作中的问题，并降低供应链风险。通过渐进式与供应链中的合作伙伴建立稳定关系，有助于克服未来各种因素的干扰。

具体的合作原则如下：①鼓励信息透明。从一开始就让合作伙伴清楚地了解他们应该如何与你的团队互动并沟通问题。这种公开和诚实的对话有助于双方建立信任，并使你的供应链合作伙伴能够更坦诚地应对出现的问题。②积极主动而非被动反应。与合作伙伴进行公开讨论，确保双方均做好应对不可预见事件的准备。③定期与合作伙伴的团队会面。如果没有有效沟通的工具，就需要安排与供应商和运营团队的定期会议，确保在采购、制造或运输出现问题时，能迅速采取的主动措施。④建立并分析关键绩效指标。与公司内部和外部利益相关者密切合作，建立监控生产和供应链绩效的指标，包括质量及法规合规性、库存可用性、周转率、交货时间、供应链相关成本以及产品或服务的按时交付率等。⑤实现数字化转型。利用基于云的生命周期管理和质量管理系统等先进的数字技术，实现供应链实时协作，为内部和外部团队提供交换产品信息的共享平台。

二、竞争

竞争是指两个或两个以上的企业争夺相同的资源，如客户、市场和利润。旅游企业通过相互竞争增加其市场份额（从而增加其销售量）和利润率。自由市场体系中的竞争有四种类型：①完全竞争。完全竞争市场的主要特征是市场上有大量的买家和卖家，产品同质化，所有买家和卖家都拥有完善的信息，资源自由流动，市场没有进入障碍。②完全垄断。在这种类型的市场中，单一企业占据了特定产品或服务的所有销售。③垄断竞争。垄断竞争市场结构的主要特征是市场上也有许多企业供应产品，产品之间存在差异化，企业进入和退出市场门槛低。④寡头垄断。其主要特征是少数企业生产大部分产品，大量的资本要求限制了其他企业进入市场，在这种市场结构中，由于生产产品的企业很少，一家企业的行为将对整个行业产生巨大影响。由于供应商很少，市场可能会发生重大变化，原因包括技术进步、新产品、促销活动、大幅降价等。

旅游供应链的竞争可分为四个层次（Song, 2012）：一是旅游企业之间的行业内竞争，如住宿行业内部不同酒店之间的竞争。二是供应链同一层次内部的部门间竞争，如旅游供应链的中间层可能包括酒店、酒吧、餐厅、景点和主题公园等，它们相互争夺旅游者的消费支出。三是跨行业竞争，如酒店和旅行社之间的竞争。四是两个或两个以上供应链之间的竞争,当不同旅行社在同一目标市场上销售相似的旅行套餐时,这种竞争尤为明显。

推荐阅读

1. 保继刚、楚义芳《旅游地理学(第三版)》,高等教育出版社。
2. 约翰·弗莱彻、艾伦·法伊奥、大卫·吉尔伯特、斯蒂芬·万希尔《旅游学:原理与实践(第5版)》,东北财经大学出版社。

问题

1. 简述旅游供应链的构成要素。
2. 简述旅游业的特点。
3. 如何开发旅游产品?
4. 旅游需求受到哪些因素影响?
5. 超额预订的概念是什么?对旅游企业有何影响?
6. 旅游业的分销渠道有哪些?
7. 供应链中参与主体开展合作的原则是什么?

课后任务

第八章

第九章
过度旅游和可持续性管理

学习目标

阅读本章后,你应该能够:
1. 了解过度旅游的内涵及其对旅游业的影响。
2. 了解"双碳"目标及其对旅游业的影响。
3. 了解可持续旅游的内涵。
4. 了解旅游组织在旅游可持续发展中的角色。
5. 了解负责任旅游的定义。
6. 有意识地在日常生活中保护环境。

随着可持续发展理念的兴起,以及人们对于旅游发展负面影响的认知与关注,可持续旅游的概念应运而生。可以说,可持续旅游是可持续发展理念在旅游领域的探讨和应用。由于其概念具有吸引力并顺应时代发展的潮流,近20年来,可持续旅游不仅得到了全球旅游行业和学术研究领域的重视,还被很多国际组织和政府所推崇(苏明明,2014)。随着绿色经济、生态经济与低碳经济等可持续经济发展形式的相继出现,绿色旅游、生态旅游与低碳旅游也逐渐成为推动可持续旅游发展的重要形式。

第一节 可持续旅游和过度旅游

一、旅游发展阶段

Jafari(1989,2001)认为,第二次世界大战后,全球旅游业的演变受到了"倡导"(Advocacy)、"警告"(Cautionary)、"适应"(Adaptancy)和"以知识为基础"(Knowledge-based)的观点影响,并可以用这四个词语来划分阶段。它们为理解可持续旅游业的出现和发展提供了一个有用的框架。每个阶段都建立在前一个阶段的基础上,但每一个新阶段的出现并不意味着之前的阶段消失。Jafari(2001)强调,这四个阶段在当代全球旅游业中并存。

（一）倡导阶段

倡导阶段是第二次世界大战后出现的第一个阶段，其特点是大力支持旅游业。20世纪50年代至60年代，这种支持旅游业发展的观点占据了主导地位，反映了当时诸多促进旅游发展因素的融合。这些因素包括：较发达国家出现了中产阶层，他们越来越倾向于以娱乐为目的的旅行；在第二次世界大战之后，世界大部分地区恢复了和平与稳定；技术创新的引入降低了旅行的实际成本，使更多的目的地进入更大的市场。特别是对第二次世界大战后独立但较贫穷的国家来说，旅游业是经济发展的有效途径，当地文化和自然风景则是取之不尽的旅游资源。

斐济的海滨度假村
（作者：Maksym Kozlenko，CC BY-SA 4.0）

（二）警告阶段

在20世纪60年代末至70年代初，旅游发展进入了警告阶段。这一阶段，研究者发现，不受控制的旅游发展最终会给目的地居民带来难以承受的环境、经济和社会文化负担。在许多地区，特别是在欠发达地区，由于旅游业过度发展，负面影响日益明显。同时，一些激进的反殖民主义的研究者认为，欠发达地区和国家的旅游业就像以前殖民者的种植园农业一样，是发达核心区继续开发和控制欠发达边缘地区的一种手段。

（三）适应阶段

警告阶段显示了旅游业的潜在负面影响，但并没有明确提出如何避免这些负面影响。20世纪70年代末至80年代初，研究者开始倡导适应特定社区独特社会文化和环境保护的旅游模式。这一阶段，替代旅游模式获得广泛认可。该模式支持当地小型企业主导旅游发展，而非外部大型企业，旨在提高当地居民收入，保护当地文化和环境。

值得注意的是,20世纪80年代中期,一种侧重于自然环境吸引力的替代旅游模式——生态旅游应运而生。

(四)以知识为基础阶段

在20世纪80年代末至90年代,以知识为基础的阶段出现。旅游业利益相关者逐渐意识到,该行业已经发展成为一个巨大的全球产业,而适应阶段所支持的替代旅游对于已经由大众旅游主导的许多目的地来说是不切实际的选择。因此,替代旅游最多只能解决全球旅游业发展过程中的部分问题。并且,任何目的地的任何旅游模式都会产生积极和消极的双重影响,这表明两极分化的倡导、警告和适应阶段的发展观点对日益复杂的全球旅游部门而言,所提供的见解相当有限。Jafari认为,我们现在需要的是一种全面、系统的方法,利用科学、严谨的方法来整合管理旅游行业所需的知识。他认为旅游业的利益相关者,尤其是学者,开始追求该领域的科学化。在此背景下,单纯地认为小规模旅游业天生优于大规模旅游业或反之(如适应阶段所主张的)是站不住脚的;相反,应在对某一特定目的地的特点进行科学分析并随后实施适当的规划和管理的基础上,决定哪一种(或哪几种)旅游模式更适合该目的地。

> **思考、讨论与分享**
>
> 以杭州市为例,其旅游发展存在哪些模式?

二、可持续旅游

(一)可持续发展

可持续发展(Sustainable Development)的概念的明确提出,最早可以追溯到1980年由世界自然保护联盟(IUCN)、联合国环境规划署(UNEP)、世界自然基金会(WWF)共同发表的《世界自然资源保护大纲》。1987年,世界环境与发展委员会(WCED)的报告《我们共同的未来》将可持续发展定义为,既满足当代人的需求,又不损害后代人满足其需求的能力的发展(世界环境与发展委员会,1987)。

动荡、纷争、贫困、文盲、饥饿、冲突、动乱、全球变暖和气候变化,这些都是当今世界的真实写照。联合国在倡导平等、公平、人权、和平、可持续发展以及为世界人民谋福利的计划方面发挥着领导作用。在2000年举行的联合国千年首脑会议上,189个会员国①支持联合国制定八项国际发展目标,这些目标被称为联合国千年发展目标(MDGs)。该目标发布以来,在中国政府坚持不懈的努力下,在社会各界的广泛参与

---

① 截至2024年,联合国共有193个会员国。

下,在国际社会的大力支持下,中国在各项工作上取得了显著成就,助力联合国实现了千年发展计划的减贫目标。联合国于2015年通过了可持续发展目标(SDGs),也被称为全球目标。作为一项普遍行动呼吁,该目标旨在消除贫困,保护地球,并确保到2030年所有人都享有和平与繁荣。

(二) 全球气候变暖和"双碳"目标

气候变化是指温度和天气模式的长期变化。19世纪以来,人类活动已成为导致气候变化的主要因素,这主要是因为燃烧煤炭、石油和天然气等化石燃料释放了大量温室气体,如二氧化碳和甲烷。能源、工业、交通、建筑、农业和土地利用是产生温室气体的主要来源。尽管科学界在气候变化的具体成因或严重程度上可能存在不同意见,但毫无疑问,气候变化已经并将继续影响我们的生存环境。

双碳是"碳达峰"和"碳中和"的简称。碳达峰,是指在某一个时点,二氧化碳的排放不再增长达到峰值,之后逐步回落。碳中和,是指国家、企业、产品、活动或个人在一定时间内直接或间接产生的二氧化碳排放总量,通过使用低碳能源取代化石燃料、植树造林、节能减排等方式,以抵消自身产生的二氧化碳排放量,实现正负抵消,达到相对"零排放"。要实现碳中和一般有两种做法:①通过碳补偿机制,使其产生的碳排放量等同在其他地方减少的碳排放量,如植树造林、购买再生能源凭证。②使用低碳或零碳排放的技术,如使用再生能源(如风能和太阳能),避免将燃烧化石燃料而产生的温室气体排放到大气中,最终目标是完全依赖低碳能源,使碳的排放与吸收达到平衡。

中国力争2030年前实现碳达峰,2060年前实现碳中和。"双碳"目标对旅游业的影响主要体现在以下几个方面:①推动旅游业绿色转型;②促进旅游业高质量发展;③增强旅游业可持续发展韧性;④促进旅游业与其他产业的融合。

思考、讨论与分享

作为游客,你认为在旅游过程中应该如何减少碳排放?

(三) 可持续旅游

可持续旅游,顾名思义,就是将可持续发展理念应用于旅游业,即在满足当代人旅游需求的同时,不危及后代满足其旅游需求。或者根据布多斯基(Budowski,1976)的"共生"(Symbiosis)理念,旅游业应明智地利用和保护资源,以维持其长期生存能力。从根本上说,可持续旅游就是将负面影响降到最低,将积极影响最大化。尽管可持续旅游被视为可持续发展的一种形式,但它也是实现可持续发展的一种手段。世界旅游组织在推广可持续旅游的概念和实践方面发挥着重要作用。该组织当前阶段的主要职责就是发展负责任、可持续和普遍无障碍的旅游业,以实现2030年可持续发展议程和可持续发展目标。世界旅游组织（现已更名为联合国旅游组织）鼓励其会员国实施《全球旅游业道德守则》，以最大限度地发挥旅游业的社会经济贡献，同时尽量减少可能的负面影响。根据世界旅游组织提出的概念，可持续旅游涉及经济、社会文化、环境三个维度，需要政府、企业、游客、目的地居民和社会组织等利益相关者共同付出努力，具体包括以下目标：①合理利用作为旅游业发展关键要素的环境资源；②尊重所在社区社会文化的真实性，保护其现有的和现存的文化遗产和传统价值观，并促进跨文化理解和宽容；③确保经济活动的长期可行性和稳定性，为所有利益相关者提供公平分配的社会经济效益，为消除贫困做出贡献；④保持较高的游客满意度，确保游客获得有意义的体验，提高他们对可持续发展问题的认识并促进可持续旅游的发展。

（四）可持续旅游指标

自20世纪90年代初，世界旅游组织便积极参与可持续旅游指标的编制工作。1993年，该组织成立了一个工作团队，旨在确定一套可持续旅游指标，并通过在加拿大、荷兰、墨西哥、阿根廷和美国等地实施的试点项目加以检验。这些试点项目的成果最终于1996年汇集成一本面向目的地管理人员的指南。随后，世界旅游组织在匈牙利和墨西哥（1999年）、斯里兰卡和阿根廷（2000年）、克罗地亚（2001年）和塞浦路斯（2003年）举办了区域性的应用讲习班，并于2003年又开始对20个国家的可持续旅游指标进行新一轮研究。

Asmelash和Kumar（2019）在综合世界旅游组织和其他学者研究的基础上，制定了一个全面衡量可持续发展水平的指标体系，包括经济、环境、社会文化和机构四个维度。我们可以根据这个指标体系，评估和分析一个目的地的永续性水平。

知识链接

四个维度的可持续旅游指标

思考、讨论与分享

搜索并阅读《杭州市旅游休闲业发展"十三五"规划》，想一想杭州是如何在政府层面保障旅游可持续发展的？

三、过度旅游

20世纪50年代以来，政府、企业、经济学家等一直在赞扬旅游业发展带来的诸多好处。除个别时期外，旅游业始终保持稳步增长态势。由于旅游业具有增加就业、提高收入和促进国际贸易的好处，它已成为世界上许多国家的重要经济支柱。然而，旅游业的发展也伴随着大量资源的消耗、温室气体排放的增加，以及许多热门目的地的环境遭到污染等问题。人们逐渐认识到目的地环境（无论是自然环境还是建筑环境）承载力的重要性。2016年，过度旅游（Over Tourism）这一概念开始在全球旅游业界引起关注。过度旅游是指一个景点或目的地接待了过多的游客，对当地社区、野生动物或旅游者造成了危害。过度旅游给许多著名的旅游目的地带来了巨大的负面影响,在一些知名旅游城市和景区尤其突出。例如,威尼斯现有大约5万名当地居民,然而每年到访的游客数量总计约为2000万。旅游业对威尼斯的发展有明显的好处,但这种大规模的游客量也带来了严重的负面影响。过度旅游会对基础设施造成破坏,大量游客带来的不便会引起当地人的不满,拥挤的人群也会影响游客的体验。

最佳的旅游方式往往侧重于回馈当地社区,保护自然环境与野生动物,以确保这些独特的资源能够得以保留并惠及未来的几代人。值得注意的是,一旦旅游业衰退,保护这些资源的资金和动力也可能会随之减少。全球范围内已有诸多案例表明,当旅游流量减少时,森林砍伐和野生动物偷猎等自然破坏现象会加剧。

位于芬兰汉卡萨尔米的观鸟塔
(作者:Tiia Monto,CC BY-SA 3.0)

第二节　创建绿色企业

一、绿色企业和绿色企业家

(一)绿色企业

绿色企业是指以可持续发展为己任,将环境利益和对环境的管理纳入企业经营管理全过程,开展业务时不对环境、社区或整个社会造成负面影响的企业。绿色企业在制定决策时会考虑各种环境、经济和社会因素。对绿色企业而言,可持续性体现在多个方面,如在制造过程中使用可持续材料,优化供应链以减少温室气体排放,依靠可再生能源为设施供电,建立资助当地社区发展的基金,等等。

旅游业虽常因对环境造成的负面影响而受到批评,但旅游企业可采取多种措施来践行可持续发展理念。以酒店业为例,常见的举措有安装节能照明设备,安装节水设备,选择可持续的能源如利用太阳能和风能,毛巾再利用,垃圾分类等。此外,酒店还可以通过实行绿色人力资源管理(培训、绩效管理和员工参与),来强化员工的环境组织公民行为(Organizational Citizenship Behaviour for the Environment),即通过降低个人和组织的资源消耗,来实现企业组织的可持续发展(Pham、Tučková 和 Jabbour, 2019)。

创建绿色企业需要遵循以下几个步骤:①提出问题。核心问题包括:组织产生了多少废弃物?企业文化是否陷入困境?招聘是否吸引了不同的求职者?产品是否旨在满足特定受众的需求?企业对当地社区有何影响?②确立目标。企业目标应包括五个"W",即谁(Who)、什么(What)、何时(When)、何地(Where)和为什么(Why)。要明确目标涉及的主要参与者和利益相关者,目标的具体内容,目标完成的时间,目标实施的范围或具体场景,以及目标制定的原因。③制定战略。在制定可持续的业务战略时,确保企业获得利润非常重要,同时还应考虑"三重底线"——经济底线、环境底线和社会底线。④实施战略并评估结果。

思考、讨论与分享

如果你经营了一家餐厅,应如何践行可持续发展理念?

(二)绿色企业家

绿色企业家是指那些在企业经营过程中,积极倡导和实践绿色发展理念,致力于推动企业朝着绿色、环保、可持续方向发展的企业家。他们不仅关注企业的经济利益,还高度重视企业的社会责任和环境保护,通过创新和实践,引领企业走向绿色发展的道路,力求实现经济效益、社会效益和环境效益的统一。

Walley 和 Taylor(2002)认为绿色企业家有四种类型:①临时环境企业家(Ad-hoc Enviropreneurs),主要出于成本考虑而开展绿色实践,一旦绿色实践的成本高于非绿色行为,他们就会放弃绿色行为。②道德上的特立独行者(Ethical Mavericks),受可持续发展理念,以及朋友、网络和经验的影响。③创新机会主义者(Innovative Opportunists),以成本和利润为导向,主动寻求并创造新的绿色产品和管理流程以提高企业绩效。④有远见的领军者(Visionary Champions),立志改变世界并积极参与社会变革。

二、绿色绩效

与非绿色企业相比,绿色企业更能获得顾客认可。以绿色饭店为例,在设施和早餐等方面,绿色饭店与非绿色饭店的正面情感比率存在显著差异,绿色饭店的正面情感比率高于非绿色饭店的正面情感比率,而在房间、服务和卫生等方面,绿色饭店与非绿色饭店的正面情感比率未表现出显著差异。从综合表现来看,绿色饭店与非绿色饭店的综合好评率有显著差异,且绿色饭店的综合好评率高于非绿色饭店(史达、王志敏,2019);另一项针对北京市金叶级绿色饭店的消费者的研究显示,有近一半的消费者并不清楚自己是否入住过绿色饭店,这说明绿色饭店在环境友好措施宣传方面需加强(谢婷,2016)。只有通过有效的宣传,企业才能真正通过消费者行为提高包括绿色绩效在内的整体绩效。

绿色绩效指数有助于让企业员工参与和实现组织环保目标。例如,航空业虽在世界范围内迅速发展,但在过去几年中也对环境造成了不良影响,因此,制定机场绿色绩效评价标准,有助于建设对环境影响最小的绿色机场(Kumar和Gupta,2020)。

上海浦东国际机场

(作者:Nkon21,CC BY-SA 4.0)

第三节 倡导负责任旅游

一、亲环境行为

亲环境行为,也称为环境友好行为或环保行为,是指个人有意识地减少其对环境造成负面影响的行为,表现为个人开始愿意主动参与解决或防范环境问题。亲环境行为的障碍是指当个人试图调整其行为以践行可持续的生活方式时,阻碍这种行为实施的众多因素。一般来说,这些障碍可以分为以下类别:①心理因素。心理因素来自个体内部,如个人的知识、信仰和理念都会影响其行为。②社会和文化因素。一个人的行为受其周围环境(如邻里)的影响。③经济因素。如缺乏资金来践行可持续发展。④政策因素。政策因素来自外部,通常是个人无法控制的,如缺乏政府出台的环保支持政策。

探讨游客亲环境行为是旅游研究和管理的热点。比如,对张家界游客的碳排放研究显示,尽管短途旅行有所减少,但由于私家车和高铁的作用越来越大,总体到达人数增长,导致碳排放量大幅增加。不过,人均碳足迹却有下降趋势,张家界游客每次旅行的平均交通碳足迹从2009年的94.55千克减少到2015年的82.97千克,每个游览日的平均交通碳足迹则从2009年的18.87千克减少到2015年的16.46千克(Luo、Becken和Zhong,2018),这一变化可能归因于游客环保意识的增强。又比如,研究显示,游客度假时的环保意图并不能转化为实际的环保行为,无论是亲环境的意图还是亲环境的行为,都不会随时间或地点而改变,真正影响变化的是基础设施(物理环境)的可用性(Wu、Font和Liu,2021)。这说明了规划设计合理的环保提醒系统和严格执行环保规则的重要性。这一点在室内的亲环境行为中也得到了验证,西班牙的酒店节水实践表明,综合信息设计可以使毛巾的重复使用率提高6.8%,床单的重复使用率提高1.2%(Gössling、Araña和Aguiar-Quintana,2019)。此外,还有研究深入分析了亲环境行为欲望产生过程中,外在驱力(即地方依恋维度)和内在障碍(即大众旅游价值导向维度)的互动效果。研究者以三亚的国内大众游客为样本进行研究,得到以下结论:①大众旅游价值导向维度中,"维护旅游功能"的亲环境阻碍力度更大;②对三亚具有较强地方依恋和地方情感的大众游客,他们的亲环境行为欲望更强(曲颖、吕兴洋、沈雪瑞,2020)。

旅游景观的地方依恋量表

维度	序号	题项
场所依恋	1	没有其他观鸟场所里的设施,可以与××相比
	2	在××获得的满足感,远超过其他场所
	3	××的重要性,远超其他场所
	4	我所喜爱的旅游景观在××都能看到
	5	××是我所见过的景观中环境最好的
	6	没有任何一个场所可以代替××
场所认同	1	我感觉××是我生活的一部分
	2	对我而言,××具有重要的意义
	3	我非常依恋××
	4	我强烈认同××

续表

维度	序号	题项
场所认同	5	我以能和他人分享××为乐
	6	如果可以,我愿意多花些时间在××

(翻译改编自Moore和Graefe,1994)

二、环境暗示

近年来,游客和当地居民在旅游目的地的越轨行为或旅游不当行为(Inappropriate Behavior)引起了越来越多的关注。旅游不当行为通常指的是旅游者在旅游过程中违反法律法规、公序良俗或道德规范,对旅游目的地、旅游环境等造成不良影响的行为,具体包括在公共场所吸烟、随地吐痰、涂鸦、不尊重自然景观和乱扔垃圾(Volgger和Huang,2019)。这些行为可能会破坏环境并导致媒体的负面报道,从而进一步损害目的地的可持续发展(Peng、Wang和Huang等,2022)。目的地管理者必须实施有效的应对策略来减少此类行为。理解环境暗示(Environmental Cues)有助于管理者采取有效措施来减少游客对目的地的负面影响。

环境暗示是指周围环境以极为自然的方式向个体发送信息,个体在不经意间接收这些信息并据此做出相应反应。个体会对环境所给的暗示进行心理解读,从而做出与该环境相适应的行为。例如,红色交通灯亮了,驾驶员会踩刹车将车停下来;在旅游景区的售票窗口,一般人会按先来后到的顺序排队。有些信息是我们从他人那里获得的,有些则是我们通过自行观察和理解获得的,然而,并非每个人都能察觉到环境中存在的这些信息。有的人可能对环境暗示不太敏感,而有的人则需要学习如何感知环境暗示并据此做出反应。

Kotler(1973)指出,商店环境中的各种暗示能够引发人们的特定情绪,并增加购买的可能性。这也就是说,环境所传递的信息会被个体内化而做出与价值观相符的行为。换言之,个体会依据自然景象、社会习俗、法律规范及他人行为等环境信息形成自己的判断,进而影响个人行为与认知。在日常生活中,面对许多难以判断的情况时,个体往往会通过观察他人的行为来获取有用的信息。

告示牌(Notice Sign)也是环境暗示的一种表现形式。告示牌通过符号、文字、色彩或图案等元素向人们传递特定的信息,具有引导、说明、警告等功用。设置告示牌的成本较低,因此,管理单位常使用它。告示牌可分为惩罚性告示牌和教育性告示牌两种类型。在惩罚性告示牌中,多数会呈现违规受罚的内容,以影响游客的心理与行为。若告示牌上没严厉的处罚规定,就无法对游客产生实际的约束效果;反之,在教育性告示牌上,会呈现正面的鼓励信息内容,使人们对环境认同,而产生负责行为。无论是教育性告示牌或惩罚性告示牌,都能减少违规行为的发生。

此外,人的视觉对色彩具有高度的敏感性,不同的色彩能对人产生不同的心理暗示。研究表明,当眼睛看到暖色时,人们容易感受到温暖,并产生兴奋情绪,因此,餐厅招牌常使用这些色彩;反之,人们看见深蓝色等冷色系时,大脑则会联想到蓝天或干净的水源,并自然而然地产生稳定情绪,在这种状态下,人们更能冷静思考行为后果,产生符合规范的行为。Yavuz与Kuloglu(2010)发现,长凳的颜色不同,遭破坏等的概率也有所不同,褐色长凳遭破坏的概率低于红色、绿色、黄色、蓝色及橘色的长凳,这可能与不同颜色对人们行为的影响有关。因此,合理利用色彩暗示也是减少不当行为的有效手段之一。

> **思考、讨论与分享**
>
> 景区标志一般在语言、颜色上有何特点?

三、负责任旅游和负责任旅游者

(一)负责任旅游

负责任旅游(Responsible Travel)是指将负面的社会、经济和环境影响降到最低,并为当地人民带来更大经济效益的旅游。负责任旅游重点关注三个关键问题:旅游者应尽可能少地对旅行目的地带来破坏或负面影响、尽可能密切地体验大自然的原初状态、尽可能地适应所在地国家的文化。

生态旅游、可持续旅游和负责任旅游这三个概念之间既有联系又有区别。联系在于,三者都强调对环境的保护,提倡尊重当地文化习俗,避免对当地社区产生负面影响,关注旅游活动对当地经济的贡献。区别在于,生态旅游以有特色的生态环境为主要景观,强调在保护生态环境的前提下开展旅游,更注重旅游者对当地生态系统的保护;可持续旅游比生态旅游更进一步致力于促进环境、社会文化和经济的永续发展,更关注旅游发展对目的地的影响;负责任旅游更关注旅游者和东道主承担的责任,期待通过努力确保实现和维护旅游可持续性。

(二)负责任旅游者

负责任旅游者是指那些在旅行过程中,能够尊重当地文化、保护环境、支持当地经济发展并遵守旅游规则的旅游者。负责任旅游者会根据当地社区的长远利益做出决定,并确保基于这些决定的行动对这些社区产生积极影响。那么,如何成为负责任旅游者?

(1)尊重当地居民和文化习俗。了解当地的风俗、传统和社会状况,学习几句当地语言。这样可以帮助我们以一种更有意义的方式与当地社区及居民建立联系。我们应从历史、建筑、宗教、服饰,到音乐、艺术和美食,全面体验并尊重旅游目的地的独特性,并且在评价当地的生活条件或习俗之前,先停下来反思一下。同时,我们还要学会倾听,礼貌待人,尊重所有旅游设施的工作人员和服务提供者。

(2)保护环境和资源。保护自然资源,尤其是森林和湿地,减少对环境的影响。保护野生动物和它们的自然栖息地。不要购买由濒危动植物等制成的产品。在保护区游览时,只前往对旅游者开放的地方,切勿贿赂当地居民,让他们带领我们去探索禁区。前往乡村体验自然之美时,要尽量减少一次性塑料制品的使用,降低水和能源的消耗,合理安排交通以减少碳排放,留下最少的碳足迹,树立良好的旅游者形象。

(3)支持地方经济发展。购买当地制作的手工艺品和产品,支付合理的价格,以支持当地工匠的生计。不要购买假冒产品或国家和国际法规禁止的物品。雇佣当地导游,在当地消费,同时要了解并遵循当地付小费的习俗。

(4)注意旅行安全。具体包括采取必要的健康与安全预防措施,如有疑问可咨询旅游主管部门。仔细阅读签证要求和旅行保险的细则。在流行病期间保持社交距离,避开人群,并注册安全警报系统。同时,要了解在紧急情况下如何获取医疗护理,以及出境旅游遇到危险时要联系自己国家的大使馆。

(5)做一个知情的旅行者。这不仅能让个人的旅行体验更加丰富和有意义,还能对目的地的社会、经济及环境产生积极的影响。

(6)充分利用网络。具体包括在开始旅游之前,先浏览网上的评论和博客以获取有用信息。回来后,提供真实的反馈,并在社交媒体上分享自己的旅行体验。在发布自拍和其他人的照片之前要三思,要考虑其他人是否愿意。此外,面对不公和歧视行为,可合理利用网络发声,共同维护良好的旅行环境。

推荐阅读

1. 约翰·弗莱彻、艾伦·法伊奥、大卫·吉尔伯特、斯蒂芬·万希尔《旅游学:原理与实践(第5版)》,东北财经大学出版社。

2. 世界旅游组织,*Making Tourism More Sustainable: A Guide for Policy Makers*,2005年。

问题

1. 什么是过度旅游?过度旅游有什么负面影响?

2. "双碳"的内涵是什么?

3. 可持续旅游的定义及可持续旅游的维度是什么？
4. 什么是绿色企业家？
5. 什么是亲环境行为？什么是旅游不当行为？
6. 如何成为负责任旅游者？

第十章
旅游韧性和危机管理

学习目标

阅读本章后,你应该能够:
1. 了解危害的定义和类型。
2. 了解灾害的定义、类型及其对旅游的影响。
3. 了解危机的类型。
4. 了解脆弱性、适应能力和韧性等概念。
5. 了解韧性和可持续性的异同和关系。
6. 了解目的地、组织、个体韧性的内涵。
7. 了解危机管理。
8. 意识到提升心理韧性对个人成长和职业生涯发展的重要性。
9. 树立危机意识。

著名德国学者贝克指出我们正处于风险社会(Risk Society)之中。世界各地的危机和灾害数量的增加,不仅加剧了人们出行的风险,还对旅游业产生重大且持续的影响。因此,我们必须知道如何与它们"打交道"。本章介绍了危害、灾害和危机,以及脆弱性、适应能力和韧性等概念,并提供了旅游脆弱性和韧性指标,让我们能根据这些指标去衡量目的地、组织和个体的韧性。

第一节 危害、灾害和危机

一、危害

国家、社区、组织和个人都处于一个多样化且不断变化的环境中。虽然这种环境可以为组织提供成功和发展的重要机会,但它也可能带来重大的威胁和挑战。危害(Hazard)指的是各种潜在的伤害源。物质、事件或环境对健康、生命、财产或任何其他有价值利益造成实质或潜在损害时,都可能构成危害。一般来说,危害有两种类型:冲击和压力源。冲击指快速发生的事件,通常只持续很短的时间,但具有潜在的破坏性。例如,地震瞬间所产生的破坏力就是典型例子。相比之下,压力源是缓慢发生的事件,虽然事件开始时人们几乎难以察觉,但与快速发生的事件相比,它们的破坏性可能会不相上下,甚至更大。例如,蓝藻在温暖、营养丰富的水体中,可以从几个细胞开始快速生长,并在一个地区的水体表面停留很长一段时间(可能持续几天、几周或几个月)。如果不采取措施,则可能影响水体生态及水体附近居民的日常生活,滇池、太湖都曾出现过类似的问题。

二、灾害

(一)灾害的定义和类型

灾害是对能够给人类和人类赖以生存的环境造成破坏性影响的事物的总称。灾难的破坏性后果往往超出当地自我救援能力,需要请求外部援助。灾害往往由自然造成,但也有人为原因。紧急灾难数据库(Emergency Events Database,EM-DAT,国际上较为重要的灾害数据资源之一)的灾害标准如下:10人及以上在灾害中死亡;100人及以上受到灾害影响;宣布紧急状态;呼吁国际援助。

我国按直接死亡人数和直接经济损失两个标准划分地质灾害:①小型。死亡人数小于3人;直接经济损失小于100万元。②中型。死亡人数少于10人,多于3人;直接经济损失小于500万元,大于100万元。③大型。死亡人数少于30人,多于10人;直接经济损失小于1000万元,大于500万元。④特大型。死亡人数大于30人,直接经济损失大于1000万元。

如果旅游目的地发生灾害,则会给当地居民和游客的生命财产安全和经济社会生活带来重大危害,主要的灾害类型如下:①洪水(Flood),泛指水流从河道溢出,流到洪泛平原、沿岸、湖泊或水库,导致水位高于正常水平,以及在降雨地点或附近的积水。②地震(Earthquake),指地壳板块沿地质断层的突然运动,并伴有地面震动。③海啸(Tsunami),由海底地震、火山爆发、海底滑坡或气象变化产生的破坏性海浪。④极端温度(Extreme Temperature),指一段时间内某一地区达到的最低和最高温度。前者是极端最低温度,后者是极端最高温度。有时它也指同一时期温度空间分布(一般指水平分布)中的最高和最低值。⑤滑坡(Landslide),指斜坡岩土体在重力作用或有其他因素参与影响下,沿地质弱面发生向下向外滑动,以向外滑动为主的变形破坏。⑥干旱(Drought),指长时间降水异常少,导致人类、动物和植物缺水的现象。干旱不同于大多数其他灾害,它发展缓慢,有时甚至需要数年时间。干旱不仅仅是一种物理现象,而是与人类活动和供水需求紧密相关。⑦火灾(Fire),指指在时间或空间上失去控制的燃烧所造成的灾害。⑧火山活动(Volcanic Activity),指与火山喷发有关的岩浆活动,包括岩浆冲出地表、产生爆炸、流出熔岩、喷射气体、散发热量、析离出气体、水分和喷发碎屑物质等活动。⑨群众运动(Mass Movement)。它指以群众为基础,进行某种诉求而展开的一连串行动。上述这些灾害都会对目的地和游客安全造成影响。例如,2017年地震对九寨沟的影响,2004年海啸对东南亚旅游业的影响。

2005—2014年全球灾害类型对人类的影响(年平均值)

灾害类型	发生次数	罹难人数	受影响人数
洪水	171	5938	85139394
风暴	99	17778	34888330
地震和海啸	25	42381	8401843
极端温度	24	7232	8755064
滑坡	17	923	299127
干旱	15	2030	35427852
火灾	9	73	193534
火山活动	6	46	136103
群众运动	1	23	373
总计	367	76424	173241621

(翻译自Hall、Prayag和Amore,2017)

(二)灾害对旅游的影响

旅游业正日益成为许多的地方,特别是欠发达地区的经济增长支柱。自然灾害型重大危机事件以其突发性和不可控性往往会给区域旅游业的发展造成剧烈的冲击,而且自然灾害发生后受损程度严重的旅游景区恢复较缓慢,灾后灾害旅游景区对非灾害旅游景区存在负面的联结性波及、整体性波及和泛化性波及效应,导致游客流失严重(吴家灿、李蔚,2013)。例如,研究显示:汶川地震使四川省入境旅游业遭受严重损失,2008年国际旅游外汇收入比预计值减少4.2亿美元,下降幅度达到73.4%;地震对该省入境旅游业的影响持续到2010年,直至2011年才基本恢复到震前水平。

自然灾害导致开展户外游憩活动的风险与不便性增加,使得旅游供给和需求产生了变化。举例来说,由于气候变迁,山区、森林、溪流、海岸、湿地等的自然环境与动植物生态受到了影响,这使得在那些地方开展的旅游活动特别容易受到冲击,人们不得不开始寻找替代的旅游地点或户外活动,改变原有参与形态,或重新考虑活动类型与场域。此外,气候变迁带来的新天气系统和极端天气模式,使得某些旅游活动风险加剧,甚至消失,对游客的生命财产安全造成严重威胁。

三、危机

危机必须包含三个要素:一是它能够引发重大且无法改变的事件,或具有引发重大且无法改变的事件的潜力;二是危机发生后组织无力应对这种改变;三是危机对组织基础存在威胁。导致旅游危机的原因多种多样,既包括上面提到的自然灾害,也有很多社会、经济事件,这些事件会影响客源地和目的地的旅游需求和供给。具体危机包括:

(1)经济危机。经济下滑和衰退、汇率波动、市场信心丧失和投资资金撤出。2008年的金融危机和随之而来的全球经济萧条是千禧年以来影响国际旅游的最重要的经济事件。与2008年相比,全球2009年的外国游客人数和收入分别下降了4%和6%。亚太和撒哈拉以南非洲相比其他地区影响较低,但所有地区都受到不同程度影响。就我国而言,到2011年底各客源国或地区到中国旅游人数均未恢复至预测水平(吴良平、张健,2016)。

(2)社会和政治危机。战争、政变、国际关系恶化、实施制裁和恐怖主义(冯四朵、白凯,2016)等,都可能导致旅游目的地的危机。此外,国内动乱频发、犯罪与暴力事件的增多,以及旅游业公共事件(祁凯、杨志,2018)或服务失误导致的形象危机(谢礼珊、高腾,2017)等,也会导致旅游目的地的危机。

(3)自然危机。如地震、台风、火山爆发和洪水等自然灾害。自然灾害往往导致基础设施、通信设施受损乃至瘫痪,电力和水的供应中断。这使得从受影响地区疏散游客变得十分困难。

(4)健康危机。如公共卫生事件和严重传染病。例如:2009年,甲型H1N1流感使旅游业遭受了的严重损失;2014年和2015年,埃博拉病毒袭击影响了非洲的旅游业,导致其2015年旅游收入下降;2016年,拉丁美洲和加勒比地区出现的寨卡病毒给旅游业造成了巨大的损失,同年登革热的全球流行对经济造成了更为严重的影响。

(5)技术危机。如交通事故和IT系统故障等。例如,2006—2015年,全球共发生65起致命飞机事故,每百万次起飞发生0.29起(波音公司,2016)。

大多数危机无法预料,这意味着没有一个地方可以免受危机影响,因此,人们必须了解突发事件的性质,预测其可能的演变过程及规模。此外,危机的持续时间可能会有很大差异。比如地震会突然发生,而另一些危机则可能需要很长时间才能形成。然而,无论是哪种情况,危机的后果都是长期的。例如,目的地遭受自然灾害后,重建基础设施可能需要数年时间,负面印象的消除也需要付出长期的努力。相比之下,虽然硬件设施可能在政治和社会动荡中相对保存完好,但人力资源和商业网络等软件设施可能需要很长时间才能恢复。

第二节 旅游韧性

一、脆弱性

脆弱性是指一个目的地因意外暴露于风险中而可能遭受损害的程度,即暴露度、敏感性和适应能力之间相互作用的产物。

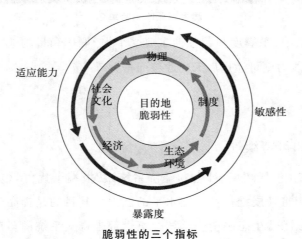

脆弱性的三个指标

(翻译改编自 Alvarez、Bahja 和 Fyall,2022)

(1)暴露度。暴露度是指个人、家庭、社区或旅游目的地受到潜在灾害风险影响的程度,包括灾害的规模和发生频次。比如,我国浙江、福建、台湾、海南的旅游景区相比四川、贵州的旅游景区就有更高的台风暴露度。又比如,面对火灾的威胁,旅游目的地的暴露因素包括目的地人口(密集还是稀疏)、生物物理环境(干旱地区还是多雨地区)和建筑环境(木结构还是砖石结构)等方面的特征(Pyke、De Lacy 和 Law 等,2016)。

(2)敏感性(易感性)。敏感性是指个人、家庭、社区或旅游目的地对于社会、经济、政治和生态条件变化的反应程度。例如,位于浙江温州的景区虽然都受到同一场台风的影响,但相比位于城区的景区(如五马街),位于山区的景区(如雁荡山)受到台风的影响更大。

(3)适应能力。适应能力是指在短期、中期和长期内,个人、家庭、社区或旅游目的地对压力源做出反应的能力。例如,在2013年的森林火灾中,哈里特维尔(Harrietville)高水平的火灾管理(快速的反应、充分的准备)对减少火灾危害发挥了关键作用(Pyke、De Lacy 和 Law 等,2016)。

澳大利亚哈里特维尔

上述三个变量中,暴露度和敏感性主要受个人、群体和目的地先天自然(生理)条件的限制,而适应能力则可通过后天的改善而提升。

二、韧性

(一)韧性和可持续性

韧性是指系统(包括环境、社会和经济系统)从极端干扰(困难)中迅速恢复的能力。可持续性是指将发展维持在一定水平的能力。其目的是提高生活质量的同时避免自然资源枯竭以维持生态平衡。这两个概念都强调从系统的角度来看待当前人类面临的变化问题。它们在空间和时间两个尺度上存在差异:韧性往往聚焦于较小的空间范围与较短的时间尺度,而可持续性则着眼于更广阔的空间与更长远的未来。在社区发展背景下,可持续性倡议往往侧重于保护传统的资源利用方式。相比之下,韧性注重适应新条件、创新性地运用传统知识、创造新的环境知识,以及改善生活条件和就业状况。韧性倾向于关注系统的过程,而可持续性则主要关注系统的结果。此外,两者在决策中也存在差异。研究发现,可持续性这一概念在政府文件中较为常见,而韧性的概念则是在近年来才开始在官方文件中出现。关于韧性和可持续性的关系,Marchese、Reynolds 和 Bates 等人(2018)总结了三种观点:①韧性是可持续性的组成部分。具有韧性的系统可以更好地实现和维持可持续发展。②可持续性是韧性的组成部分。具有可持续性的系统能够保留更多的重要功能,在应对经济、环境和社会干扰时恢复得更快。③可持续性和韧性相互独立。可持续性和韧性之间可能存在负相关、不相关或正相关关系,这主要与具体的目的地的特性相关。

在旅游研究领域,旅游韧性通常被划分为目的地、组织和个体三个层次,深入研究不同层次的旅游韧性如何相互作用,不仅有助于提高我们对旅游韧性的理论认识,还有助于系统地增强旅游韧性。

（二）目的地韧性

世界旅游业理事会(WTTC)发布的《强化目的地韧性以使其具备可持续性》报告，将目的地韧性定义为适应外部冲击和危机的能力，旨在为未来发展形成准备更充分、更坚韧的生态系统。

目的地韧性受诸多因素的影响，具体包括：①旅游需求，如游客的偏好、旅游动机、消费能力等。②旅游供给，如目的地的旅游资源、基础设施、服务质量等。③政策环境，如政府的政策导向、法规制定、市场监管等。④自然灾害，如地震、洪水、台风等。⑤经济波动，如全球经济形势的变化、汇率波动等。

目的地韧性的提升需要采取以下措施：①加强风险管理。建立完善的风险预警和应对机制，及时发现并应对潜在风险。制订针对旅游业的应急计划，将旅游危机管理系统完全纳入国家和地方层面的灾害风险管理战略中。②提升基础设施。加大对基础设施的投入，提高旅游设施的抗灾能力和恢复能力。③优化旅游供给。丰富旅游产品种类，提升旅游服务质量，满足游客多样化的需求。④加强社区参与。鼓励社区居民参与旅游规划和开发，提升他们的获得感和归属感。⑤推动可持续发展。倡导绿色旅游、低碳旅游和生态旅游理念，加强环境保护和生态修复工作。⑥加强国际合作。学习借鉴国际先进经验和技术，加强与国际旅游组织的合作与交流。

（三）组织韧性

组织韧性是指组织在面对内外部环境压力、冲击和不确定性时，能够迅速调整自身结构、战略、文化和价值观，以确保其适应变化、保持稳定和持续发展的能力。它具体包括组织在业务中断后快速恢复，以及在危机（极端事件）发生前充分准备的能力。组织一般采取防御性或主动性策略来保证韧性。采取防御性策略时，组织会试图阻止负面事件发生，而采取主动性策略时，组织会采取行动让正面事件发生。根据组织的适应能力和准备能力，组织韧性可划分为资源型、高风险型、基于过程型、韧性聚焦型四种类型(Burnard、Bhamra和Tsinopoulos，2018)。

组织是否具有韧性，可以通过员工感知来了解。一般而言，具有韧性的组织具有如下特征：①未雨绸缪，面对逆境早做准备，遇到危机时会积极、主动、灵活应对。②重视员工，当员工犯错时，组织并不将此视为问题，而是将其视为从中学习并增强组织韧性的宝贵机会。③程序和实践中具有高度的可靠性和效率，这样的组织也被称为高可靠性组织。

	资源型 注重灵活性，以应对意外的干扰。 优点：能够快速评估不可预测的干扰，并通过即兴发挥制定适当的应对措施。响应取决于事件和操作类型。 缺点：资源高度密集，取决于个人的技能。由于缺乏过程管理，学习能力较差。	韧性聚焦型 长期战略导向。重点是对预测的业务中断进行详细规划，并分配资源以应对意外情况。建设有用于学习和预测的系统和过程。 优点：灵活、准备充分、学习能力强。 缺点：高度资源密集，需要与参与主体持续接触并改变过程。
敏捷 适应 僵化	高风险型 短期、操作导向。缺乏准备，没有灵活性。易受大多数干扰的影响，高度依赖个人应对干扰和即兴发挥的能力。	基于过程型 专注于为不同的业务中断制订严格的计划。 优点：为大多数可能发生的情况做好准备。能够通过新流程的实施来学习。 缺点：当不可预知的事情发生时很脆弱。相对僵化，资源再分配困难。

被动　　　　　　　　准备　　　　　　　　主动

组织韧性的类型

（翻译转引自 Burnard、Bhamra 和 Tsinopoulos，2018）

员工感知的组织韧性量表

序号	题项
1	考虑到其他人对我们的依赖程度，我们为意外情况制订计划的方式是适当的
2	我们的组织致力于实践和测试应急计划，以确保其有效
3	我们重视意外情况的应对
4	我们与危机中可能需要合作的其他人建立关系
5	我们对危机期间和危机后的重要事项进行了明确的排序
6	几乎没有什么障碍可以阻止我们与其他组织的良好合作
7	组织有充足的资源来应对一些意外的变化
8	组织中的人员致力于处理问题，直到问题圆满解决
9	如果关键人物缺位，总有其他人可以填补他们的空缺
10	如果遭遇危机，组织内部会有优秀的领导
11	我们能够以新颖的方式运用知识而闻名
12	我们可以快速做出艰难的决定
13	我们主动监督行业发展，对新出现的问题发出预警

（翻译改编自 Tonkin、Malinen 和 Näswall 等，2018）

组织韧性的提升是一个多维度的过程,涉及多个方面,包括建立韧性文化、优化组织结构、加强风险管理、提升员工福祉、加强团队协作等。对大多数旅游企业来说,提升韧性的最大的问题在于如何从注重资源储备和管理的预防策略,转变为更加积极主动的策略。因此,业务连续性管理(BCM)和企业风险管理(ERM)已经成为其提升组织韧性的基础。

(四)个体韧性

个体韧性是指在面对逆境、创伤、悲剧、威胁或重大压力来源(如家庭和情感问题、健康问题、经济压力)时,个体能够很好地适应的过程。韧性、乐观、希望和自我效能构成了个人的心理资本,心理资本是个人提高工作和学习效率,获得成功的关键因素之一。在心理学领域,关于个体韧性的解释存在三种主要观点。

第一种观点认为个体韧性是个体积极应对和适应逆境的特征或能力。个体韧性与自我韧性均与个体的特质相关。积极情绪是个体韧性的重要组成部分(Tugade 和 Fredrickson,2004)。积极情绪体验有助于提升个体面对困境时的适应能力(Folkman 和 Moskowitz,2004)。有韧性的个体可以从积极的情绪中形成应对策略,以及从日常的负面情绪中尽快恢复状态。

第二种观点认为个体韧性是一种可以发展和管理的现象,个人和社会因素都有助于提升韧性。个人因素包括年龄、性格特征、教育水平和过往经历等,社会因素包括家庭成员之间的情感联系、社区中的支持团体等。我们可以通过掌握应对策略和进行压力管理来提升个体韧性。

第三种观点将韧性视为一种结果变量,具体指个体从生理和心理压力中恢复的能力。

思考、讨论与分享

根据个性特征韧性量表,评估一下你的韧性。

员工韧性是个体韧性的一种具体表现形式。员工韧性指员工在工作中的适应能力和资源利用能力,它使员工能够更加自如地应对工作场所的变化和逆境。由于这种能力增强了组织在面对变化和遭遇动荡时适应和发展的能力(DuBrin,2013),组织必须更深入地了解员工韧性和有助于工作环境中发展韧性的因素。

到目前为止,有两种理论方法支撑了组织背景下个体韧性的研究:积极心理学和资源保护理论。积极心理学将韧性定义为心理资本的四个主要积极维度(自我效能、希望、乐观和韧性)之一。资源保护理论认为,人们有建立、保护和培养自己资源库的动机,以保护自我和维系自己的社会关系。韧性是员工在逆境中前进的最重要的积极资源,因此,组织需要采用更积极的方法来管理人力资源,例如减轻与变革相关的压

知识链接

个性特征韧性量表

力、加大对变革的支持力度等。提高员工韧性的人力资源管理实践包括维持员工的工作与生活平衡，提供员工援助计划，例如提供咨询、指导和变革管理，灵活安排工作，制定奖励和福利制度，以及推行多样性管理等(Bardoel、Pettit和Cieri等，2014)。

　　有韧性的员工具有如下特点：面对不利情况，他们不会做出强烈反应，而是会以平和、积极的态度去应对。他们能够从自己的工作中获得意义，感知到形势的紧张程度，并保持稳定的心态。他们会按照期望完成任务，避免给别人制造麻烦，同时表现出组织公民行为，向同事提供帮助并积极参与组织活动。

　　适应力强的员工热衷于追求新的知识和经验，并与他人建立更深的关系。探索新体验能激励他们在职场建立更广泛的社会联系，并积极参与工作以外的活动。此外，即使在面对困难的情况下，适应力强的员工也更有可能保持积极心态。

　　旅游从业人员每天都要面对不同的服务情境，韧性高的旅游从业人员能够更好地面对工作和生活中的挑战和压力，能够通过改变负面的想法来调整情绪。

员工韧性量表

序号	题项
1	我可以有效地与他人合作应对工作中的挑战
2	我成功地完成了长时间、高强度的工作
3	我能成功解决工作中的危机
4	我会反复评估自己的表现并不断改进工作方式
5	我能有效地回应工作中的反馈，甚至是批评
6	当我需要特定资源时，我会在工作中寻求帮助
7	当我需要经理的支持时，我会联系他们
8	我将工作中的变化当作成长的机会
9	我在工作中吸取教训并不断改进工作方式

（翻译改编自Tonkin、Malinen和Näswall等，2018）

　　作为个体，我们可以通过以下途径提升韧性：①寻找值得信赖和富有同情心的人，加入特定的兴趣团体，建立稳定的人际关系。②关注自己的身心健康，避免通过诸如酗酒、吸烟等不良途径来排解负面情绪。③通过帮助他人、坚持目标、不断发现并成就自我等方式提升存在的意义。④通过客观看待事物、接受变化、保持希望和总结经验等方式保持积极的想法。⑤学会寻求帮助。我们要学会与他人建立积极的关系，从社会网络的不同类型个体(如父母、老师、领导、朋友)处寻求帮助。

第三节　危　机　管　理

旅游业是世界上非常重要的经济产业之一,但它也是极容易受到危机或灾害影响的行业之一。这不仅是因为旅游业的许多部门相互作用,还因为旅游业在很大程度上依赖并受到许多外部因素的影响,如货币汇率、政治局势、可自由支配收入、环境和天气等。当危机或灾难发生时,旅游业、游客和当地社区都会受到影响,这些事件不仅会使客流量从特定目的地转移,还会使邻近地区或国家的客流量转移。因此,危机管理作为旅游业减少破坏、保障安全和抵御风险的一种重要手段,日益成为旅游研究中的一项重要内容。

一、危机管理过程

危机管理过程一般分为准备和规划、响应和恢复、结束和反思三个阶段(Ritchie 和 Jiang,2019)。

准备和规划阶段涉及的内容包括:主动的危机管理和响应,备灾和减少灾害影响,危机管理计划和策略,旅游危机和灾难规划策略,旅游危机规划的影响因素和预测因素,危机准备中的人力资源开发(内部利益相关者),危机领导(内部利益相关者),旅游业与应急机构和降低灾害风险的整合(外部利益相关者),危机预防方法,风险评估机制,危机学习,等等。

响应和恢复阶段涉及的内容包括:政府政策,环境恢复,旅游业重建,危机和灾难过后的营销策略和活动,旅游市场复苏,游客的误解和目的地形象(重新)定位,新闻媒体报道,营销信息,新的市场细分,资源管理(人力资源、财务),社区协作,小型企业复苏和业务弹性,恢复策略评估,等等。

结束和反思阶段涉及的内容包括:危机和灾难学习,组织学习,知识管理,目的地和组织韧性,等等。

二、危机管理主题

旅游目的地管理组织在危机管理中扮演着核心角色。Scarpino 和 Gretzel(2013)以这类组织为切入点,引入危机管理的概念,从多方面提出了危机管理的主题。

(一) 积极计划和策略制定

积极计划有助于我们在危机发生前解决问题,危机前的计划或准备工作是保证危机管理策略具有可操作性的基础。仅仅分析组织内某一潜在问题是不够的,我们必须全面分析所有问题可能造成的影响。要了解危机可能如何影响资源管理，要明确哪些资源是必要的、还要获得哪些新资源，以及如何在危机的不同阶段重新进行人员配置或让其承担多种角色。无论组织规模大小，制定危机管理策略是非常有必要的。

（二）环境调查和危机演练

组织应该系统地收集和分析相关数据，识别外部机会和威胁。当需要出现时，组织应依据收集到的信息调整策略与计划以作应对。组织及其员工不仅要在战略和精神上做好应对危机的准备，还要持续关注可能影响其在危机情况下反应能力的环境变化。这些变化可能源自内部，如一个部门的重组；也可能来自外部，如地方政府推行新政策。环境调查就是要了解哪些内外部资源是可用的，应该如何运作这些资源，以及如果这些资源发生变化，可能会出现什么问题及如何解决问题。同时，还要了解谁具备何种知识和技能，确定哪些人可以分担职责或进行交叉培训，以确保在危机事件中所有关键角色都能得到覆盖。

此外，组织在调查过程中获得的信息应被用于模拟危机场景，让员工能够提前进行演练，并检验当前的危机预案。规模较大的组织需要定期进行危机演练，而规模较小的组织可以每三个月举行一次简短的会议，根据当前的环境和新信息来进行各种可能的危机假设。

（三）战略评估与控制

战略评估与控制是在危机即将爆发或已经发生时采取的措施，包括不断评估形势以制定战略替代方案，实施这些替代方案并评估替代方案是否令人满意。这需要将现有的计划与当前的危机环境，以及组织及其内外部的利益相关者的需求进行比较，以便快速地做出有效的决策。然而，要在这个关键时刻做出有效的决策，人们不仅需要被赋予采取必要行动的权力，还必须明确他们承担的责任。为了制定和实施最佳的战略替代方案，保持沟通渠道的畅通与安全至关重要。这需要人们在危机中能够持续识别并克服可能影响有效沟通的社会、文化或行为障碍。

（四）危机沟通

危机沟通是危机管理的关键。每个组织都应该有一个详细的、不断更新的、全面的危机沟通策略，以解决内部和外部利益相关者的沟通问题。该策略需明确勾勒出组织内外部的沟通联系网络，并确立在危机事件中开放和维护沟通渠道的直接途径和程序。此外，组织应列出一份包含当前及潜在紧急利益相关者的完整清单，并确保所有员工对此有充分的了解。由于利益相关者众多，组织需要花时间与每个利益相关者沟通他们在危机管理中的角色。

（五）资源管理

资源管理是危机管理策略的基本组成部分。在危机爆发前的规划阶段，从人力到财力,所有资源都应被纳入管理范畴。这意味着组织需要花时间分析其日常运作所需的资源以及在危机中维持运作所需的资源。对旅游目的地管理组织而言,充分了解危机期间各部门运作所需的员工数量,并准确预估满足紧急需求或恢复营销所需预留的资金额度,进而实施有效的资源管理是至关重要的。

(六)理解利益相关者并与之合作

危机需要所有人携手合作,共同努力克服困难。从组织的角度来看,清楚地了解每个利益相关者群体的内外部组成、动态变化和能力有助于组织克服这些困难。具体来说,组织需要知道每个群体可以提供哪些技能、知识和资源。在危机发生前,组织可以通过绘制外部利益相关者关系图来确定哪些利益相关者提供哪些关键资源。例如,许多旅游目的地组织都会保留一份详尽的利益相关者清单,包含公司简介、联络信息及所能提供的服务等内容。在紧急情况下,如急需住宿和食物,或者需确定某些设施可以充当临时指挥所、临时医院或紧急集合点时,这种清单非常有用。

组织还需要与危机中涌现的新兴的利益相关者展开沟通及合作。这些新兴的利益相关者是组织平时不常打交道但在危机时期必须与之建立临时关系的利益相关者,如红十字会、民间紧急救援队伍等。新兴的利益相关者意味着组织在协调新关系和找到应对危机事件的方法时会面临一些新问题。组织可以根据危机的类型(如自然灾害或政治危机)对这些新兴的利益相关者可能是谁做出预测,并可以在危机开始前就拟好基本协议以及制定合作流程。

(七)问题解决和恢复常态

在危机期间,人们往往情绪高涨,可能会将自己的感受放在一边,以集中注意力共渡难关。一旦危机步入尾声,面对即将到来的光明,员工可能会十分激动,释放被压抑的情绪。同时,政府和救援组织提供的初步援助可能会逐渐减少,这将进一步凸显出各种资源短缺的问题。此时,组织必须密切关注员工及其他利益相关者的心理和情感状态。因此,组织可以在危机全面解决和恢复正常活动之前,对员工进行心理健康检查。此外,组织还应该花时间制定几个短期和长期目标,具体包括获取所有外部利益相关者的最新状态信息,以及制定危机后新的营销策略,等等。

推荐阅读

1. 约翰·弗莱彻、艾伦·法伊奥、大卫·吉尔伯特、斯蒂芬·万希尔《旅游学:原理与实践(第5版)》,东北财经大学出版社。

2. 张跃西《旅游危机管理》,中国旅游出版社。

问题

1. 简述危害的定义和类型。
2. 简述灾害的类型及其对旅游的影响。
3. 危机的类型有哪些?
4. 简述脆弱性、适应能力和韧性的概念。
5. 旅游韧性和可持续性的异同有哪些?
6. 目的地、组织、个体如何提升韧性?
7. 危机管理的过程分为哪几个阶段?

第十一章
旅游业技术和创新管理

学习目标

阅读本章后,你应该能够:
1. 了解信息技术的发展阶段。
2. 了解TILES模型和恐怖谷理论。
3. 了解大数据和人工智能的概念及其在旅游业中的应用。
4. 了解移动智能终端和社交媒体对旅游业发展的影响。
5. 了解物联网及其旅游应用场景。
6. 了解虚拟现实和增强现实技术及其对旅游业发展的影响。
7. 了解工业4.0、旅游4.0和智慧旅游的内涵。
8. 了解颠覆性创新的概念。

弗里德曼(Friedman,2017)指出技术、市场和大自然这三种力量在21世纪同时加速社会发展,对社会的许多重要领域产生了变革性影响。本章,我们将首先介绍信息技术发展的各个阶段,其次讨论了各种信息技术在旅游业中的应用,具体包括大数据、人工智能、近场通信、物联网、虚拟现实、增强现实等,以及介绍工业4.0和旅游4.0,最后介绍了创意、创新以及颠覆性创新。

第一节 信息技术和旅游业

一、发展阶段

半导体行业大致按照摩尔定律发展了半个多世纪,对20世纪后半叶的世界经济增长做出了巨大贡献,并驱动了科技创新、社会改革、生产效率提高。计算机、互联网、移动智能终端等技术的进步和创新,均离不开摩尔定律。同时,旅游业也得益于信息技术的蓬勃发展。1997年到2017年的20年间,信息技术和旅游业的发展可以分为两个阶段,而2018年至今,信息技术又出现了一系列新变化。

1. 数字化阶段(1997—2006年)

这个时代开始,互联网、局域网、浏览器、网页、电子邮件、电脑、移动电话和电子商务等名词逐渐变得家喻户晓。在互联网发展的初期,许多在线信息就是将已有的线下内容转化为数字形式,比如将景区的照片扫描后上传至网络。在个人层面,互联网的使用经历了从传统媒体(如电视、广播等)到基于超文本的媒体的巨大转变。

面对新的数字媒体,体验经济成为旅游学者和营销人员选择的重要范式之一,这表明技术可以帮助旅游业创造、展演和传播有意义的体验;而另一个重要范式则是长尾效应(Anderson,2006),它强调个性化、客户力量和小利润大市场。例如,在线旅行社虽然从每个人身上赚得较少,但能够通过赚很多人的钱来获得利润。数字化改变了价值创造的方式,使得旅游业能够通过互联网走向全世界。因此,旅游企业不仅要关注受欢迎的产品,还要关注那些被传统所忽视的产品。

思考、讨论与分享

哪些曾经非常普通的事物和地方通过互联网及在线营销变成了知名产品和景区?

2. 加速阶段(2007—2017年)

这个时代的标志是无线网络、搜索引擎、Web 2.0、平板电脑、智能手机、传感器、物联网、众包、开源、无人机,以及机器学习和人工智能等技术。在这个阶段,互联网上用户生成的内容大量增长、技术和设备快速发展,致使数据和信息呈现出指数级增长态势。虽然地区和代际之间的数字鸿沟依然存在,但不同群体能够广泛地使用互联网。与前一个阶段相比,人们通过互联网获取信息的方式已经从导航模式转变为搜索和订阅模式。各种主流社交媒体重新定义了互联网角色,使网络平台从发布模式转变为参与和社交网络模式。共享经济等新的商业模式出现,颠覆了许多行业生态。信息技术已经融入了旅游的方方面面。

在此背景下,由于人们在网络中产生大量数据,因此,旅游业面临的主要挑战在于寻找新的数据测量和分析方法,以便深入了解这个因技术创新而快速变化的世界。这些数据包括搜索引擎查询和排名、用户生成的内容(如在线评论、点赞等)、网络流量统计和社交网络数据。对这些由用户生成的大数据进行分析可以帮助我们解决市场细分、客户关系管理、产品设计和战略管理领域的一系列问题。例如,2023年"五一"假期之前,淄博地方政府通过用户搜索数据、本地客房预订数据提前判断客流规模、客源地分布,并据此制定游客疏导和接待策略,成功地平稳应对了客流高峰,避免了典型的负面事件的发生。

3. 过渡阶段（2018年至今）

近年来，一系列新兴科技应运而生，包括无人驾驶技术，餐馆、宾馆等场景中的服务机器人，可穿戴智能设备，虚拟现实技术，以及能够产生文字、图像或回应提问的生成式人工智能（如 ChatGPT、文心一言），等等。从实际应用的角度来看，为旅游目的地的游客提供最佳服务的智能系统日趋成熟。

北京首钢园无人驾驶小巴
（作者：N509FZ，CC BY-SA 4.0）

二、TILES 模型

随着 5G 移动通信技术的日益普及，人们的生活方式和许多行业的运作模式进一步发生着改变。移动通信技术被视为能从根本上推动旅游业和酒店业变革的技术浪潮。为了阐释移动终端如何借助环境数据打造无缝旅行体验，我们引入了 TILES 模型（Tan、Foo 和 Goh 等，2009）。TILES 模型中的 T（Temporal）代表随时间变化的数据；I（Identity）代表随身份变化的数据；L（Location）代表根据用户位置变化的数据；E（Environmental）代表根据用户环境变化的数据，如用户手机上的各种传感器和信号能提供有关天气、交通拥堵情况和等待时间等信息；S（Social）代表随用户社交环境变化的数据。各种信息技术通过游客手上携带的手机、平板电脑等智能终端及其安装的应用将各种信息集中在一起，能帮助游客轻松获取各种旅行信息，从而方便、快捷地做出旅行决策。

三、恐怖谷理论

恐怖谷理论（Uncanny Valley）是一个关于人类对机器人和非人类物体（如人偶）感觉的假设。1970年，日本机器人专家森政弘提出，由于机器人（包括虚拟类人"网红"）在外表、动作上与人类相似，人类可能会对机器人产生正面的情感。然而，这种相似程度达到某个特定阶段后，人们对机器人（虚拟"网红"）的反应会突然变得极为负面（不喜欢）。当机器人（虚拟"网红"）和人类的相似度继续上升，乃至跟真人几乎无异的时

> 知识链接
>
>
>
> TILES 模型维度及其具体内容

候,人类对他们的情感反应会再度回到正面,甚至对其产生同类之间的情感。与3D动画虚拟"网红"相比,类人更受欢迎,较不受欢迎的是2D动画虚拟"网红"。因此,通过类人"网红"将旅游场景的图像与理性信息相结合,可以吸引更多人关注(Xie、Magor和Benckendorff等,2023)。

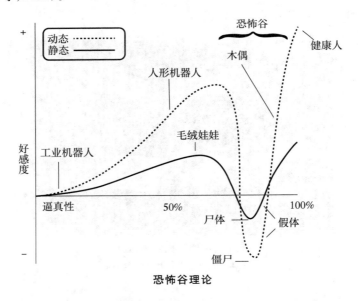

恐怖谷理论

四、不同类型信息技术在旅游业的应用

(一)大数据和人工智能

1. 大数据

大数据是宝贵的信息资产,能够提升我们的决策能力和洞察力,优化我们的管理流程(Çakırel,2016)。旅游行业运用物联网、数据挖掘、文本挖掘、自然语言处理、大规模数据集(大于1TB)的并行运算框架(MapReduce)、分布式系统基础架构(Hadoop)、非关系型数据库(NoSQL)等获取处理大数据。大数据具有以下特征:①多样性。大数据有结构化、非结构化、半结构化等不同形式,包括文本、图像、音频、视频和传感器数据(如空气监测站的空气质量数据)。②速度快。大数据的交换和传播主要通过互联网云计算等方式实现,速度惊人。③体量大。随着互联网、物联网、移动互联等技术的发展,人和事物的所有轨迹都可以被记录下来,数据呈爆炸式增长,需要分析处理的数据存储单位达到PB和EB,乃至ZB级别。④价值大。大数据可以帮助我们从大量不相关的各种类型的数据中,挖掘出对未来趋势与模式预测分析有用的信息。通过机器学习、人工智能或数据挖掘等方法深度分析,我们可以得到新规律和新知识,并将其运用于旅游领域,从而提高生产效率并推动科学研究的发展。

大数据对旅游业的促进作用主要体现在:

（1）提供新的、有竞争力的产品和服务。例如，Amadeus系统为客户开发了搜索功能，以提升旅游搜索体验；旅游搜索网站Hipmunk推出了为航班评分的Agony(痛苦)指数和为酒店搜索评分的Ecstasy(狂喜)指数。

（2）提供更好的决策支持和内部运营。例如，通过分析宏观经济和天气数据，航空公司可以预测消费者需求。又如，希尔顿酒店集团通过分析预订数据、客户资料数据，甚至客户在酒店内的设施使用细节，构建了客户画像。这些分析能够帮助企业更深入地了解客户，从而提供更加个性化的服务，增加回头客数量，提升客户满意度(Brar, 2019)。

（3）提供服务个性化。例如，美高梅国际酒店集团通过成功实施大数据分析优化了其个性化战略。该集团通过"M Life Rewards"会员计划，跟踪注册客户在集团旗下所有酒店的活动情况。借助社交媒体的大数据工具，该集团收入在三年内实现了大幅增长。又如，英国航空公司发现他们的客户群主要为忙碌、时间紧迫的专业人士组成，他们需要快速、简洁的搜索结果，因此，要通过深入的数据分析来提供相关的、有针对性的建议供客户考虑。

（4）提供收益管理和改进定价策略。例如，万豪国际集团利用大数据估算客房最优价格，其重点是开发相关算法，覆盖酒店连锁业务的各个层面，以实现更快、更准确的数据分析。此外，万豪的数据科学家不仅分析内部数据来预测需求，他们还将客户数据与从外部来源收集的半结构化和非结构化数据(如预测和活动安排)结合起来。万豪的这一战略使其能够优化其服务和产品，并根据市场需求灵活调整酒店价格(Karampatsou, 2018)。

大数据在旅游业中面临的问题：①数据隐私问题。大数据生成的信息中包含了大量个人隐私，因此，企业需要在保护用户隐私与提供便捷的应用和服务之间找到平衡点。例如，2020年某酒店集团泄露的信息里包含入住登记身份信息、开房记录等。②数据安全问题。黑客攻击、内部管理不善等都可能导致企业商业机密和客户数据泄露。例如，2018年某酒店集团的一个客房预订数据库被黑客入侵，导致5亿用户信息外泄。③数据歧视或客户歧视问题。旅游企业通过大数据建立客户画像时，可能会基于客户的生活数据实行价格歧视。例如，2022年曝光的某在线旅游平台的"大数据杀熟"行为。④数据集成问题。如果生成的数据来自不同的环境，具有不同的数据格式，则很难将其整合在一起。⑤软硬件问题。满足大数据交易的软硬件条件十分苛刻。⑥数据安全问题。在数据安全性和可靠性难以维护的同时，创建并执行相关的授权策略也是一项艰巨的任务。⑦人才短缺。旅游企业缺乏大数据分析方面的人才。

2. 人工智能

人工智能(AI)是计算机科学的一个领域，该技术致力于创造像人类一样工作和反应的智能机器。人工智能是通过机器，特别是计算机系统模拟人类智能过程(Şener, 2019)。此过程包括学习(获取信息和规则、使用信息)，推理(使用规则来获得近似或结论性结果)和自我纠正。具体的人工智能应用包括专家系统、语音识别和机器视觉。在旅游业中,人工智能应用中采用了多种人工智能技术(Udentify Blog,2017)。

人工智能在旅游业中的应用主要体现在:

(1)大数据分析。人工智能可用于快速分类大量数据并得出有关客户或潜在客户的重要结论。例如,多切斯特精选酒店集团利用人工智能,通过在线评论收集有关顾客的信息,进而评估酒店的整体服务水平。又如,易捷航空通过人工智能算法,根据需求自动确定座位定价,还可以分析历史数据,提前一年预测需求。

(2)营销。人工智能和大数据使酒店能够对客户进行精准定位。例如,不是每个人都对折扣敏感;一些客人更注重独特的服务体验,如品尝当地美食或享受VIP服务。借助大数据工具,营销人员可以向客户报出合适的价格,人工智能可以确保在合适的时间将产品准确地交付给合适的人。

(3)客户关系管理。人工智能可以通过信息、语音或视频通话、媒体广播、网页等多种渠道收集有价值的数据。旅游企业可以根据这些数据,与现有目标客户进行沟通,从而加强客户关系管理。

(4)机器人礼宾服务和虚拟礼宾服务。例如,在阿里的菲住布渴酒店(Fly Zoo Hotel),客人一旦进入房间,其专属的客房管家智能音箱就会唤醒,客人可通过语音控制室内温度、灯光、窗帘和电视等。

(5)区块链上的面部识别技术。旅行时,特别是出国旅行时,旅行证件需要反复审查。有了人脸识别技术,游客可以在过海关和登机时顺畅通行。当人脸识别技术与区块链相结合时,顾客可以通过面部扫描进行支付。

人工智能在旅游业的应用过程中面临的问题主要包括:①缺乏明确的商业模式;②缺乏相关技术人才;③需要收集大量数据以开发预测应用程序;④大多数旅游企业规模较小,缺乏开展人工智能应用的预算;⑤对人工智能系统构建缺乏清晰的认知,甚至将数据可视化等同于人工智能;⑥不了解人工智能运行的正确流程且没有管理能力。

(二)近场通信技术

近场通信(Near Field Communication,NFC)是一种短距离的高频无线通信技术,通过两个设备之间的磁感应来传输数据。近场通信的非接触式操作为用户提供了极大便利。拥有近场通信功能的手机用户可以轻松地共享文件、视频和照片等,还可以使用手机开房门、进行移动支付。

近场通信和射频识别(Radio Frequency Identification,RFID)基于相同的标准,但近场通信由非接触式射频识别及互连互通技术整合演变而来的,并不具备射频识别的远距离通信特性。两者的区别在于射频识别是单向数据传输,即从标签向阅读器传输数据,而近场通信则支持双向和单向数据传输。另外,近场通信的

近场通信标志

数据交换通常发生在智能手机之间,而非传统的射频识别设备。

近场通信和蓝牙(Bluetooth)都是基于移动电话的短距离通信技术,但它们之间存在一些区别。近场通信的传输距离比蓝牙短;蓝牙的传输速度比近场通信快;蓝牙比近场通信消耗更多电量;蓝牙要求设备配对,而近场通信则不需要;近场通信可与无源设备配合使用,而蓝牙则不能;近场通信的用途与蓝牙不同。

近场通信的优点包括:移动设备既可以用于存储信息,也可以作为近场通信阅读器;使用者无须了解有关技术,易于使用;传输距离短,安全可靠;提供基于位置的信息;等等。

近场通信在旅游中的作用主要体现在:使用智能手机进行移动支付;通过智能海报或博物馆文物标签提供信息;使用智能手机打开酒店房门;通过扫描带有必要信息的NFC标签免费访问无线网络;使用智能手机支付交通费用;等等。

(三)移动智能终端和社交媒体

1. 社交媒体的角色

社群媒体的兴起彻底改变了人们消费行为的模式,主要体现在三个方面。

首先,社交媒体改变了人们的旅游分享的习惯和出行方式。一方面,旅游分享已成为当下旅游者的行为偏好,越来越多的旅游者选择微信、QQ这类强关系移动社交平台进行分享(陈莹盈、林德荣,2020);另一方面,人们的出行角色也因为社交平台发生根本的变化。Kotler等(2016)指出游客从过去的AIDA[①]模式,转变为深受社群影响的5A[②]模式。游客在消费前上网询问口碑,以及在消费后主动分享体验心得已经变成常态。研究显示,1/3的消费者在选择餐厅时会参考网络评论,18—34岁的受访者中更有超过一半的人会将在线评论作为用餐决定的重要参考(Nakayama和Wan,2018)。在线评论让人们得以借由其他消费者的实际购买经验初步判断产品质量。因此,不论是餐厅、旅馆,甚至是提供服务的人员都有专属的评论平台。当然,也有研究者注意到,并非所有分享的内容都会对旅游意向产生积极影响,只有感知有用的内容才会对旅游意向产生积极影响,炫耀性的分享内容对旅游意向则无显著影响(熊伟、黄媚娇、陈思妍,2023)。

其次,携程等在线旅游平台对旅游行业产生了深远影响,为旅游企业和旅游目的地创造了许多新的机会。例如,在年轻群体对旅游空间叙事的个性化解构下,社交媒体加快了地域意象、影视景观、氛围感知、美食商业等类型的非景区"网红旅游地"的涌现,这些景区具有生命周期较短、无须前期景观改造与设施投入等特征(周梦、卢小丽、

[①] AIDA中,第一个字母A为Attention,即引起注意;第二个字母I为Interest,即诱发兴趣;第三个字母D为Desire,即刺激欲望;最后一个字母A为Action,即促成购买。

[②] 5A即认知(Aware)、吸引(Appeal)、询问(Ask)、行动(Act)和拥护(Advocate)。

朱静敏、张春燕,2023)。

最后,向消费者赋权。消费者的声音或电子口碑(eWOM),一般出现在社交网站、在线点评网站和新闻网站的评论区。在互联网发展之初,旅游企业通常选择忽视在线评论或回避消费者的问题。但2010年以来,旅游企业在社交媒体上积极且直接与消费者互动变得越来越普遍。例如,青岛天价大虾事件就体现出社交媒体提高了旅游消费者的社会支持感与权能感,使其敢于发声,产生增权的现象(罗秋菊、翟雪婷、丘力恒,2018)。

2. 社交媒体与游客的购买之旅

购买前:游客会花很多时间来研究他们想购买的商品和服务。这些研究大多在智能手机和平板电脑上进行,游客会利用携程、微信、微博、小红书、知乎、抖音等寻找关于旅游目的地、航班或体验的信息。

完成购买:一旦完成购买,游客会借助社交媒体制订更详细的旅行计划。例如,确定目的地之后,游客可能会继续搜索景区和餐厅,因此,旅游企业要确保与其他相关企业在网上建立链接,从而易于被用户发现。

现场使用产品和服务:在游客度假期间,应鼓励他们在使用社交媒体时分享所体验的产品和服务,并鼓励他们在微博或其他社交平台上打卡,从而使旅游企业在不同的网络平台上被标记和关注。

旅行结束后:人们通常乐于分享自己的假期经历。在游客离开时,可以直接询问他们是否愿意写评价,并与他们保持联系,感谢他们发布关于公司产品和服务的内容。

3. 网络负面评价应对

相较于无回应,企业进行在线回应可以显示其对客户的重视程度,提升潜在客户对企业的信任度(Sparks、So和Bradley,2016)。回应社交媒体差评的技巧如下:

(1)对评论做出回复。一定要对负面评价做出回复,因为其他客户会关注企业的反应,并可能根据这种互动来评估企业的客户服务水平。通过积极回应,其他人能看到企业确实关注客户的感受,并且愿意采取措施来确保他们获得良好的体验。

(2)通过私信方式联系用户。建议通过私信方式回应负面评价,这样企业就可以直接从客户那里获得更详细的信息。如果最终解决了客户的问题,企业可以请求客户在社交媒体上重新评价其服务,以改善负面评价的影响。

(3)避免找借口。不要为不良服务的发生找借口(如人手不足、电脑坏了等),而是要告诉客户,企业希望补偿他们,并采取力所能及的措施来改变客户的不好的评价。

(4)提供准确的联系方式。避免使用聊天机器人,通过更个性化的交流方式,让客户知道他们是在与真人沟通,而不是无法直接解决问题的机器人客服。

(5)重视客户的反馈。客户的反馈可能会突出企业已经存在的但被忽略的薄弱点。企业应考虑是否采取进一步的行动来防止这类问题再次发生。

（四）物联网

物联网是指日常物品、工具、设备或计算机的网络化互联(Chaouchi, 2013)。物联网可分为感知层、网络层和应用层。

感知层由各种传感器以及传感器网关构成，如二氧化碳浓度传感器、温度传感器、湿度传感器、二维码标签、RFID标签和读写器、摄像头、GPS等感知终端。感知层的作用相当于人的眼、耳、鼻、喉和皮肤等神经末梢，它是物联网识别物体、采集信息的来源，其主要功能是识别物体、采集信息。

网络层由各种私有网络、互联网、有线和无线通信网等组成，相当于人的神经中枢和大脑，负责传递和处理感知层获取的信息。

应用层是物联网和用户（包括人、组织和其他系统）的接口，它结合行业需求，以实现物联网的智能应用。在旅游业中，基于物联网的主要系统包括地理信息系统、全球定位系统、智能交通系统等。在目的地使用基于物联网的信息系统的目的在于丰富游客体验，保障目的地和游客安全，保护目的地的自然和文化资产，高效地利用目的地资源。

旅游业中基于物联网的主要系统

系统	功能
地理信息系统(GIS)	GIS能够捕获、存储、管理、操作、分析、整合和显示大量地理数据的信息系统
全球定位系统(GPS)	GPS以卫星为基础的导航系统，全天在全球任何天气条件下为用户提供定位导航和授时服务
智能交通系统(ITS)	ITS为远程信息处理系统，能提供来自独立地点的详细路况、交通引导和动态路线信息
基于位置服务(LBS)	LBS旨在基于用户的地理位置为其提供有针对性的信息。这些信息包括但不限于参观路线、就餐和住宿的地点，以及急救和保健服务等
虚拟现实(VR)和增强现实(AR)	VR和AR可以让人在不实际访问目的地的情况下，以视觉和互动的方式体验文化、历史和其他旅游景点
天气、气候及海洋变化预报系统(WCOCFS)	WCOCFS被用于申办活动，制定与恶劣天气的危害和风险有关的防范措施，向游客提供最新资讯，进行能源管理及处理其他相关问题
目的地管理系统(DMS)	DMS能通过多种渠道和平台整合和分销旅游产品
环境管理信息系统(EMIS)	EMIS能系统地收集、分析和报告与环境管理有关的信息，比如跟踪废弃物处理和排放情况，从而帮助企业改进环境管理
游戏化	游戏化是指将游戏设计领域中的方法和技术应用于非游戏领域

（翻译自Ali和Frew, 2013）

（五）虚实融合和元宇宙

1. 临场感

临场感是指我们是否在精神上脱离了现实世界，沉浸在虚拟环境中。它由三个维度构成。第一个维度是物理空间，我们可以允许用户通过身体运动来控制虚拟空间中的元素，以增强临场感；第二个维度是参与或深入程度，这是一种将注意力集中在某一特定事件或活动上的心理状态；第三个维度是真实性，它确保虚拟空间中的内容和活动可信、栩栩如生和自然。临场感是获得成功的虚拟现实体验的关键因素。

2. 虚拟现实

虚拟现实（Virtual Reality，VR）是利用电脑模拟产生一个三维空间的虚拟世界，提供用户关于视觉感官的模拟，让用户感觉仿佛身临其境，可以临时、没有限制地观察三维空间内的事物。用户进行位置移动时，电脑可以立即进行复杂的运算，将精确的三维世界影像传回以产生临场感。

典型的虚拟现实系统应该包含一台处理数据的计算机、一张显示图形内容的图形卡，以及一套允许用户控制的输入和输出设备（Riva等，2007）。其中，较重要的输入设备是跟踪用户位置的位置/运动传感器，而较关键的输出设备是头戴式显示器（HMD），它将用户的眼睛与外部世界隔离开来，使用户只能看到虚拟现实显示器上呈现的内容。声音设备则包括耳机和扬声器，耳机在半沉浸式及非沉浸式虚拟现实系统中尤为重要，而一些头戴式设备也集成了耳机功能；扬声器则在完全沉浸式应用中更有用，可以帮助用户获得更真实的体验。触觉输出设备则通过连接用户的皮肤或肌肉来增强体验的真实感。例如，在虚拟现实应用中，如果用户被推向右侧，触觉输出设备也会将用户推向右侧，使体验效果更加逼真（Whyte，2002）。然而，目前还没有实用的输出设备能够模拟味觉、嗅觉等复杂的人类感官。

虚拟现实在旅游方面的应用主要体现在以下几方面。

（1）创建虚拟现实培训课程（Upadhay和Khandelwal，2016）。例如，通过虚拟现实技术，管理者可以在不需要实际的工具或设备的情况下，一次培训更多的员工，同时与他们互动。又如，老师在教授旅游专业课程时，往往无法让学生真实体验到客房管理和登机等流程，而虚拟现实应用能够以切实可行且无风险的方式，在无风险的情况下，向学生传授知识。研究表明，虚拟现实技术在旅游教育中很有用（Marchiori和Cantoni，2015）。

（2）建设虚拟旅游目的地。虚拟现实技术所创造的沉浸感从感官上一定程度地模糊了虚拟和现实的界线，使游客增强了对目的地形象的感知，有助于他们与目的地建立情感联系（Pantona和Servidio，2001）。虚拟现实技术在创造奇观方面的潜力依然值得期待，因为它有可能创造出一种超越既定时空和超越个体存在本身的独特的真实体验,从而丰富现有的目的地旅游体验(甘露、谢雯、贾晓昕、周涛,2019)。

(3)保护古迹与环境。虚拟现实技术不仅可以重现历史场景,为游客提供沉浸式的体验,还能让他们感受到那些通常无法接触的古迹魅力。此外,虚拟现实技术也可用于旅游规划,通过空间环境可视化,旅游规划者、政策制定者和其他利益相关者能够共同关注旅游环境,并提出可持续发展建议。

(4)旅游产品营销和开发(赖勤、钱莉莉、应天煜、陈业玮,2022)。旅游业是一个人员流动性高和需求弹性大的行业,极易受需求变化的影响。例如,虚拟现实应用使游客能够体验极限生存等野外活动而无须承担实际风险,也能让摩托车爱好者更安全地享受骑行乐趣。酒店则可以通过虚拟现实技术向游客展示其客房、餐厅、游泳池、娱乐设施、水疗中心等。像Amadeus这样的企业还允许客户通过虚拟现实设备寻找航班、比较酒店价格并预订房间,以及体验当地景点。这些发现表明,虚拟现实技术在激发游客对目的地的兴趣和期待方面发挥了重要作用(Bogicevic、Seo和Kandampully等,2019)。通过虚拟现实应用,生产者可以在虚拟环境中测试产品或服务,从而更准确地了解消费者的反应。此外,虚拟现实还能帮助企业减少销售量和成本/利润平衡的压力,并密切监测消费者的行为。

(5)为游客带来全新的、丰富的旅游体验。虚拟旅游产品通过提供具有仿真性、丰富性和创新性特征的旅游情境,在旅游体验的不同阶段发挥作用,并激发由愉悦感、趣味感、满足感、惊奇感和获得感构成的游客幸福感。

3. 增强现实

自2016年《Pokemon GO》发行以来,增强现实技术(Augmented Reality,AR)在用户中得到了真正的发展,于是许多企业着手开发包含增强现实功能的应用。增强现实和虚拟现实的区别在于,虚拟现实是通过计算机生成一个完全虚拟的数字环境,而增强现实则是将数字信息叠加在真实世界之上,将虚拟信息与真实场景进行融合。增强现实技术之所以在旅游业中越来越受欢迎,主要是因为它能够帮助旅游企业吸引更多游客到访目的地。此外,增强现实技术可以确保游客随时获得所需的信息。

然而,与其他技术一样,增强现实技术也伴随着一定的问题,具体包括:①信息过载,即向用户提供过多信息。这会导致用户压力过大、犹豫不决,进而与增强现实利用实时信息实现快速行动的目的相悖。②知觉障碍,质量不合格的增强现实眼镜有可能对佩戴者的感知造成损害,并产生严重后果。③分散注意力,尽管增强现实能够向用户提供有价值的信息,但有时也可能导致用户分心。④隐私问题,增强现实设备不仅收集用户本人的数据,还可能收集通过设备观察到的其他人的数据,因此,随着增强现实技术的广泛普及,保护隐私将成为一大挑战。⑤安全问题,增强现实容易受到黑客攻击和恶意软件的未授权访问。

4. 元宇宙

元宇宙（Metaverse），是人类运用数字技术构建的、由现实世界映射或超越现实世界、可与现实世界交互的虚拟世界，具备新型社会体系的数字生活空间。尽管元宇宙目前仍处于概念发展的初级阶段，但它巧妙地融合了物理宇宙与数字宇宙，使用户能够在两者之间无缝穿梭。正因如此，文旅元宇宙将引发深刻的产业变革（冯学钢、程馨，2022），有望彻底改变旅游管理和营销方式。元宇宙可以通过数字孪生技术来强化目的地的认知、定位及品牌建设，同时加强协调和管理，为游客提供互动和参与的机会，从而有效地影响和改变消费者的行为。

五、无数字旅游

技术过度使用所引发的问题已经蔓延到了旅游领域。相关文献表明，在旅行中大量使用技术可能会对整个旅游体验产生负面影响，游客可能会在旅行中寻求"断开连接"。因此，学术界开始关注一种最近出现的、尚未被广泛认知的现象——无数字旅游（Digital Free Tourism，DFT）。研究发现，激励游客参与DFT的四个主要因素是逃避、个人成长、健康和幸福、关系。对这些人而言，无数字旅游不是一种不便，而是一种旅行选择（Egger、Le和Wassler，2020）。在一个没有数字技术的环境中，度假与个人管理、人际关系和体验方式密切相关，而不是被他人创造的技术所控制（Li、Pearce和Low，2018）。

第二节　工业4.0、旅游4.0和智慧旅游

一、工业4.0

机器人、物联网、人工智能、传感器、认知技术、纳米技术、互联网服务、量子信息学、可穿戴技术、增强现实、智能信号、智能机器人、大数据、3D和智能网络等新一代技术的普及等引发了第四次工业革命，即工业4.0。工业4.0正在改变企业制造、改进和分销产品的方式。企业正在将物联网（IoT）、云计算、人工智能和机器学习等前沿技术应用于其生产设施和整个运营过程中。这些智能工厂配备了先进的传感器、嵌入式软件和机器人，可以收集和分析数据并做出更优的决策。当生产运营数据与企业资源计划（Enterprise Resource Planning，ERP）、供应链、客户服务和其他企业系统的数据相结合时，企业能够打破信息孤岛，从而创造更高的价值。新一代技术的应用不仅提高了自动化程度，还实现了预测性维护和流程的自我优化，并且最重要的是将效率和对客户的响应能力提高到前所未有的水平。

二、旅游 4.0

旅游 4.0 是在中国旅游业不断发展与变革的背景下提出的,一个以现代科技为支撑、以消费者驱动为理念、以大旅游产业为核心的新时代旅游发展模式。它代表了旅游业的一个新阶段。这个阶段以互联网、物联网、大数据、智能化等现代科技为支撑,通过旅游供应链上下游利益相关者线上线下的平台化运营实现跨界融合,共同打造互利共赢的生态圈。简单来说,旅游 4.0 可以理解为在旅游领域使用工业 4.0 技术来提高旅游附加值,这些技术包括机器人、物联网、大数据和人工智能等。

三、智慧旅游

(一) 定义

智慧旅游是旅游信息化的高级阶段,其概念的灵感来自 IBM 的"智慧星球"和"智慧城市"。在我国政府的积极推动下,旅游业全面迈向信息化,致力于发展成为信息和知识密集型的现代服务业,预计用 10 年左右的时间实现以信息技术为基础的智慧旅游。智慧旅游是以融合的通信与信息技术为基础,以游客互动体验为中心,以一体化的行业信息管理为保障,以激励产业创新、促进产业结构升级为特色的一种旅游形态。智慧旅游技术涵盖云计算、物联网、移动通信技术、人工智能等多个领域,是这些技术的综合应用和创新,主要用于定位、导览和预订等方面。

在我国,智慧旅游主要体现在以下方面:利用大数据和数据挖掘技术对游客数量和流量、旅游偏好和消费结构进行预测;将智慧旅游概念融入目的地建设和景点管理;提供基于移动智能终端的目的地定位服务;开发适用于游客智能手机的应用程序;安装基于多种读卡技术和射频识别的目的地门禁监控系统;提供基于 GPS 的定位、导览和预订服务;引入基于增强现实和虚拟现实的展示和讲解系统;利用电子商务、移动商务、社交媒体及社交网络服务等渠道,开展创新的营销活动。

(二) 智慧旅游目的地

智慧旅游目的地具有如下特征:①信息化程度高。智慧旅游目的地充分利用现代信息技术,实现了旅游信息的数字化、网络化和智能化。②智能化服务丰富。智慧旅游目的地借助人工智能技术,为游客提供了一系列智能化的旅游服务。③互动性强。智慧旅游目的地通过社交媒体、在线论坛、虚拟现实等技术手段,为游客提供了丰富的互动体验。④个性化服务突出。智慧旅游目的地注重为游客提供个性化的旅游服务。⑤注重可持续发展。智慧旅游目的地注重利用先进技术推动旅游业可持续发展。

成为智慧旅游目的地的主要优势在于,通过创新和技术为目的地创造新的价值,进而提高竞争力和效率。为此,目的地需要优化资源利用,推动其三大支柱(环境、经济和社会文化)的可持续发展,提高游客体验和居民生活质量,并制定使当地经济更具活力的旅游发展战略,确保长期取得积极成果。

虽然智慧旅游目的地有很大的发展潜力,具有许多优势,但也存在一些挑战。其一,它需要相当多的投资来进行基础设施的建设和改造,还需要智能技术领域的专业人才。其二,基础设施的建设和改造,以及与世界其他国家或地区整合可能需要很长时间和其他投资。同时,居民和游客也需要时间适应这些新技术。这种社会变化可能带来许多挑战,如巨大的数字鸿沟、日益疏离的社群关系等。此外,由于目的地数据的收集来源广泛,其准确性可能难以保证。

第三节 旅游创新

一、创意和创新

创意是指一种能够产生有助于解决问题、促进沟通,以及娱乐自己和他人的想法、替代方案或可能性的行为(Franken,1982)。这一概念涉及创造性思维、创造性过程和创造性结果(Benneworth、Amanatidou 和 Edwards-Schachter 等,2015)。创造性的想法是原创性、实用性和惊喜三者相结合的产物,而非创造性的想法则往往是例行公事或习惯性的反应(Simonton,2016)。

创新是指基于现有的思维模式提出有别于常规思路的见解,利用现有的知识和物质,改进或创造新的事物、方法、元素、路径、环境,并能产生一定有益效果的行为,如生产新产品、引入新的生产方法、开拓新市场等(Schumpeter,1952)。定义创新的关键在于它必须是一个"新"的想法。

二、颠覆性创新

颠覆性创新是指通过引入全新的产品、服务或商业模式,从根本上颠覆传统市场格局,重新定义行业的竞争规则,从而显著改变现有市场或创造出一个全新的市场。经济学家约瑟夫·熊彼特认为,创新不仅能改善产品、服务和流程,还能颠覆一个企业甚至整个经济,带来新的机遇和挑战。

虽然创新可以改变旅游业,但并非所有的创新都是颠覆性的。颠覆性创新要么起源于低端市场,并向上游的高价值市场发展,或者在没有市场的地方创造了一个新市场。颠覆性企业瞄准被竞争对手忽视的市场,提供低廉的替代品。在旅游业中的典型例子是 Airbnb,它最初通过提供低价的住宿而吸引低端市场,但随着时间推移,爱彼迎已经通过提供更好的住宿条件而向高端市场拓展。

(一)在线旅行社

随着互联网和电子商务的发展与普及,在线旅行社应运而生,并改变了旅游业的分销渠道(Buhalis 和 Law,2008)。在线旅行社是指主要通过网站等数字化平台存在(即没有实体店面)的旅行社,它使客户能够在没有代理商帮助的情况下独立搜索、比较和预订旅游产品。

当在线旅行社进入市场时,世界上大部分地区的人们已普遍能够使用互联网。智能手机的快速普及更是进一步为人们提供了便利和自由,使人们可以不受时间或地理限制地获取有关旅游产品和服务的信息。在线旅行社在旅游分销渠道中的主导地位日益显著。例如,据统计,Expedia 和 Booking 占据了美国在线旅游市场约90%的份额(Quinby,2017);而在亚太地区,以携程为代表的在线旅行社占据了整个在线酒店预订市场约70%的份额(Hutchison,2018)。在线旅行社的兴起使得更多人不再需要依靠专业的旅行社来计划他们的旅行。

(二)点对点系统和共享经济

点对点(P2P)系统正逐广泛应用于旅游业。例如,Airbnb 已经将在线付费点对点旅游作为其商业模式的延伸;Eatwith 提供付费的点对点餐饮服务,使人能够向当地厨师预约美食体验;RVshare 提供付费的点对点房车租赁服务,使人能够从拥有闲置房车的私人车主那里租用房车。

随着 Web 2.0 时代的到来、智能手机的普及和闲置资源的过剩,共享经济迎来了蓬勃发展。Acquiera 等(2017)提出了共享经济的三个组织核心,分别为共用经济(Access Economy)、平台经济(Platform Economy)和社群经济(Community Economy)。共用经济的核心是共享那些未被充分利用的资源;平台经济侧重于通过数字化平台的去中介化交流让大众从中获取更多的知识或信息;社群经济旨在通过非制式化的群体彼此互相参与共同项目,在社群内部建立紧密联系,为了共同项目努力创造更大的价值。目前,很多领域(如交通、餐饮、物流、住宿等)都已经有共享平台。

一般而言,共享经济由十个部分组成:①人。人是共享经济的核心,也是商品和服务的提供者,还是创造者、合作者、生产者、分销商等。②生产。人、组织和社区以集体或合作的方式生产商品和服务。③价值和交易系统。共享经济基于物质或非物质激励。④分配。资源通过有效和公平的系统进行分配和再分配。⑤地球。共享经济不以牺牲地球为代价。⑥权力。共享经济在经济和社会层面赋予人们权力。⑦共享法律。在共享经济中,法律制定的机制是民主的、公开的和可利用的。⑧沟通。信息和知识是共享的、公开的,所有参与者都可以获得。⑨文化。共享经济促进以"我们"为基础的文化,在这种文化中,需要考虑更广泛的社区和更大族群的利益。⑩未来。基于共享概念的经济体系围绕着长期愿景建立,注重当前行动对未来的影响。

共享经济模式具有突出的优点,它以较低的价格提供商品和服务,为原本可能失业或没有什么钱的人提供收入,开辟一系列新的和多样化的市场,增强人们的社区感。但共享经济也有其负面作用,它破坏了旧有的市场规则,导致市场混乱,例如Airbnb不仅对低端酒店产生了负面影响,其对整个酒店主流市场的影响也越来越大(Dogru、Mody和Suess,2019)。此外,共享经济引发了许多人对隐私、安全方面的担忧;与传统市场相比,共享经济中的消费者拥有的权利更少,这种交易会带来一定程度的风险;共享经济依赖于所有参与方的合作。因此,对于旅游目的地和政府来说,共享经济这种颠覆性的商业模式带来了双重挑战。一个挑战是是否允许这些新的商业形式存在,另一个挑战是如何监管颠覆性创新者,以确保将旅游业的利益最大化。

推荐阅读

张凌云、乔向杰、晓波《智慧旅游的理论与实践》,南开大学出版社。

问题

1. 信息技术经历了哪些发展阶段?
2. 简述TILES模型和恐怖谷理论。
3. 简述大数据和人工智能在旅游业中的应用。
4. 移动智能终端和社交媒体对旅游业发展产生了何种深刻影响?
5. 什么是物联网?物联网技术在旅游业中有何应用?
6. 虚拟现实和增强现实技术有何区别?
7. 什么是工业4.0和旅游4.0?
8. 什么是颠覆性创新?

第十二章
旅游目的地管理

> 阅读本章后,你应该能够:
> 1. 了解旅游目的地的内涵。
> 2. 了解并掌握旅游目的地规划的流程。
> 3. 了解主客关系对目的地发展的意义。
> 4. 了解当地居民参与对旅游发展的意义。
> 5. 了解并掌握重要性-表现性分析。
> 6. 了解利益相关者的概念。

旅游目的地管理涉及环境、社会、经济、文化等多个领域,本章主要讨论了如何通过旅游规划完善旅游目的地,让旅游目的地更具吸引力,以及如何通过营销来提高旅游目的地的知名度和美誉度,等等。

第一节 旅游目的地

一、旅游目的地的定义

旅游目的地是游客进行消费的物理空间,消费对象包括配套服务、旅游资源等旅游产品。它不仅拥有物理边界和行政边界,还具备展现其市场竞争力的独特形象。旅游目的地包括以下六个要素(World Tourism Organization,2007):

(1)吸引物。吸引物是游客关注的焦点,往往可能为游客选择游览目的地的最初动因。它主要包括自然景观、历史文化遗产、现代旅游景观(如主题公园)和节事活动等。

(2)服务设施。服务设施即供游客使用的各种服务设施,包括公共交通、通信网络等基础设施,以及为游客在目的地消费提供直接服务的餐饮、住宿、娱乐、购物设施等。

(3)可达性。可达性是评估区域交通便利性的重要维度,涵盖外部交通和内部交通两大方面。目的地应该能够提供多种交通方式,以确保游客能够便捷地到达,并能够相对轻松地在目的地旅行。此外,签证、入境口岸和具体入境条件也是影响目的地可达性的重要因素。

(4)形象。目的地形象涉及独特性、景点、场景、环境质量、安全性、服务水平和人们的友善程度等方面。我们可以使用各种手段来提升目的地形象,如广告、品牌发布会、旅游媒体宣传、促销等。

(5)定价。影响定价的因素包括往返目的地的交通费用,以及住宿、景点、餐饮等的费用。此外,定价也可能基于其他经济因素,如货币汇率等。

(6)人力资源。旅游业是劳动密集型产业,对劳动力的依赖性较高,如导游服务、酒店接待、餐饮服务等核心业务,都需要大量的人力资源来支撑。除了训练有素的旅游从业者,当地居民也是提供旅游服务所不可或缺的要素。

二、旅游目的地管理

旅游目的地管理就是对旅游目的地产品和服务进行协调和综合管理。有效的旅游目的地管理需要基于旅游目的地愿景和旅游规划战略。旅游目的地管理是通过旅游目的地管理组织完成的。旅游目的地管理组织旨在协调众多利益相关者的工作,实现旅游目的地的愿景和目标。专业的管理方法可以帮助旅游目的地建立竞争优势,提高旅游收入,确保旅游业的可持续性,树立强大且充满活力的品牌形象(世界旅游组织,2007)。

具体而言,旅游目的地管理组织需要完成以下工作(Morrison,2019):

(1)领导与协调。旅游目的地管理组织应发挥领导者作用,协调好旅游企业、当地居民、游客等旅游利益相关者的利益分配。

(2)规划与研究。旅游目的地管理组织应定期协调旅游规划工作,并制定长期、中期和短期规划,让包括当地居民在内的所有旅游利益相关者参与规划过程。

(3)产品开发。产品开发涉及实物产品,以及工作人员、产品组合和活动设计等内容。①实物产品包括景点、建筑设施(酒店、餐馆等)、基础设施等。旅游目的地管理组织很少作为实体旅游产品的开发商和投资者,一般仅提供建议和指导。②工作人员对所有旅游目的地都很重要。工作人员与游客互动对于游客体验来说至关重要,旅游目的地管理组织需要协调好双方关系。③产品组合通常是由旅行社、酒店等共同完成的,有时旅游目的地管理组织也会参与其中。④活动设计对于增强游客体验是十分重要的。

(4)访客管理。旅游目的地管理组织需要与其他人共同承担管理访客的责任,从而保护游客、居民以及旅游目的地的自然遗产和文化资源。

(5)营销及推广。营销及推广是许多旅游目的地管理组织的重要工作,主要包括营销规划、市场研究、市场细分、推广和沟通、营销控制和评估等。

(6)伙伴关系和团队建设。有效的旅游目的地管理不仅取决于旅游目的地管理组织,还需要旅游目的地内其他利益相关者以及其他地方合作伙伴的共同努力。与其他组织和个人开展合作有助于建立社会合作网络,提升社会资本,获得信息和资金。

(7)社区关系和参与。旅游目的地管理组织应经常与当地社区沟通和互动,定期进行调查,了解居民对旅游业发展的态度。旅游业能否获得当地社区的支持,主要取决于以下几个因素:当地居民是否对旅游业的发展持积极态度,旅游业是否能为当地经济、社会及文化带来显著的贡献,以及旅游业对当地造成的负面影响是否较小。

思考、讨论与分享

如果你是村委会主任,在推动乡村旅游发展的过程中,你将如何让当地居民共享旅游发展成果?

第二节　旅游目的地规划

一、旅游规划的定义

旅游规划是一个以研究和评价为基础的过程,旨在优化旅游业对人类的福利和环境质量的潜在贡献(Getz,1987)。从时序上看,旅游规划通常分为短期、中期和长期三类。从空间尺度来分,旅游规划包括国际旅游规划、国内旅游规划、区域旅游规划,以及其他旅游地的土地利用规划。就规划的内容而言,旅游规划包括旅游发展规划、旅游区总体规划、旅游区控制性详细规划、旅游区修建性详细规划等。

二、旅游规划的内容

世界旅游组织(2018)指出,旅游总体规划应涉及目的地旅游的十个方面(交通、住宿、旅游活动、产品开发、旅游分区、营销和推广、体制框架、统计和研究、立法和监管、旅游服务质量标准)的具体行动,利益相关者的角色和责任,开发时序表,指示性预算,监测准则和成功标准。Morrison(2019)将他提出的成功的旅游目的地规划模型与世界旅游组织的上述建议相结合,确定了详细的旅游规划内容推荐主题。

旅游规划内容推荐主题

涉及方面	规划内容主题	详细的内容主题
知名度	营销和促销	目的地品牌化、营销战略
吸引力	产品开发	新产品、产品升级
可得性	营销和促销	分销渠道、信息技术
可达性	基础设施、旅游功能分区	机场和航空服务，公路、铁路和水路，旅游廊道和路径系统
外观	旅游分区、产品开发	目的地美化、抵达区规划
活动	产品开发、节事策划	节事活动(集体)、个人活动
保证性	旅游服务质量标准、旅游安全、基础设施、法律法规	质量保证规划、公共健康和食品安全规划、公共安全规划、运营规则
欣赏	人力资源、社区态度	接待技能培训、外语培训、社区居民态度
行动	统计数据和研究	长期规划和营销规划
责任感	制度框架、统计和研究	组织结构、绩效评估、旅游市场统计数据和经济影响
住宿	住宿设施	酒店、特殊类型的住宿设施(如露营地)
行动者	利益相关者的角色和责任	明确规划执行的责任
永续性	政策	可持续旅游政策、可持续性旅游规划
分配	预算	预算需求、资金来源
成就	时间线/时间框架	执行规划和达成目标的时序表

(改编转引自Morrison,2019)

三、旅游规划的流程

为了确保旅游目的地的可持续发展，需要通过制定旅游规划来实现有效管制。一个完善的旅游规划可以为旅游业的成功发展提供指导，可以确保旅游业不同部门的适当整合；有助于减少旅游发展的负面影响(如环境污染等)或降低成本，有助于保护自然和文化旅游资源，也有助于开发新的旅游产品。制定旅游规划的主要流程如下(Morrison,2019)。

(一)背景分析

背景分析即对现有目的地产品、旅游市场，以及与旅游相关的政府政策和规划的分析。当这些内容得到充分分析后，就可以确定目的地的优势、劣势、机会和问题(即SWOT分析)。

(二)详细研究和分析

具体内容包括旅游资源、活动、市场和竞争对手。这一步骤会产生一些重要的结论,包括旅游资源配置情况、竞争优势和劣势,以及对潜在市场的研究结果。例如,《绍兴市"十三五"旅游业发展规划》指出,该市旅游"六要素"发展不平衡,特别是"行、购、娱"存在明显"短板"。

（三）信息综合和设定愿景

根据前两步的分析和结论确定产品开发、市场营销、旅游目的地管理组织、社区对旅游的认识和旅游业的支持服务等发展现状,然后确定未来发展愿景。在陈述每个愿景时,还需要提出实现该愿景所必须满足的关键条件。例如,绍兴市的愿景是整合"古城水城""历史人文""山水生态"三大要素,挖掘古城文化,重建江南水城,做精美丽乡村,加强古城文化与山水生态的横向互补联系,增强旅游产品线路的互补性设计,不断丰富旅游产业要素,提升旅游产业的综合竞争力。

绍兴古城鲁迅故里景区
（作者:Gisling,CC BY 3.0）

（四）目标设定和策略选择

其一,以定位和愿景为基础,确定目的地旅游发展的长期目标。确定目标后,再明确实现目标的备选策略。其二,确定目的地旅游发展的短期目标,短期目标比长期目标更容易衡量。例如,《"十四五"旅游业发展规划》提出,到2025年（近期目标）,文化和旅游深度融合,建设一批富有文化底蕴的世界级旅游景区和度假区,打造一批文化特色鲜明的国家级旅游休闲城市和街区,红色旅游、乡村旅游等;到2035年（长期目标）,以国家文化公园、世界级旅游景区和度假区、国家级旅游休闲城市和街区、红色旅游融合发展示范区、乡村旅游重点村镇等为代表的优质旅游供给更加丰富。

（五）制定规划

以长期目标、选定的战略和短期目标作为基本框架来制定规划文件,详细说明如何实现每个目标,明确流程、活动、利益相关者的角色及资金安排。规划在最终批准之前要准备好几个版本的草案。例如,《"十四五"旅游业发展规划》提出要形成党委领导、政府推动、部门协同、全社会参与、广大人民群众共享的大旅游发展格局。《绍兴市"十三五"旅游业发展规划》提出，市级财政要加强资金统筹，推动设立旅游产业发展基金，重点扶持市场主体、产品线路和旅游行业"三驾马车"（景区、旅行社、星级酒店），对重点旅游区域和重大涉旅项目实施倾斜。

（六）产生替代方案

运用创造性思维和头脑风暴法形成备选的发展和营销方案以实现目标，比如可以通过传统媒体投放广告，借助"网红"和社交媒体宣传目的地，以及利用节事活动和主流媒体直播提升知名度。在这个阶段很容易犯的错误通常是思维过于狭隘或过早地筛选出最终方案，最好的方法是向不同人群广泛征集备选方案，并听取建议。

（七）实施、监测和评估

应规定一套具体的行动方案，并明确规定各方责任和任务时间表；监测规划的实施进展，并定期评估规划目标的完成程度。受目标、市场条件及意外事件的影响，规划通常需要随着时间的推移而调整。因此，我们必须在规划工作中建立动态的监测和评估系统。《"十四五"旅游业发展规划》指出，文化和旅游部要加强对本规划实施情况的评估和监督检查，及时研究解决本规划实施过程中出现的新情况、新问题，重大情况及时报告党中央、国务院。

第三节 旅游目的地市场营销

旅游目的地市场营销是一个通过与潜在游客沟通，影响他们的目的地偏好、旅行意向以及最终目的地和产品选择的过程。旅游目的地市场营销是旅游规划实施过程的主要环节，旨在阐述旅游目的地的价值主张和愿景等，以帮助旅游目的地树立品牌形象。

一、目的地定位

目的地可以遵循三种方法来建立相对于竞争对手的优势：①成本领先战略，持续控制和降低成本，提高运营效率，从而使自身价格低于竞争对手的价格。②聚焦战略，专注于提供某种类型的旅游产品和服务。③差异化战略，为客户提供具有独特价值的产品、服务和体验，与竞争对手提供的产品形成区别。

（一）独特的卖点和独特的情感主张

区分目的地的关键是找到一个独特的卖点并加以推广，以便在目的地现有和潜在的客户心中塑造一个独特且有价值的旅游形象。在当前这个注重体验的旅游时代，随着众多新目的地涌入市场,除少数顶级的目的地外,大量的目的地难以通过其物理属性(如气候、地理位置、标志性建筑)来展现卖点。如果目的地没有独特的卖点,则可以将类似的产品组合在一起,打造一个销售亮点。

当前,在旅游市场上,能否吸引潜在游客选择某一目的地而非其他地方,关键在于他们是否对目的地及其价值观感同身受。因此,独特的卖点正日益成为独特的情感主张。

独特的卖点和独特的情感主张案例

目的地	独特的卖点	独特的情感主张
加拿大	个人探索的极致——"继续探索"	沉浸与逃离
印度	叹为观止的灵性发现和多样性——"神奇的印度"	冒险、灵性和神秘
马来西亚	亚洲文化精华——"马来西亚,真正的亚洲"	拓宽文化视野
新西兰	最未受破坏的自然、最真实的生活方式——"100%纯粹的新西兰"	回归自然

(翻译转引自世界旅游组织,2007)

(二)重要性-表现性分析

Martilla和James(1977)在分析机车业产品属性研究中提出"重要性-表现性分析"(Importance-Performance Analysis,IPA)。之后,这一方法被广泛应用于包括旅游在内的多个领域。IPA的关键目标是诊断性的,旨在识别对消费者而言重要的产品或服务属性(内容)及其表现效果。IPA用双轴四格图展示分析结果,其中纵轴代表产品或服务的重要性,横轴代表其表现性,可以用中点和重要性或表现性得分的平均值来确定分割的横轴和纵轴。

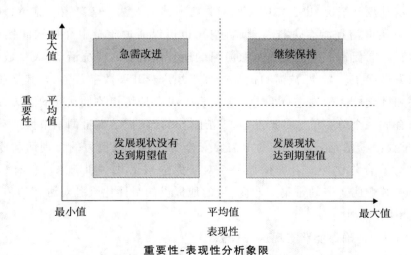

重要性-表现性分析象限

思考、讨论与分享

选择一个旅游目的地,运用IPA法分析其旅游吸引物、旅游设施、旅游服务、旅游可达性这四项属性的重要性和表现性。

二、目的地营销规划 PRICE 模型

Morrison(2022)提出的 PRICE 模型为目的地营销规划流程各要素提供了逻辑顺序。PRICE 模型将目的地营销的关键功能确定为规划(P)、研究(R)、实施(I)、控制(C)和评估(E)。这五个功能与目的地营销的五个问题相关。

(1) 我们现在处于什么位置？

回答这个问题需要研究目的地的外部环境呈现的趋势、机遇、挑战和威胁，以及回答如何在未来的营销策略和规划中利用或适应这些趋势、机遇、挑战和威胁。具体要解答的问题包括：目的地和竞争分析产生的主要问题以及未来如何改变以处理这些问题？如何应对游客的反馈和游客的变化？如何改进定位、品牌和营销计划？需要采取哪些措施来解决居民对旅游业发展的担忧？未来如何更有效地应用和传达目的地的独特卖点？

(2) 我们想到达什么水平？

基于旅游目的地管理组织在第一步中确定的趋势、挑战、机遇和威胁，考虑有关目标市场、目的地定位及形象等的多种选择。具体包括如下问题：营销优先针对哪些游客群体？如何使游客感受到目的地的独特性？未来一段时期我们需要完成哪些工作？

(3) 我们如何达到那种水平？

具体的工作包括：①定价。旅游目的地管理组织必须综合考虑定价的复杂影响。定价会决定其盈利情况，也会影响人们对物有所值的看法。②渠道。旅游目的地管理组织可以直接向潜在游客进行营销（直销），也可以通过旅游中介机构间接进行营销（间接分销）。③促销。促销一直是旅游目的地管理组织的传统活动，大多数组织很重视广告和人员促销。当前，旅游目的地管理组织广泛开展数字营销，尤其是通过网站、电子邮件和社交媒体软件进行推广。④组合。组合是将相关且互补的酒店、旅游服务和设施组合成一个单一价格的产品。产品组合对于调控游客量的季节性波动（高峰和低谷）很重要。⑤活动安排。目的地需要安排对游客有吸引力的特别活动或项目，如节事活动。⑥合作伙伴。合作伙伴关系对于促进信息共享和资源对接有积极作用。⑦人员。旅游业属于劳动密集型产业，目的地提供的个性化服务对游客的体验和满意度有很大影响。

(4) 我们如何确保能够实现这一目标？

主要工作包括：通过控制性评估或形成性评估衡量营销计划的实施进展，通过总结性评估衡量营销计划的最终实施效果。

(5) 我们如何知道是否实现了目标？

营销计划完成后，应进行彻底的评估。评估可以考虑以下三个原则(Faulkner,

1997):①适当性,指旅游目的地管理组织的目标和优先事项与其利益相关者的需求相匹配的程度。②有效性,指旅游目的地管理组织达成其营销目的和目标的程度。③效率,指旅游目的地管理组织在合理的成本及时间范围内完成营销计划的程度。

第四节　旅游目的地的利益相关者

一、旅游目的地利益相关者的定义

旅游目的地的利益相关者是指对旅游业有兴趣的个人或组织。其可以直接参与旅游业,也可以间接参与旅游业。以下是旅游业中一些较重要的利益相关者。

(1) 游客。游客是旅游业的主要推动力,他们的消费为企业和社区带来收入。

(2) 当地居民。居住在旅游目的地的人们可能会直接受到旅游业的影响,如交通量或噪声的增加;他们也可以从旅游业中受益,如获得就业或经济发展的机会。

(3) 环保团体。环保团体通常比较关注旅游业对环境的影响力,致力于帮助旅游业以可持续的方式发展和妥善管理。

(4) 旅游从业者。旅游从业者指在旅游行业工作,为游客提供各种服务的人或组织,如旅游企业经营者、导游、投资者、旅游目的地管理组织等。

(5) 旅游研究者。旅游研究者指在学术机构工作,对旅游目的地发展实践和理论感兴趣的学术工作者。

二、合作伙伴关系

旅游目的地利益相关者间的合作伙伴关系主要体现在以下几个方面。

(1) 合作促销,主要涉及营销和促销两个方面。

(2) 客户服务,即合作开展客户服务培训。

(3) 活动和节日赞助,即在各类活动和节日中寻求赞助机会,形成合作。

(4) 产品俱乐部(协会),即合作成立产品俱乐部(协会)。

(5) 职业发展和教育,即合作制订职业发展计划或为其他形式的旅游教育提供支持。

(6) 资助研究,即与其他机构共同出资开展特定研究项目。

(7) 战略营销联盟,即与其他合作伙伴之间签订长期协议,在一定期限内进行共同营销和促销。

(8) 可持续旅游发展,即参与和可持续旅游相关的联合项目。

(9) 旅游宣传,即合作宣传发展旅游业的好处及其对经济和社会的贡献。

(10) 网站和社交媒体,即在网站和社交媒体上合作开通并运营相关账号。

三、主客关系

旅游目的地的利益相关者间存在主客关系,为了改善这种主客关系,需要加强游客管理,减少游客的不文明行为,还需要增加当地居民的参与度,让他们从旅游发展中获益,并对目的地的旅游发展有发言权,从而支持旅游发展,提升其对游客行为的容忍度。

第五节 旅游目的地形象和品牌

一、旅游目的地形象

旅游目的地形象是指游客对目的地的所有客观知识、印象、偏见、想象和个人或群体对特定地点的情感思想的表达。旅游目的地形象对游客的忠诚度会产生直接影响(张静儒,2015)。

(一)形象要素

形象要素包括三点:认知、情感和意动(Gartner,1994)。不过,很多研究者在评估某个旅游目的地的形象时一般主要衡量认知和情感要素。

(1)认知要素。认知要素是旅游目的地形象的要素之一,被认为是对某个旅游目的地属性的评估的总和(Stylos 和 Andronikidis,2013)。旅游目的地的属性可以由地点和景点组成,这是因为认知形象的形成需要外部刺激的参与(Gartner,1994)。

(2)情感要素。情感要素与个人选择某个旅游目的地时的动机有关。因此,当游客在评估不同的旅游目的地时,情感要素会发挥作用,从而促使游客根据自己的喜好从景观特征相似的旅游目的地中做出选择(Gartner,1994)。例如,同样是古镇,游客对乌镇和西塘的不同情感会影响其最终的选择。

(3)意动要素。意动要素会直接导致选择行为发生。游客会在全面考量所有可用的信息后,选择一个目的地进行访问。因此,意动要素取决于认知阶段形成的形象和情感阶段发生的评价。

(二)形成过程

冈恩(Gunn,1988)构建了一个模型来解释旅游目的地形象的形成过程:积累关于旅游目的地的心理形象;通过各种途径获取更多的信息修改这些形象;决定去旅游;前往旅游目的地;在旅游目的地进行体验;回家;根据旅游经历改变对旅游目的地的形象认知。

上述模型涉及旅游目的地形象中的两个概念——有机（原生）形象和引致（诱导）形象。在形象形成过程的第一阶段，游客对目的地的认知主要基于一般知识（如书籍、口碑等），没有受到任何商业推广或旅游宣传的影响，这促使头脑中形成了有机形象。在形象形成过程的第二阶段，游客受到商业推广和旅游宣传的影响，对旅游目的地的形象认知发生了变化，这一阶段促使有机形象变成引致形象（Echtner和Ritchie，2003）。有机形象和引致形象的融合就是复合形象。一般来说，一个旅游目的地的形象越好，游客就越有可能选择这个地方。

在没有访问旅游目的地的情况下，游客对该目的地形象的建构主要受到三个因素的影响。这三个因素即不同的信息来源、旅游动机、游客的社会人口特征。不同的信息来源为游客提供了各种信息，而其他两个因素则高度依赖于游客的个人特征。

旅游目的地形象的形成过程表明，在游客到达旅游目的地并亲身体验之后，对旅游目的地形象的认知会发生变化。因此，在研究旅游目的地形象时，应考虑不同群体（访问群体和非访问群体）的不同意见。Gartner（1994）提出了旅游目的地形象形成的八个阶段。

旅游目的地形象形成模型

阶段	内容
显性引致Ⅰ阶段	对游客产生影响的因素，包括不同形式的广告
显性引致Ⅱ阶段	与旅游资源相关的代理商，包括旅游经营者、旅行社等
隐性诱导Ⅰ阶段	使用明星代言来扩大广告所产生的影响力
隐性诱导Ⅱ阶段	客观地建立的关于旅游目的地的故事
自主阶段	包括并非用于广告目的的电影和纪录片等
自动有机阶段	游客从以前访问过旅游目的地的其他人那里收到的他人主动告知的信息
主动有机阶段	个人从有目的地游览经历的朋友和家人那里获得信息
有机阶段	在游客亲自参观和体验目的地之后形成的目的地的整体形象

（翻译转引自Gartner，1994）

思考、讨论与分享

潜在游客通过网络问答获得的网友关于旅游目的地的评价所引发的形象属于什么形象？

二、旅游目的地品牌

目的地品牌是营销策略的基础，也是最重要的营销工具。目的地品牌不仅仅是一个标志、一种配色方案和一句口号，它体现了目的地的文化底蕴、人民风貌、历史遗产、传统与现代的生活方式、建筑风格以及自然环境。它包含着游客对目的地的全部感知和理解。

（一）旅游目的地品牌的重要概念

品牌定位，指在顾客心目中树立特定的、独特的形象。这涉及品牌管理，意味着一个目的地突出其有利资产。

品牌识别，指通过某些核心元素，能够清晰地表达价值主张，并能够让消费者很容易从众多品牌中将该品牌与其他竞争品牌区分开来的过程。

品牌忠诚度，游客对目的地的依恋程度。保持品牌忠诚度有四大优点：第一，留住老客户比吸引新客户的成本要低；第二，回头客能产生稳定的收入来源；第三，可以通过现有客户在朋友和家人面前传播目的地良好的口碑来吸引新客户；第四，在旅游目的地面临危机时，忠诚度高的游客不太可能将目光转向竞争品牌，这意味着组织有更多的时间来应对各种类型的危机。

品牌形象，指某个品牌在市场上和消费者心中所表现出的个性特征，它体现了消费者对品牌的评价与认知。旅游目的地的整体形象会影响游客的忠诚度，此外，游客的自我形象与旅游目的地形象的一致性也会影响游客的忠诚度，或者说游客更愿意前往那些能凸显其身份的旅游目的地。

品牌个性，指品牌所具有的独特"性格"特点。它是由一系列与人类性格相关的特征构成的，每个品牌都可以根据自己的市场定位和目标受众，选择适合自己的品牌个性。

思考、讨论与分享

请分别用三个词语来描述新疆、浙江、广东的地方特点。

品牌资产，指企业从其知名品牌的产品中获得的价值溢价。一个知名品牌的拥有者可以通过较高的品牌认知度获得更多的收入，这是因为消费者认为知名品牌的产品比不知名品牌的产品更好。Aaker(2009)创建了一个涵盖品牌资产所有组成部分的模型，该模型主要包括四个组成部分：品牌知名度(Brand Awareness)、品牌属性(Brand Attributes)、感知质量(Perceived Quality)、品牌忠诚度(Brand Loyalty)。

思考、讨论与分享

为什么某些古城的知名度比其他古城高？

（二）优秀旅游目的地品牌的特征

优秀的旅游目的地品牌通常具有一定的共同特征。

（1）有吸引力。一个优秀的旅游目的地品牌通常引人注目，其视觉元素对目标消费者具有强烈的吸引力。

（2）展现良好的服务体验。一个优秀的旅游目的地品牌通常能够明确展示消费者将获得的良好的服务体验。

（3）与定位一致。一个优秀的旅游目的地品牌所展现的形象必须与其定位相一致。

（4）具有个性特征。一个优秀的旅游目的地品牌要具有鲜明的个性特征。

（5）得到营销活动的支持。一个优秀的旅游目的地品牌能够有效整合营销活动并得到其支持。

（6）令人难忘。一个优秀的旅游目的地品牌不会轻易被遗忘。

（7）简单。一个优秀的旅游目的地品牌最好不要太复杂，因为消费者可能无法理解该品牌的理念。

（8）经受市场考验。一个优秀的旅游目的地品牌需要通过既定目标市场中具有代表性的人群的初步市场测试。

（9）方便网络传播。一个优秀的旅游目的地品牌要能够根据社交媒体时代受众的阅听习惯来设计并传播品牌。

（10）独特。与众不同是一个优秀的旅游目的地品牌能够在众多竞争对手中成功脱颖而出的关键。

（11）得到利益相关者的广泛认可。一个优秀的旅游目的地品牌必须得到利益相关者的认可。如果利益相关者不认可该品牌或者对它没有特别的印象，那么它成功的可能性就很低。

思考、讨论与分享

在全国各省（自治区、直辖市）的旅游宣传语中，你最欣赏哪一个，为什么？

（三）旅游目的地品牌发展过程

（1）品牌战略制定。制定品牌战略时，需要回答以下问题：为什么需要新的品牌？品牌建设的目标是什么？新的品牌将树立什么样的形象？品牌的目标人群是谁？

（2）品牌形象塑造。塑造品牌形象时，要使用简洁的文字阐述创意策略，可以包含徽标、配色方案、口号（或标语）和其他元素等。例如，"100% Pure New Zealand"（100%

知识链接

品牌重塑

纯净新西兰)于1999年推出,多年来一直稳居世界旅游目的地品牌前列。

(3)品牌发布与介绍。这是人们将一个新的品牌首次呈现在公众视野,并对其进行详细介绍的过程。人们通常会举行盛大的仪式,并将此作为一项重大公共关系活动。例如,2023年新加坡旅游局召开品牌发布会,以"心想狮城"(Passion Made Possible)品牌理念为基础,全新发布"Made in Singapore"(就在新加坡)品牌主题。

(4)品牌实施。这是品牌活化的过程。旅游目的地品牌一旦推出,就必须融入目的地并出现在与游客和潜在游客的每一次沟通和互动之中。这种融入要求品牌理念在实际中得到贯彻,而不是仅仅出现在宣传材料或视频中的模糊概念。品牌,作为一种承诺,承载着人们对目的地体验的期许,因此,无论是服务接触、体验设计,还是营销活动,都必须支持品牌实施。

(5)品牌监测与维护。品牌监测与维护,是指持续监测和分析品牌实施情况并据此进行品牌维护的过程。这种监测可以通过各种定性和定量方法来完成,包括内容分析法、问卷调查法和焦点小组法等。

(6)品牌评价。品牌评价的关键在于其是否实现了既定目标。进行目的地品牌评估时应该解决几个普遍问题:品牌是否提高了游客对目的地的认知度?品牌是否增强了游客访问目的地的意愿?品牌是否改善了目的地在游客心目中的形象?品牌是否为目的地创造了独特的竞争形象?品牌是否是目的地游客量增加或减少的重要影响因素?品牌在游客心中是否具有较高的记忆度?

思考、讨论与分享

浙江宁波的城市口号是"书藏古今,港通天下",请你调查10位非宁波籍的同学或亲友,了解他们对宁波城市品牌的评价。

推荐阅读

1. 保继刚、楚义芳《旅游地理学(第三版)》,高等教育出版社。
2. 吴必虎、黄珊蕙、王梦婷、谢冶凤《旅游与游憩规划》,北京大学出版社。
3. 张朝枝、陈钢华《旅游目的地管理》,重庆大学出版社。

问题

1. 旅游目的地的内涵是什么?
2. 简述旅游目的地规划的流程。
3. 主客关系对旅游目的地的发展有何意义?

4. 当地居民参与旅游发展有何意义？
5. 什么是目的地营销规划PRICE模型？
6. 什么是利益相关者？
7. 什么是旅游目的地形象？
8. 旅游目的地的品牌个性和品牌资产的内涵是什么？

课后任务

第十二章

第十三章
旅游企业管理

> **学习目标**
>
> 阅读本章后,你应该能够:
> 1. 了解旅游企业的特点。
> 2. 了解企业家精神的内涵,并有意识地将企业家精神融入工作、学习。
> 3. 了解旅游企业组织氛围的相关概念。
> 4. 了解师徒制的内涵。
> 5. 了解幸福感、职业倦怠、工作生活平衡等概念。
> 6. 了解旅游企业的战略与融资。
> 7. 了解并掌握旅游企业的商业模式。

旅游组织是促进目的地旅游业发展的主要动力,旅游企业是旅游组织的重要组成部分。旅游企业不仅具有与一般企业相同的特征,遵循一般企业的管理原理和流程,还因旅游业的特殊性而需要特殊的管理方法。此外,旅游企业的社会责任既是企业自身发展的内在要求,也对社会的发展具有积极贡献。

第一节 旅游企业和企业家精神

一、旅游企业

旅游企业提供旅游所需的基本服务,涵盖住宿、交通、景点游览、体验活动和餐饮等方面。旅游企业有助于推动社区的发展和繁荣,在旅游目的地扮演着"经济引擎"的角色。旅游企业中大部分为中小企业。它们是不附属于大公司的、独立的企业,且雇佣的员工数量低于一定标准。这个标准因国家而异:在我国,中小企业的划分遵循《中小企业划型标准规定》;在欧盟,中小企业的雇员上限一般是250名员工。

旅游企业具有如下特点:旅游市场进入门槛相对较低,即技能要求和启动成本较低,因此,旅游企业竞争激烈;旅游企业规模较小,发展相对灵活敏捷,适应能力强,在小众旅游市场(如医疗旅游、禅修旅游等)尤其明显;旅游企业同时面对本地和国际市场,因此处于快速变化的环境之中;等等。

我们一般可以通过以下方式经营旅游企业。

(1) 创建新企业。

白手起家有其优势和劣势。创建新的企业能够让自己成为老板,实现自己的理想。新建企业需要做好以下工作:建立企业愿景,明确市场需求,了解竞争对手,制定商业模式和营销战略,选择企业区位,确定公司的组织形态(如有限责任公司、股份有限公司),注册企业,获得税号,申请营业执照和各种许可(如卫生、消防等),开设公司账户等。

(2) 购买现有企业。

收购现有企业的优势包括具有更好的融资选择,企业已经有固定的市场,产品具有认知度甚至已经形成品牌,有相对成熟的供应链,能够直接使用训练有素的员工和经过验证的内部流程。购买现有企业的劣势在于,初期投入成本较高,技术和流程有可能过时,现有公司的声誉和文化难以在短时间内发生根本性改变。

(3) 投资现有企业。

投资现有企业的方式主要有两种,一种是股权投资,另一种是债券投资。股权投资指的是提供资金以换取企业的股份。通过这种方式,投资者成为企业的所有者,分享利润或承担亏损,甚至参与商业决策。债务投资是向企业主提供贷款,从而获得一定期限内支付的利息。企业家通过偿还贷款和利息,保持对企业的完全所有权。在投资现有企业之前,我们需要解决以下问题:商业计划和战略是什么?行业的现状和未来潜力如何?竞争格局如何?最大的进入壁垒是什么?企业需要筹集多少资金?企业持有多少股权、债务和负债?投资者什么时候可以看到投资回报?

(4) 继承企业(或接管现有业务)。

继承一家企业可能是一种巨大的荣誉,也可能是一种沉重的负担。继承企业时,我们需要:尊重前企业主,接受指导从而顺利实现权力的交接;了解整个公司的内部运作,不急于贯彻自己的管理理念;了解企业权力结构变化的细节及它们对底线的影响。

(5) 获得特许经营权。

很多旅游企业会选择获得特许经营权的方式。例如,希尔顿欢朋在中国市场的运营由希尔顿酒店集团与锦江酒店集团通过联手合作的模式共同开拓市场,希尔顿酒店集团提供有效的品牌价值背书,锦江酒店集团提供专业的运营和管理团队支持。

思考、讨论与分享

哪些因素导致了旅游企业竞争激烈？如何应对这个问题？

二、企业家和企业家精神（Entrepreneurship）

在长期的生产经营管理活动中形成的，以企业家自身特有的个人素质为基础，以创新精神为核心，以风险承载精神为标志的一种综合性的精神品质。具有企业家精神的人在审慎思考的基础上愿意承担个人和财务上的风险，以便不断提高成功的概率，有效平衡风险与个人回报（Timmons 和 Spinelli，2009）。企业家是指那些具备创建和管理企业的能力、能够承担风险并赚取利润的人。

企业家具有如下特点：

（1）能够承担风险。企业家需要有勇气，具备评估和承担风险的能力，这是一个创业者必不可少的素养。

（2）创新。企业家应该具有高度创新性。

（3）远见卓识和领导力品质。企业家应该对企业愿景有清晰的认知，同时，企业家的领导力也至关重要。

（4）思想开放。企业家要思想开放，善于把握机会。

（5）灵活。企业家应该有能力在需要时接受产品和服务的变化，能根据具体情况灵活调整经营策略。

（6）了解自己的产品和服务。企业家要知道企业现有产品或服务是否满足当前市场的需求，以及是否需要调整。

思考、讨论与分享

举例说明什么是企业"正确的成功之路"，什么是企业"错误的成功之路"。

根据不同企业类型，企业家可分为四种：①小企业家。他们常会雇佣家庭成员或当地人。旅游企业中的中小企业，如乡村的小型民宿主人就属于这种类型。②初创企业家。初创企业家通常敢于创新，敢于打破惯性思维。③大公司企业家。国内的一些知名旅游集团的 CEO 属于这个类型。④社会企业家。这类企业家专注于生产满足社会需求和解决社会问题的产品和服务。

第二节 员工与企业

一、企业层面

（一）内部服务质量

内部服务质量（Internal Service Quality, ISQ）是一线员工从企业其他部门获得的服务质量。它受各个方面的影响，如同事的支持和主管的关怀等。多年研究和旅游企业的最佳实践表明，对员工进行物质和情感投资会产生积极的效益。几乎所有表现出色的旅游企业都在员工发展和工作环境改善上花费了大量资源。研究显示，酒店内部服务质量系统包括三个部分（Wu、Wang和Ling，2021）：①管理系统，涉及管理过程、培训和薪酬；②社会系统，涉及协作文化、部门间沟通和服务型领导；③个人特征，涉及角色压力、移情能力和同事关系。

企业可以通过以下工作确保内部服务质量：雇用合适的员工，确保优秀员工及时得到认可和奖励，为员工提供高质量、有针对性的培训，或者快速有效地解决员工提出的问题。卓有成效的人力资源管理就像是催化剂，它能引发连锁反应，有利于提升企业内部服务质量。优秀的人力资源管理首先会影响员工对工作场所的积极感受，提升他们的满意度和绩效，员工的满意度又会提升客户满意度，继而提升他们的忠诚度，最终使企业利润增长。

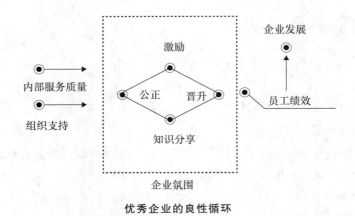

优秀企业的良性循环

（二）企业支持

企业支持是指企业为员工提供的奖励和援助服务。这些支持可以通过多种方式提供，如允许员工在工作中自由发挥创造力，或为员工提供充足的假期。

员工感知企业支持就是员工对企业所给予的情感支持形成一种整体性的知觉,这种知觉能够反映出企业对员工贡献及员工福祉的重视程度。主管的支持、同事间的互助以及鼓励员工建言献策的氛围等都会影响员工感知企业支持。

员工可以从公平对待、管理者的支持、工作奖励等方面感知企业的支持。管理者在工作场所可以采取多种措施构建企业支持系统,主要的方法包括倾听员工反馈、开展管理调查、提供员工激励。

(三)企业氛围

企业氛围是影响员工心理感受和绩效的重要因素之一,它是员工在工作和学习的过程中不断交流互动而逐渐形成的,被企业成员所感知,并影响成员动机和行为的环境氛围。企业氛围包括三个维度:①结构维度,即企业的结构;②交互维度,即企业成员如何互动;③感知维度,即个人如何感知企业内部的氛围。

企业氛围有多种类型。一般情况下,一个企业往往会融合多种类型的企业氛围,但通常会有一种氛围类型占主导地位。

企业氛围类型

类型	特征
以人为本的氛围	企业文化符合以人为本的价值观,企业高度关注员工及其成长
规则导向的氛围	企业设置了一套规则和结构,并高度重视遵守这些规则和关注个人细节
创新导向的氛围	企业不断改进和引入新的工作方式和流程(并鼓励员工也这样做)以取得创新成果
目标导向的氛围	企业优先考虑价值并注重过程中的每一个细节,以实现期望的目标

思考、讨论与分享

你比较喜欢哪种类型的企业氛围?为什么?

企业氛围是关乎团队能否发挥默契,彼此合作的重要关键因素。下面我们来介绍一下如何营造良好的企业氛围。

(1)找出激励或抑制员工的因素。有时,简单的行动会产生远远超出管理者想象的反应,这可能是企业氛围恶化的诱因,也可能是改善的契机。例如,为了降低成本,某些企业减少咖啡供应。但实际上,员工花5分钟时间边喝咖啡边聊天有利于缓解工作压力。没有这项福利,则可能会对企业气氛产生不利影响。

(2)团队精神和团结的集体。一个以实现共同目标为乐的团结集体对于企业的发展至关重要。为此,设定明确且可实现的目标是有效途径之一,同时,还要对那些表现突出的人予以肯定。

（3）宣传企业或团队的使命、愿景和价值观。让员工知道企业成立的原因、企业的发展方向，以及企业价值观。

（4）明确任务授权。如果没有做好任务授权，就会产生许多冲突，特别是当与有竞争力和积极性的团队一起工作时，一旦员工不清楚谁将承担最重要的任务、负责最具挑战性的项目或与最有潜力的客户合作，团队内部很有可能产生猜忌和不信任，或者出现人浮于事的现象。

（5）确保团队相信领导者的能力。要选择那些德才兼备的领导者，而不是凭借人脉让某些人成为管理者。如果某个领导者手下的所有员工都认为他不适合担任这个职位，那么企业应该及时调整团队的人员配置。

（四）师徒制

师徒制（Mentoring）能够实现知识和技能在新老员工之间的传承。企业中常用师徒关系来描述职场中资深员工与新员工之间的人际互动与经验交流的关系。师父指较为资深、有经验的员工，他们能为经验较少的员工提供工作上的指导，并进行心理辅导。师父与徒弟之间建立友好关系，有利于徒弟调整自我认知行为，快速适应企业文化与工作方式。此外，师父还能在生涯规划、人际关系及表现机会等方面，为经验较少的员工提供支持和帮助。师徒制发展历程一般分为以下四个阶段。

首先是启蒙阶段。此阶段是师徒关系确立的起点，也是徒弟开始规范学习的时期。此时，师父会将自身经验传授给徒弟并为其提供辅导；同时，徒弟会对师父产生依赖并将其视为榜样。除此之外，这一阶段也是师徒双方评估彼此搭档是否合适且具有发展潜力的重要时期。

其次是教导阶段。此阶段是师徒融和阶段，此时徒弟从师父身上学到了职场相关技能及价值观等，有效提升了自身的职业能力并在企业中不断进步（Anafarta 和 Apaydin，2016）。另外，师父也使徒弟更了解自身角色并给予徒弟心理支持。在这一阶段，徒弟通常处于依赖性学习状态，在职场上实践师父传授的技能，同时，师父提供的社会心理支持也有利于提升徒弟的心理状态与实践能力。

再次是分离阶段。此阶段为教学减少时期，随着时间的推移，徒弟已经成为能够独立自主工作的企业员工，从而减少对师父的依赖与相处时间。这一阶段，师父会因徒弟的成长而充满成就感，也会有种目标达成的感觉。

最后是重新定义阶段。此时，师徒关系结束，取而代之的是同事、双向学习关系的开始。此阶段师徒关系转变成为同伴关系，他们相互支持、激励，并为彼此的职业生涯提供相关建议。

思考、讨论与分享

你觉得职场中的师父会把所有的绝学都传授给徒弟吗？为什么？

在传统师徒制度中,徒弟可以向师父学习职场知识及技能,并在师父的保护下有效地展现自身能力,进而拥有更好的职业发展。具体包括:师父会向徒弟提供相关进阶晋升信息及渠道;会给予徒弟机会证明能力与才华;会向徒弟传授工作相关的技能与知识;会在职场中防止徒弟遭遇危险,使其具有安全感;会给徒弟指派具挑战性的任务,使其积累相关经验、提升个人能力。

同时,师父可将自身工作的价值观与感受传递给徒弟,并在徒弟面临困难时,如同朋友般给予辅助与支持。具体包括:师父会为徒弟树立一个榜样,以便徒弟能够仿效其工作行为及学习其价值观;徒弟在职场中面临困难时能够寻求师父的帮助;师父会将徒弟视为独立的个体,对徒弟有信心,相信徒弟能够胜任工作;徒弟在情绪低落或意志消沉时,能向师父吐露心声,并获得心灵慰藉与情感支持;师父会带领徒弟出席不同的社交活动,熟悉职场环境,建立人脉关系。

随着科技的飞速发展,年轻世代步入职场,信息科技得到广泛应用,传统师徒制也迎来了新的发展——反向师徒制(Reverse Mentoring),即资历较浅的员工在特定项目指导资历较深的员工,使得资历较深的员工从资历较浅的员工身上学到新的技能与知识。Murphy(2012)指出,反向师徒制的跨世代教导功能有助于个体与企业绩效的提升。

> **思考、讨论与分享**
>
> 你会选择什么样的师父?你会如何处理与师父的关系?

二、员工层面

(一)资源保护理论

资源保护理论(Conservation of Resources Theory,COR)描述了驱动人类既保持现有资源,又追求新资源的动机(Hobfoll,1989)。资源被定义为人们重视的东西,特别是物品、状态和条件。该理论假设,人们面临资源损失的威胁及资源消耗后无法重新获得时,会产生心理压力。资源保护理论包含两个基本原则。第一条原则被称为资源损失首要原则,即要优先考虑资源损失问题。第二条原则被称为资源投资,即人们倾向于投资资源,以防潜在的资源损失。基于这两个原则,资源保护理论认为:拥有较多资源的个体可能会获得资源收益,而资源较少的个体更有可能面临资源损失,因此,资源的匮乏往往会引发个体保护剩余资源的防御性行为。

资源保护理论对我们理解工作场所中的员工状态具有启发意义。以导游人员为例,一项针对253位导游人员的调查研究显示,由于旅游业是具有高情绪劳动属性的服务行业,顾客欺凌行为加重了导游额外的、非正常的心理压力,破坏了个体的资源平衡,导致部分导游人员在工作中产生逃避等行为(文彤、梁祎,2020)。

(二)工作家庭平衡

工作与家庭之间既可能是积极的影响,也可能是消极的影响。工作家庭平衡就是尽量减少工作与家庭的冲突,对工作和家庭的现状感到满意。工作家庭平衡有助于提高工作绩效和满意度,也可降低缺勤率及离职率。人们普遍认为,旅游业工作条件模糊了许多人的工作和家庭生活的界限,因此,企业需要通过富有策略的做法来回应员工,特别是年轻员工对于平衡工作与家庭的要求(于伟、张彦,2010)。旅游企业一线员工工作与家庭的冲突,会导致其情绪枯竭、离职意愿增强、工作压力增加,以及生活满意度、工作满意度降低等。

思考、讨论与分享

从工作和家庭平衡的角度思考过度加班制度的危害。

(三)员工的职业心理

旅游企业服务的对象是人,服务品质的优劣主要取决于人,因此,员工是旅游企业中的重要资源。旅游企业员工工作时间长、工作量大,以及假日较难排休等因素都使得员工流动率较高、工作满意度普遍偏低(Melián-González,2004),因此,如何建立一支既具备相应技能,又充满热情,并且能够持续发展的人才队伍,是旅游企业长期面临的挑战。下面我们将分析如何提升员工的满意度和幸福感,减少或防止员工出现职业倦怠,提升员工的自我效能和对旅游企业的忠诚度,并最终提升顾客的满意度和企业绩效。

1.情绪劳动

情绪劳动指要求员工在工作时展现某种特定情绪以达到其所在职位工作目标的劳动形式。工作特性、个人情商与服务情境会影响员工的情绪劳动。例如,当一家餐厅经常出现难应付的顾客时,员工便需要付出更多的情绪劳动,而相较于情商较低的员工,情商较高的员工通常能更出色地完成这类服务工作。此外,企业的服务氛围(企业的价值观)、主管的支持和公正的处理方式、企业的激励制度均会影响员工的情绪劳动。

2.情绪耗竭和职业倦怠

情绪耗竭是员工在工作中因长期处于透支状态而产生的一种被过度消耗的感觉,体现为身体上的疲惫感和情感上的枯竭感。职业倦怠(Burnout)是情绪耗竭的一种表现形式,指个体在工作重压下产生的身心疲劳与耗竭状态,服务行业最容易出现职业倦怠。员工的工作压力越大,其职业倦怠程度就越高;员工的职业倦怠程度越高,其工作满意度和成就感就越低。职业倦怠不仅会让员工感觉自己和外部世界都变得不真实,还会影响员工的服务绩效和品质,最终影响员工的留职率。

3. 工作满意度和幸福感

工作满意度一般指单个员工的态度,而士气通常用于描述整个群体的满意度。众多旅游领域的研究显示,高工作满意度对员工具有积极影响,能够提高员工绩效、增强员工忠诚度、降低离职率。影响员工的工作满意度的因素包括:工作的挑战性;工作的便利性,如通勤时间短、工作时间灵活等;定期受到直接上级和整个企业的赞赏;有竞争力的薪酬,能够使员工保持良好的生活质量;企业承诺的职业发展路径与员工的个人成长目标相匹配。

高工作满意度往往会让员工产生主观幸福感(Subjective Well-being)。企业为留住顾客并创造高绩效,除了要了解服务的重要性,还需要关注员工的幸福感。企业在提升员工的幸福感方面扮演着重要角色,不仅要提供培训课程帮助员工认识自我、提高情商,还要提供正确的激励手段。外在激励因素包括提高工资、发放奖金和改善工作条件,内部激励的关键在于增强员工个人的成就感。

(四)员工的工作效率

1. 自我效能

自我效能(Self-efficiency)是指个体在某一特定的情境或某一领域内,对自己是否具有完成特定目标的能力的主观评价,即个人对自己能力及表现的自我评价。自我效能分为效能预期(Efficacy Expectation)和结果预期(Outcome Expectation)两个方面,前者是个体相信自己可以达到特定目标,后者则是个人对其自身行为能产生某些结果的可能性所进行的判断。

自我效能量表

序号	指标
1	我有信心能做好我的工作
2	我具备可以把工作做好的所有技能
3	我是这项工作的专家
4	我对于自己的工作技能很引以为傲

思考、讨论与分享

根据自我效能量表(每项满分是5分)评估一下你在学习中的自我效能。

2. 组织公民行为

组织公民行为(Organization Citizenship Behavior, OCB)指的是对雇佣他们的组织

做出的自愿且主动的贡献。例如,酒店员工在没有上级要求的情况下捡起公共场所的垃圾;餐厅员工在同事受到顾客刁难时为其解围。组织公民行为主要体现在以下几方面:

(1) 利他主义,指帮助有需要的人而不期望回报。

(2) 礼貌,指在工作场所表现出尊重他人、关心他人的态度和行为。

(3) 团队精神,指在团队失利时,团队成员能主动承担责任,积极寻找补救方案。

(4) 责任心,指对自己所做的工作负责,会深思熟虑并投入充沛的精力去完成工作,而不是敷衍了事。

(5) 公民道德,指员工在工作中应遵循的道德规范和行为准则。

(五) 员工对待组织的态度

1. 心理契约和员工忠诚度

个人和组织间存在交易型心理契约(Transactional Psychological Contract)与关系型心理契约(Relational Psychological Contract)两种类型。交易型心理契约强调的是员工提供的服务与组织支付的报酬之间的交换关系,也就是组织提供高薪,员工提供高绩效。关系型心理契约倾向于互惠关系,对工作与生活的平衡有积极的影响,因此,组织可通过持续沟通,与员工建立良性且长期的雇佣关系。在此过程中,组织应了解员工的需求并改善工作环境和调整薪酬标准,以满足员工的心理需求,进而与员工建立关系型心理契约,激发员工高度的敬业精神,使员工愿意为组织的未来持续付出努力。

在酒店中,与关系型心理契约相比,员工面对危机时更关注交易型心理契约。酒店无力履约、有意违约和双方对组织责任认知不一致是导致心理契约破裂的主要因素。员工的责任归因、个人特质影响他们对心理契约破裂的反应(郭娇、伍晓奕,2023)。另外,心理契约破裂会导致旅游企业员工隐藏知识而不是分享知识(余传鹏、邝颖琪、姜红梅、叶宝升、陈琪,2022),这会阻碍知识的有效传播。

员工忠诚度(Employee Loyalty)是指员工对组织忠诚的程度。忠诚的员工不会轻易辞职,或者说雇主的坏话。他们工作更努力,对自己的角色充满热情。员工忠诚度对于旅游企业及区域旅游业的持续发展至关重要。

2. 工作场所偏差行为和服务破坏行为

工作场所偏差行为(Workplace Deviance Behaviors)是指那些对组织或组织内部成员造成伤害的行为。偏差行为包括故意放慢工作速度这样的小过失,也包括像破坏工作设备那样严重的行为。在当前我国酒店服务行业蓬勃发展的当下,服务情境中出现破坏行为变得越来越普遍(程豹、周星、郭功星,2019)。

服务破坏行为是旅游业中常见的一种工作场所偏差行为,指员工故意采取对服务产生负面影响的不当行为。例如,酒店的服务破坏行为包括拒绝顾客、忽视顾客、对待顾客态度差、欺骗顾客等。服务破坏行为产生的动机包括对顾客的刻板印象、工作压力等。超过90%的受访者认为服务破坏行为在组织中每天都会发生(Harris和Ogbonna,2002)。另外,职场排斥(程豹,2019)和顾客的不文明行为(田建、王宝恒,2022)也对员工服务破坏行为具有显著影响。

3. 离职率

离职率是指在一定时间内(如一年内)离开公司的员工所占的百分比。员工离职率高是困扰旅游企业的重要问题。关于五星级酒店员工的问卷调查结果显示,员工的离职行为主要受薪酬、岗位级别、婚姻状况等因素的影响(杨云,2014)。目前,新生代员工已经成为我国酒店行业员工队伍的主力,针对中国10个省级行政单位的83家饭店的1807名新生代员工进行问卷调查,结果显示:酒店新生代员工感知价值及其感知利得、感知利失显著影响离职意愿;在酒店新生代员工感知价值与离职意愿之间,组织承诺起部分中介作用;在酒店新生代员工感知价值与离职意愿之间,家庭支持起调节作用(陈雪钧、郑向敏,2016)。

第三节　战略与融资

一、旅游企业战略

(一)波特五力分析

波特(Porter,2008)认为行业中存在着决定竞争规模和程度的五种力量,这五种力量综合起来影响着产业的吸引力。五种力量分别为供应商的议价能力、购买者的议价能力、潜在竞争者进入的能力、替代品的替代能力、行业内竞争者现在的竞争能力。

当这五种力量较强时,进入行业不具有吸引力。这是因为竞争者、购买者和供应商之间存在过度竞争,购买者可以轻易地转向替代品,同时潜在竞争者的威胁将大大降低该行业的盈利能力。当这五种力量较弱时,进入该行业就被认为具有吸引力。这是因为竞争很少或没有竞争,购买者和供应商议价能力相对较弱,市场上缺乏替代品,以及进入壁垒较高致使供应商有先发优势和进行垄断的潜力。旅游企业可以通过波特五力分析更好地了解如何利用优势来获取新的机会,并且了解阻碍实现组织目标的弱点和威胁,从而制定正确的发展战略。

思考、讨论与分享

根据波特五力分析,你认为哪个旅游领域比较适合进入?

（二）总体发展战略和业务增长策略

1. 总体发展战略

旅游企业可以采取四种总体发展战略。

（1）成本领先战略。企业主要通过保持低成本来获得竞争优势，即确保与同一市场上的竞争对手相比，其生产成本更低，能够以更具竞争力的价格提供产品和服务。

（2）差异化战略。与竞争对手相比，企业可以为客户提供独特的产品和服务，使自己的产品和服务明显区别于竞争对手的产品和服务，以获得竞争优势。

（3）集中型战略。企业将精力集中在特定的细分市场上，将迎合该特定市场作为唯一目标。企业将根据目标市场的特定需求开发产品和服务，同时忽略与该市场不相关的其他需求。

（4）混合型战略。混合型战略就是将成本领先战略、差异化战略和集中型战略结合起来。需要指出的是，若混合型战略使用不当，则可能导致企业失去发展重点、影响效率、降低产品和服务质量。

2. 业务增长策略

业务增长通常涉及增加销售额、增强盈利能力、开设新的网点等方面。为了发展业务，我们一般通过四种策略促进业务增长：

（1）市场渗透策略。此策略即提高企业现有产品和服务在现有市场中的渗透率。

（2）产品开发策略。企业通过此策略向现有市场提供改进、更新后的产品和服务，或者全新的产品和服务。

（3）市场开发策略。企业通过此策略向新市场提供现有的产品和服务。

（4）企业集团多元化策略。此策略即通过超越现有市场、产品和服务来实现增长。这一策略在实践中一般通过并购来实施。

二、融资

旅游企业出于多种目的需要融资，这些目的包括管理现金流，应对销售收入的季节性波动，购买或租赁房屋、设备，支付费用（如管理费用、员工工资、营销费用），进行研究与开发等。旅游企业融资的主要方式有以下几种。

（一）债务融资

债务融资指企业通过向个人或机构投资者出售债券、票据筹集营运资金或资本开支。债务需要在特定期限内根据还款条件偿还。常见的债务融资来源是银行贷款。旅游企业通过银行贷款进行融资会遇到几个挑战：其一，由于初创企业的资产基础薄弱且信用可靠性尚未建立，银行会认为其贷款风险较高；其二，旅游企业无法提供足够的担保来满足银行的贷款要求；其三，银行预期的贷款偿还期限和申请人要求的贷款期限不同；其四，旅游业被认为是具有较高的运营风险和较高的失败概率的企业。

（二）股权融资

股权融资指企业的股东愿意让出部分企业所有权，通过企业增资的方式引进新的股东，同时使总股本增加的融资方式。股权融资的好处在于，它能够吸引新投资者分担风险和费用，从而减少创始人所承受的财务负担；其成本低于产生高利率的债务融资；它有可能带来新的专业知识。然而，投资于企业的资金会引起其所有权结构的变动。出售企业股权除了意味着创始人需要出让部分财富，还意味着放弃对决策的完全控制权。因此，企业引入投资者之前需要考虑以下问题：①邀请谁投资？②愿意出售多少股份？③愿意放弃多少业务控制权？④投资者期望的投资回报是多少？

（三）天使投资

天使投资指具有一定净资产的个人或者机构，对具有巨大发展潜力的初创企业进行早期的直接投资，它是初创企业启动资金的主要来源之一。天使投资人提供现金以换取所有权/股权份额，并约定投资回报率，他们不仅能够帮助企业取得成功，还能够为企业带来创业方面的专业知识、商业经验等。

（四）风险投资

风险投资指对具有潜在高收益和高风险的企业进行的股权投资。与天使投资人不同，风险投资者虽然可能对企业的经营管理不太感兴趣，但需要在董事会中拥有席位以确保自身利益。风险投资者通常要求企业的融资以债务和股权相结合的形式进行。

（五）众筹

众筹是一种向群众募资，以支持发起的个人或组织的行为。其形式有捐赠众筹、回报众筹、借贷众筹、股权众筹等，其中，股权众筹是一种基于互联网平台的创新融资模式，有助于拓宽中小微企业融资渠道。

思考、讨论与分享

如果你想开一家小型茶饮店，你会选择什么方式融资？

第四节　商业模式

一、定义

根据 Teece（2010）的观点，商业模式是"企业如何向客户提供价值、吸引客户为价值付费并将这些付款转化为利润"的模板。商业模式的核心在于清楚地回答以下四个问题:一是,公司将销售什么产品或服务?二是,公司打算如何推销该产品或服务?三是,公司将付出多少成本?四是,公司预计如何实现盈利?

商业模式的形式和功能各不相同,但它们均由相同的基本部分构成:

(1)价值主张,即企业的产品或服务对客户具有吸引力的特点所在。

(2)目标市场,即对该产品或服务感兴趣的特定消费者群体。

(3)竞争优势,即企业的产品或服务不容易被竞争对手复制的独特属性或功能。

(4)成本结构,即企业运作所需的固定成本和可变成本,以及这些成本如何影响定价。

(5)关键指标,即衡量企业成功的具体方法。

(6)资源,即企业的物质资产、财务资产和智力资产等。

(7)面临问题和解决方案,即企业目标客户的痛点,以及公司打算如何消除这些痛点。

(8)收入模式,即获得收入的方式。

(9)收入流,即一定时期内,企业或个人所获得的经济收入的总和。

(10)利润率,即企业收入超过业务成本的部分所占的比例。

这些是构成商业模式的基本要素,它们很可能随着业务的成熟而改变,因此,管理者需要根据企业内外环境的变化,改变和调整其商业模式。

二、类别

在市场中企业类型纷繁多样,商业模式也在不断变化,并没有一个放之四海而皆准的模式可以适用于每个旅游企业。以下是一些常见类型,管理者可以根据特定的企业或行业进行更改。

(一)订阅模式

订阅模式既适用于传统实体业务,也适用于在线业务。客户按月(或其他指定的时间范围)定期付款以获得服务或产品。企业可能会直接通过邮件将产品或服务发送给消费者,或者消费者可能需要支付使用应用程序的费用。例如,健身房、景区和各种流媒体平台的会员卡等。

(二)捆绑模式

企业将两种或更多产品和服务作为一个组合一起销售,捆绑产品或服务的平均单价通常低于单个产品或服务独立销售时的价格。这种类型的商业模式能使企业成果推销原本较难单独出售的产品或服务。然而,由于企业以较低的价格捆绑销售产品,因此,利润率通常会下降。

（三）免费增值模式

企业通过免费提供最基础的产品，以吸引消费者在未来购买具有更高级特性、功能或附加组件的产品。例如，一家软件企业提供免费的软件供用户使用，但会保留或限制用某些关键功能，用户必须支付订阅费用才能使用这些关键功能。一般而言，随着时间的推移，用户往往会因需要更频繁地使用这些高级功能而选择付费。类似地，旅游业中某些景区的大门票是免费的，而进入景区内部特定的小景点需要单独收费，这也属于免费增值模式的一种应用。

（四）剃须刀片模式

通常情况下，企业会选择以相对较低的价格出售剃须刀，因为企业知道消费者将来会继续购买剃须刀片。此模式的原理就是以较低的价格向消费者销售产品，然后继续向消费者出售相关产品以增加利润。有些企业也会使用反向剃须刀片模式，即企业先为客户提供高利润的产品，最后促进与其配套的低利润产品的销售。

思考、讨论与分享

景区是免费的，但是人工导览服务费较高，这属于什么模式？旅游业的哪些领域可以使用剃须刀片模式或反向剃须刀片模式？

（五）租赁模式

企业从供应商处购买产品后允许用户通过定期付费使用其购买的产品。这种模式在旅游业中日益普及，并催生了众多相关业务，如汽车租赁、相机租赁、民宿出租等。

（六）众包模式

企业通过互联网或社交媒体，从不同的用户处获取信息，把过去由内部员工执行的工作任务，以自由自愿的形式外包给非特定的大众网络。

（七）"买一捐一"模式

企业每售出一件物品，就会向慈善机构捐赠一件物品。这种模式能够激发客户的慈善心理和社会责任意识，促使他们更倾向于购买该产品或服务。一些旅游企业在线下会向顾客介绍这种模式，比如酒店向顾客说明其会将部分客房收入用于资助当地社区项目。

（八）特许经营模式

特许经营，是商业活动中通过约束性双边关系的缔结，以达到节约交易成本、提高资源配置效率的一种经营模式。特许经营卖方会制定一个商业蓝图，供买方即特许经营者直接购买和复制。特许人或原始所有者与被特许人合作，帮助他们进行融资、营销等，以确保业务正常运营。作为回报，加盟商支付给特许人一定比例的利润。特许经营是旅游业中常见的一种模式。

思考、讨论与分享

举例说明旅游企业常见的商业模式。

第五节　旅游企业社会责任

一、定义

企业社会责任是指企业在经营过程中对社会、环境及各利益相关者应承担的责任。不同的企业有不同的社会责任。企业通常遵循一个被称为"三重底线"原则，三重底线即利润（Profit）、人（People）、地球（Planet）。传统上，企业社会责任可分为四类：环境责任、道德责任、慈善责任和经济责任。

（1）环境责任，指企业应该以尽可能环保的方式行事。这是企业社会责任常见的形式之一。

（2）道德责任，指企业在生产经营活动中应自觉遵守伦理准则和道德规范的责任。企业可以通过不同的方式承担道德责任。

（3）慈善责任，指企业对弱势群体、社会公益事业等方面的关注和投入。受慈善责任驱动的企业通常会向与其理念相同的慈善机构和非营利组织捐款，有些企业甚至会创建自己的慈善信托或组织来回馈社会并产生积极影响。

（4）经济责任，指企业法定代表人和其他相关人员在生产经营过程中应承担的责任。企业的最终目标不仅仅是利润最大化，还要确保其生产经营对环境、人员和社会产生积极影响。

旅游企业社会责任是指旅游企业在经营过程中对社会、环境及各利益相关者应承担的责任，即旅游企业在创造利润、对股东和员工承担法律责任的同时，还要承担对消费者、社区和环境的责任。有研究者认为，旅游企业社会责任包括经济责任、法律责任、环境责任、社区责任、员工责任、顾客责任、政治责任和伙伴责任八个要素（胡兵、李婷、文彤，2018）。

二、旅游企业社会责任的实践

随着利益相关者压力的增加，旅游企业社会责任的透明度越来越高，因此，了解企

知识链接

特许经营授权者和被授权者的优势与劣势

业信息披露机制的可靠性至关重要。有学者研究发现,我国规模较大的15家酒店管理公司在企业社会责任的实践方面具有以下特点:①慈善捐助(特别是灾难性救济)、志愿者活动、创建绿色旅游饭店、节能降耗是主要内容;②企业将政府接待、支持政府工作视为企业对政府责任的重要组成部分;③社会、环境、员工、政府与游客等利益相关者是企业负责的主要对象,而对于供应商、同行、债权人等利益相关者的责任,企业则关注较少;④企业开始将社会责任与核心业务相关联,战略性企业社会责任实践初露端倪;⑤企官方网站的新闻报道是其披露社会责任信息的主要方式,而独立的企业社会责任报告或专栏较少采用(彭雪蓉、魏江、李亚男,2013)。

推荐阅读

1. 谢礼珊、伍晓奕《旅游企业人力资源管理(第2版)》,旅游教育出版社。
2. 陈雪钧《旅游企业管理理论与实践研究》,华中科技大学出版社。

问题

1. 旅游企业有何特点?
2. 什么是企业家精神?企业家可以分为哪些类型?
3. 什么是内部服务质量?如何确保内部服务质量?
4. 什么是师徒制?师徒制的发展分为哪些阶段?
5. 职业倦怠对旅游业员工有何影响?
6. 旅游企业的总体发展战略有哪些类型?
7. 融资有哪些类型?
8. 商业模式主要有哪些类型?
9. 旅游企业的社会责任体现在哪些方面?

第十四章 游客管理

阅读本章后,你应该能够:
1. 了解游客出游的推力因素和拉力因素。
2. 了解旅游决策的过程和影响因素。
3. 了解旅游安全管理的重要性。
4. 掌握服务补救措施的要点。
5. 了解旅游满意度的内涵。
6. 了解心流体验的概念。

本章首先介绍了游客的出游动机;其次,讨论了游客的旅游决策过程,在这一过程中游客借助社交媒体的评价和传播对目的地和企业产生重要影响;再次,介绍了游客的安全管理;最后,讨论了游客满意度和游客体验等内容。

第一节 游客出游动机

人们有各种各样的出游动机,可能出于休闲、商务、朝圣或其他原因前往目的地旅游。Crompton(1979)提出的推拉理论有助于我们理解游客的出游动机。这个理论确定了两种不同层次的社会心理动机。动机的第一个层次是对出游的渴望,它驱使人们做出旅游或度假的最初决定,这是推力因素。在做出最初的旅游决定之后,随之产生了影响目的地选择的各种动机因素,这就是动机的第二个层次——拉力因素。

一、推力因素

推力因素是促使人们出游的主要因素,它能够激发个人参加休闲活动或出游的意愿,是游客为满足自身需求而进行活动的内在动机。影响旅游动机的推力因素包括:

自我探索和评价、远离日常生活环境、放松、健康和健身、社交互动、增进亲情、新奇体验、教育、声望等。

二、拉力因素

拉力因素指那些吸引人们前往某个地方或参与某项活动的因素,如目的地的吸引力和独特属性等。它与目的地的自然条件、游客的认知,以及潜在游客在目的地景点、气候、文化等方面的个人偏好相关。拉力因素包括:①设施因素,涵盖目的地的所有旅游设施,涉及饮食、住宿、道路、接待和安全等方面;②核心景点因素,涵盖所有可用于旅游业的活动和服务,如体育活动、娱乐活动、观光及购物设施等;③景观特征因素,指的是与目的地的地理和社会文化特征(即目的地的自然和文化环境)密切相关的因素。

思考、讨论与分享

你出游的主要动机是什么?"一场说走就走的旅行"主要体现的是推力因素还是拉力因素?

推拉理论可以帮助我们解释不同类型游客的出游动机,从而更好地开展营销和游客体验管理工作。例如,观鸟(Birding Watching)是指在自然环境中利用望远镜等设备在不影响野生鸟类正常生活的前提下观察和欣赏鸟类的一种休闲活动。研究发现,观鸟旅游的推力因素依次为与鸟类相关的知识、求新求异、知识贡献(如某地区出现新的鸟类)与分享、提振精气神、建立社交联系和同伴之间的竞争(如谁观察到的鸟类多)。拉力因素按重要性依次为目的地的鸟类资源、专业向导水平、设施水平,以及当地文化和传统(Chen 和 Chen,2015)。

户外攀岩活动
(作者:Crystal,CC BY 2.0)

比如,攀岩是从登山衍生出的一项休闲运动。对于现代攀岩旅游,"物理环境"和"挑战"是旅游动机中重要的推力因素,而"寻求新奇"和"攀岩旅游基础设施"则是重要的拉力因素(Caber 和 Albayrak,2016)。

又比如,川藏线骑行日益受到国内游客的欢迎,研究发现,川藏线骑友的旅游动机由社会交往、自我实现、享受自然、放松释压、追求新奇和独处探索6个维度24个细分指标构成(王华、马志新,2020)。

第二节 游客旅游决策

一、影响旅游目的地选择的因素

当我们计划出游时,有各种各样的旅游目的地供我们选择。例如,同样是海滨旅游度假目的地,我们可以选择国内的北戴河、厦门、三亚,也可以选择泰国的普吉岛、印度尼西亚的巴厘岛、美国的夏威夷、坦桑尼亚的桑给巴尔。影响我们选择旅游目的地的因素如下:

(1)个人因素。个人因素包括游客的个人特征、动机、价值观和态度等。

(2)时间和收入因素。旅游目的地的选择受个人或家庭在旅游时可以自由支配的时间和收入的影响。

(3)人际关系因素。旅游目的地的选择受家庭成员、朋友、同事等人的意见和建议的影响。

(4)认知水平因素。当一个人具有较高的认知水平时,他能够全面、深入地收集和解析与旅游相关的信息,从而选择符合自身需求和个人偏好的旅游目的地。

(5)目的地形象因素。目的地形象是人们在脑海中形成的关于目的地的综合印象。

(6)旅游产品因素。不同旅游产品会对同类旅游目的地的选择产生影响。例如,同样是古镇旅游目的地,游客可能因为戏剧节而选择去乌镇,也可能因为汉服文化周而选择去西塘。

(7)营销传播因素。旅游目的地的选择受利益相关者通过各种营销渠道传播的信息的影响。例如,同样位于新疆伊犁地区,人们可能会因为大量的营销宣传前往昭苏旅游,而较少去与昭苏相似度较高、知名度较低的特克斯旅游。

(8)信息搜索因素。搜索有关目的地的信息的过程以及收集到的信息可能会影响游客的选择。例如,人们在阅读旅游者在旅游网站上发表的评论、游记、攻略时,可能会对目的地产生积极或消极的看法。

(9)过去的旅游经历因素。如果过去的旅游经历愉快且令人难忘,游客可能会再次访问旅游目的地;如果过去的旅游经历一言难尽,游客可能会更加谨慎地选择新的旅游目的地,避免重蹈覆辙。

(10)客源地文化背景因素。旅游目的地和客源地的文化相似性或差异性是游客进行选择时的一个重要考量。有些游客会选择与自己居住地文化背景相似的旅游目的地,而另一些游客则会选择到与自己居住地文化背景差异大的地方旅游。

二、旅游决策流程

旅游决策跟企业管理决策的基本流程相似,具体包括以下几个步骤。

(1)需求唤醒和确认。旅游需求的唤醒通常受三个主要因素的影响:①商业因素,如电视广告、网络宣传等;②人际关系因素,如亲朋好友的推荐、社交媒体上的旅游分享等;③个人因素,如个人的经济条件、时间安排、心理状态、兴趣爱好等。

(2)搜索信息。一旦人们产生出游的需求,就会寻找那些可以满足其需求的旅游目的地、产品和服务的信息。人们主要通过三个来源获取这些信息:①目的地主导的信息,主要来自旅游手册、官方网站、官方社交媒体账号以及旅游展览等;②他人提供的信息,主要来自家人、朋友、商业伙伴、意见领袖(KOL)等;③自我储存的信息,即人们自己记忆中存储的有关目的地的信息,包括个人过去的知识积累、曾经的旅行经历等。

思考、讨论与分享

你出游时主要受哪些信息影响?

(3)购买前评估替代方案。游客会制定一系列客观和主观标准来评估想要前往的旅游目的地。客观标准包括机票费用、目的地活动和体验、酒店和其他产品或服务的价格,以及目的地景点等。主观标准是无形的东西,如人们对目的地的感知形象。

(4)购买。购买决策受到各种因素的影响。计划行为理论认为,家人、朋友和其他人际关系会影响人们的购买决策。同时,个人的工作和经济状况也会影响购买决策。此外,感知风险也是一个不可忽视的考量因素,如某个旅游目的地最近发生了安全事故,人们往往会放弃或推迟前往该地(Sirakaya、Sheppard 和 McLellan,1997)。在做出最终决策之前,人们还需要做出许多其他细节性决定,包括如何时出发、如何付款,以及停留多长时间、花费多少钱、如何到达目的地、走什么路线、在目的地做什么等。

(5)消费。旅游消费与一般消费的最大不同之处在于,游客必须通过空间移动到达旅游目的地进行消费。在出游前,游客期望他们选择的旅游目的地能够提供符合其喜好的活动和体验。如果实际体验低于预期,他们就会对旅游目的地产生负面印象。

(6)消费后评价和分享。当游客结束旅游行程返回后,他们会根据自己的满意度来评价目的地的旅游体验。如果游客的实际体验达到甚至超出了他们的期望,他们对目的地感到满意,此时,他们有可能通过口耳相传或在社交平台发表评论的方式对此次旅行给予正面评价;反之,他们则可能给出负面的评价。在社交媒体时代,人们希望将感知到的乐趣通过网络平台分享给他人。值得注意的是,人们不仅会在行程结束后通过社交媒体分享旅游体验,还可能在出发前和旅游过程中进行分享。旅游目的地利益相关者应尽其所能地鼓励人们分享愉快的旅游体验,同时也应该密切关注游客的不愉快体验,并努力寻求解决的方法。

第三节 游客管理的利益主体

Morrison(2013)提出的 ADVICE 模型,揭示了游客管理中旅游目的地政府机构(Agency)、目的地(Destination)、游客(Visitor)、行业(Industry)、社区(Community)、环境(Environment)等多种利益主体的相互作用。下面简单介绍游客管理中产生互动关系的利益主体。

(1) 政府机构。游客从旅游计划阶段开始,直到离开目的地,都要与各个政府机构联系。在目的地旅游时,游客可能会与资源保护机构(如自然资源部门)和执法机构(如市场监管部门)接触。此外,在出境旅游突发事件中,我国使领馆是救援我国游客的核心力量,在应急响应、救援处置、善后恢复方面发挥主导作用(邹永广、杨勇、李媛等,2023)。

(2) 目的地。游客是目的地规划研究、营销策划、宣传推广、产品开发时的重点关注对象。目的地要确保游客安全,并使游客获得优质的服务和难忘的体验。

(3) 游客。游客是游客管理和 ADVICE 模型的核心关注点。游客除了与目的地的利益相关者互动,游客之间也会产生接触,在旅游过程中,游客会在社交媒体上,或通过其他方式分享旅游信息。

(4) 行业。在目的地,游客会与住宿、餐饮、交通等行业产生大量的接触和互动。

(5) 社区。游客会直接或间接地影响社区居民的生活质量。主客关系管理有助于提高社区居民支持旅游发展的程度,也有助于提升游客体验感。

(6) 环境。目的地的自然和文化遗产资源通常是游客体验的核心,然而,这些资源往往很脆弱,可能会因旅游活动而受到不可逆转的破坏。同时,游客在目的地游玩,特别是在户外游玩,也存在安全风险。因此,游客管理的目的在于既确保游客的旅游安全,又保护目的地的旅游环境。

第四节 游客安全管理

感知安全和实际安全是旅游目的地管理组织必须考虑的两个方面。感知安全是指游客在特定旅游目的地感受到的安全程度,尽管这种主观的感受可能不准确,但仍然影响他们对旅游目的地选择。游客的感知安全涵盖人员、设施设备、自然环境、社会环境和管理五个维度(Xie、Zhang和Morrison,2020)。实际安全是指游客在旅游目的地通过亲身体验而真正了解到的安全保障状况。为了确保游客的安全,旅游目的地有义务和责任通过各种途径,特别是社交媒体告知游客所有潜在的危险的义务和责任。

游客感知安全量表

维度	具体指标
人员	旅游从业人员可以照顾我的安全
	旅游从业人员具备专业安全保障能力
	旅游从业人员可以提供安全服务
	当地人很友善
设施设备	目的地设备性能好
	目的地设施看起来安全可靠
	目的地设施设备使用起来很方便
	目的地设施设备使用无故障
	我在使用设施设备时没有遇到任何危险
自然环境	目的地自然环境质量受到游客青睐
	目的地自然环境干净整洁
	目的地无安全隐患
	目的地不易遭受自然灾害
	无须担心目的地的极端自然条件
社会环境	我很少遇到目的地过于拥挤和无序的情况
	我很少遇到目的地强迫消费的情况
	我很少在目的地遇到欺诈和盗窃问题
	我很少在目的地遇到暴力行为,如打架等
	我很少遇到目的地治安问题
管理	我可以看到目的地安全警告标志
	我可以收到目的地发布的安全信息
	目的地的安保工作非常到位
	目的地投入大量资源保障游客安全

(翻译改编自Xie、Zhang和Morrison,2020)

所有游客都可能遇到危险,旅游景区必须提供安全预警信息,设置警告标志,安排工作人员进行监管,帮助游客避开危险,同时,还应禁止有健康问题的人参加一些危险系数较高或比较刺激的活动。

当地政府应该特别关注热门旅游景区,以及节日和活动期间出现的过度拥挤问题。当地政府必须提前发布旅游安全提示,告知游客过度拥挤带来的潜在危险,并制定应急预案,提前向游客通报可能发生过度拥挤的地点和时间段,并呼吁游客尽量错峰参观。

此外,游客作为旅游活动的主体,需要自觉遵守旅游安全规定,增强自我保护意识。游客应该了解旅游目的地的安全状况,避免前往危险区域,注意个人财物安全,并在遇到紧急情况时保持冷静,及时寻求帮助。例如,食物中毒是常见的游客安全问题,有时可能会危害生命,游客前往云南地区旅游时,如果随意采摘、食用野生菌,轻则可能腹泻、呕吐、昏厥,重则可能会致命。

第五节　游客满意度和游客体验

一、游客满意度

根据期望不一致理论(Oliver,1980),游客满意度为预期与体验的比较结果,是评价服务质量的核心指标。服务质量有两个特征:一是,游客对质量拥有唯一的发言权;二是,游客的期望在衡量服务质量时发挥着重要作用。

跟衡量产品质量不同,要衡量服务质量并不容易。首先,服务质量对不同的人来说可能意味着不同的东西。对商务游客来说,速度和效率是评价优质服务的重要标准,而对老年游客来说,安全和舒适是良好服务的关键要素。其次,人们对服务的看法因环境而异。最后,人们的期望可能因其体验类型而不同。人们入住民宿时,会关注民宿的整体氛围,可能很想听民宿主人分享其故事,而人们入住一家五星级的度假村时,期待的可能是高档的住宿设施和细致的专业服务。

影响游客满意度的要素有三种(Fuchs和Weiermair,2003)。第一种是基本因素。基本因素如果没有得到满足,人们就会感到不满,但如果得到了满足,人们也不一定会满意。这些基本因素是人们期望得到的,并被认为是理所当然的。例如,酒店里干净的床单是一个基本因素,不会提升满意度,然而,如果床单不干净,人们很可能会不满意。第二类是表现因素。此因素如果得到满足就会提升满意度,如果没有得到满足就会导致不满。在酒店里,服务人员的热情欢迎将提升满意度。但如果服务人员对我们毫无热情,我们可能就会不满意。第三类是刺激因素。如果刺激因素得到了满足,人们的满意度则会增加,但如果缺少了刺激因素,人们也不会不满意,因为刺激因素总是出乎游客意料之外。在酒店里,这些因素可能是代客泊车的司机取车时为你提供一瓶免费的矿泉水,或者工作人员为你提供当地的景点信息和奇闻趣事。

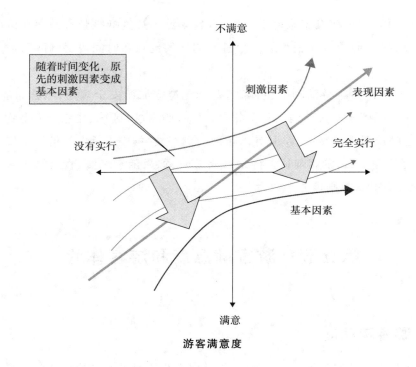

思考、讨论与分享

如果你经营一家餐馆,根据基本因素、表现因素和刺激因素,你应如何设计服务流程与菜品,从而让游客感到满意?

(一)服务失误和服务补救

1. 服务失误

服务过程中难免会发生失误,如果放任这种失误,有时则会给旅游企业带来致命影响。例如,某航空公司因航班超售,强行让一名乘客下机,这一事件通过社交媒体在短时间内迅速传播开来,航空公司的形象受到了严重打击。服务失误是指在提供服务期间出现的任何类型的错误或问题等。因服务失误而感到不满的客户可能会更换供应商,抱怨或传播负面口碑(Sánchez-García 和 Currás-Pérez,2011)。

服务失误主要源自以下三个方面。

(1)领导层的策略。领导层应负责公司决策的制定和运营的规划,以确保业务的各个方面都井然有序,从而降低服务失误的可能性。

(2)管理者的领导。管理者应该发挥他们的领导力来激励、督促员工,并纠正员工的不当行为,以提升客户的满意度和减少服务失误。

(3)员工的技能。服务很大一部分依赖于员工,他们是提供服务并与客户互动的关键,员工必须接受培训并具备良好的技能,这样才能提供高效且优质的服务。

2. 服务补救

如何利用有效的服务补救措施来弥补失误,已经成为包括旅游业在内的所有服务业面临的非常重要的问题。服务补救既是一个企业妥善处理客户的投诉,并将这些客户转化为忠诚客户的过程,又是服务提供者对服务失误行为所采取的积极行动。有效的服务补救措施对满意度、推荐意向、口碑、忠诚度、形象和信任有正向影响,不但可以减少服务失误的损失,而且可以大大提高服务满意度。有些人甚至认为,与一开始就没有出错相比,有效的服务补救措施可以将满意度提到更高的水平,这被称为服务补救悖论。

一般情况下,有效的服务补救措施包含以下要点:

(1)预见并了解人们的需求。例如,有的餐厅针对排队现象,提供了零食和其他服务措施,以缓解人们等待时产生的不满情绪。

(2)提供物质或情感补偿。对于较轻微的失误,物质补偿是最优解决方案;对于较严重的失误,快速响应是最优解决方案(Liu、Jayawardhena和Dibb等,2019)。在高星级酒店的服务失误情境中,若失误由酒店因素引起,相比货币补偿,非货币补偿具有更好的补偿效果;而若失误由其他顾客或顾客自身因素导致,货币补偿与非货币补偿两者的效果没有显著差异(傅慧、吴晨光、段艳红,2014)。

(3)向员工授权。向员工授权不仅能够增强员工的自信心、提升员工的工作满意度,还能提高员工的工作效率。

(4)及时回复并跟进。在信息时代,企业必须做到迅速响应,以确保在负面问题爆发之前就采取有效措施。

(5)关注沉默顾客。研究表明,每有1位顾客投诉,就有另外26位不满意的顾客保持沉默,因此,企业要善于通过发放问卷和提供直接的沟通渠道,鼓励人们提供反馈和意见。

(二)消费者宽恕

消费者宽恕(Consumer Forgiveness)是消费者对服务失误的建设性回应,即消费者对服务提供者表现出愿意放弃报复、反击、疏远和其他破坏性行为的态度(Tsarenko、Strizhakova和Otnes,2018)。影响消费者宽恕的因素包括个体认知因素、情感因素、关系质量因素和情境因素。此外,一项比较有意思的研究显示,服务提供者的脸型对消费者宽恕也会产生影响,与成熟脸型的服务提供者相比,娃娃脸的服务提供者往往更容易获得消费者宽恕。不过,随着服务失误严重程度的增加,娃娃脸效应逐渐减弱(Liu和Li,2022)。

二、游客体验

Pine和Gilmore(1999)这两位学者提出了体验经济概念。他们认为体验经济是继农业经济、工业经济和服务经济之后的下一个经济。下面以咖啡为例,简单阐释体验经济和其他经济模式的区别。一些咖啡种植者生产咖啡豆,如果咖啡豆仅供他们自己使用,那么这些咖啡豆就是农产品。如果他们将咖啡豆出售给咖啡制造厂以生产咖啡,这时咖啡豆就成了是商品。当我们在咖啡厅品尝咖啡,这杯咖啡就成为服务经济的一部分。此外,我们也可以将服务变成一种体验,让游客在咖啡制造厂体验咖啡的制作过程(如工业旅游),品尝自己制作的手磨咖啡,并购买相关的旅游纪念品,这就是体验经济。

游客的体验程度取决于两个维度:一是游客的参与形式,分为主动参与和被动参与两种类型;二是游客与环境的联系,分为吸收和沉浸两种状态。Pine和Gilmore(1999)认为,人们可以从娱乐、教育、逃离和美感四个方面进行体验。

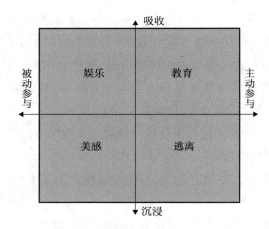

体验的两个维度和四个方面

(一)心流体验

Csikszentmihalyi(1990)创立了心流(Flow)理论,心流是指人们在做某些事情时表现出的全神贯注、投入忘我的状态。在这种状态下,人们甚至感觉不到时间的存在,并且当前事情完成后还会产生一种充满能量、非常满足的感觉。心流体验由六个要素构成:①在体验过程中,个人注意力高度集中;②体验者意识和行为的结合;③丧失自我意识;④对行动或活动的自我控制感;⑤个人对暂时性体验的看法发生变化;⑥体验情境或活动本身就是一种有益的活动(Nakamura、Csikszentmihalyi,2009)。

心流理论可以帮助游客获得畅爽的旅游体验。首先,要排除干扰游客体验的各种因素。当游客排除外界干扰,专注于当前的旅游活动,沉浸在一种高度投入、愉悦和充实的感觉之中时,他们不仅能在精神上得到极大的放松和满足,还能更加深刻地体验到旅游所带来的美好和乐趣。例如,很多游客通过远离现代快节奏的生活去感知自然,一些游客甚至开始尝试无网络连接的旅游方式,其目的就是摆脱智能手机的干扰,获得畅爽的旅游体验。此外,要注意平衡挑战性和能力水平,只有在高挑战性和高能力水平的情况下才能达到心流状态。以具有挑战性的旅游活动为例,当挑战性超过游客的能力水平时,游客会变得焦虑和紧张;当游客的个人能力水平超过挑战性时,游客则会感到无聊和放松。

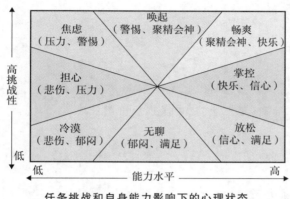

任务挑战和自身能力影响下的心理状态

(翻译转引自Csikszentmihalyi,1990)

思考、讨论与分享

在主题公园中,你认为挑战难度最大和最小的项目分别是什么?你通常会选择哪些体验项目?

(二)体验阶段

游客体验非常复杂,它是一个由许多接触点组成的旅程。游客体验可以分成不同的阶段。第一阶段是期待阶段,在这个阶段,要激发游客的欲望,创造一种兴奋和期待的感觉,要说服潜在游客相信景点或目的地值得一游。如果潜在游客决定出游,就进入第二阶段,即体验的过渡阶段。这时可以利用在线沟通来保证游客做出正确的决定。然后是第三阶段,即现场体验阶段。这之后是第四阶段,即游客回程阶段,这也是一个过渡阶段。最后是第五阶段,即回家后的反思阶段,游客在此阶段思考和讨论他们所经历的事情。此时旅游纪念品、照片和社交媒体发挥重要作用。每个阶段都有许多接触点可以影响游客对旅程的评价。

(三)共创旅游体验价值

最令人难忘的体验往往是独一无二的。一次旅游体验是否令人难忘,取决于游客与景点或目的地互动时发生了什么。游客在与东道主的每次互动中都会创造自己的体验。我们把这称为共同创造。共同创造是一种管理手段、一种经济或商业策略,它特别关注游客的体验和互动关系,它将各方(如企业、游客和当地居民)聚集在一起,以产生对各方都具有价值的结果,并最终创造丰富的体验(Prahalad 和 Ramaswamy,2004)。当游客能够利用旅游企业或目的地提供的舞台来打造个性化的旅游体验时,双方就共同创造了旅游体验价值。

推荐阅读

1. B.约瑟夫·派恩、詹姆斯·H.吉尔摩《体验经济(珍藏版)》,机械工业出版社。
2. 张淑君《服务管理(第三版)》,中国市场出版社。

问题

1. 游客出游的推力因素和拉力因素有哪些?
2. 旅游决策的过程包括哪些内容?
3. 什么是心流?
4. 什么是游客满意度?
5. 如何保障游客安全?

参 考 文 献

[1] Aaker D A.Managing brand equity[M].New York City:Simon and Schuster,2009.

[2] Aaker J L.Dimensions of brand personality [J].Journal of Marketing Research, 1997, 34(3).

[3] Ajzen I. From intentions to actions: a theory of planned behavior[M]//Kuhl J, Beckmann J. Action control: from cognition to behavior. Berlin, Heidelberg: Springer Berlin Heidelberg,1985.

[4] Alvarez S,Bahja F,Fyall A.A framework to identify destination vulnerability to hazards[J].Tourism Management,2022,90.

[5] Asmelash A G, Kumar S. Assessing progress of tourism sustainability: developing and validating sustainability indicators[J].Tourism Management,2019,71.

[6] Bhutta K S, Huq F.Benchmarking-best practices: an integrated approach[J]. Benchmarking: An International Journal,1999,6(3).

[7] Buhalis D, Leung D, Lin M. Metaverse as a disruptive technology revolutionising tourism management and marketing[J].Tourism Management,2023,97.

[8] Burnard K, Bhamra R, Tsinopoulos C.Building organizational resilience: four configurations[J].IEEE Transactions on Engineering Management,2018,65(3).

[9] Butler R. Seasonality in tourism: issues and implications[J]. The Tourist Review, 1998,53(3).

[10] Butler R W.The concept of a tourist area cycle of evolution: implications for management of resources[J].Can Geogr,1980,24(1).

[11] Caber M,Albayrak T.Push or pull?Identifying rock climbing tourists' motivations[J]. Tourism Management,2016,55.

[12] Chang R C Y, Kivela J, Mak A H N. Attributes that influence the evaluation of travel dining experience: when east meets west[J]. Tourism Management, 2011, 32 (2).

[13] Chen L J, Chen W P.Push-pull factors in international birders'travel[J]. Tourism Management,2015,48.

[14] Crompton J L. An assessment of the image of Mexico as a vacation destination and the influence of geographical location upon that image[J].Journal of travel research, 1979,17(4).

[15] Csikszentmihalyi M.Flow: the psychology of optimal experience[M].New York City:

HarperCollins, 1990.

[16] De Vries R E. The 24-item brief HEXACO inventory (BHI)[J]. Journal of Research in Personality, 2013, 47(6).

[17] Digman J M. Personality structure: emergence of the five-factor model[J]. Annual Review of Psychology, 1990, 41(1).

[18] Dogru T, Mody M, Suess C. Adding evidence to the debate: quantifying Airbnb's disruptive impact on ten key hotel markets[J]. Tourism Management, 2019, 72.

[19] Duncan R B. Characteristics of organizational environments and perceived environmental uncertainty[J]. Administrative Science Quarterly, 1972, 17(3).

[20] Formica S, Kothari T H. Strategic destination planning: analyzing the future of tourism[J]. Journal of Travel Research, 2008, 46(4).

[21] Fugate M, Kinicki A J, Prussia G E. Employee coping with organizational change: an examination of alternative theoretical perspectives and models[J]. Personnel Psychology, 2008, 61(1).

[22] Gamble P R, Blackwell J. Knowledge management: a state of the art guide[M]. London: Kogan Page Publishers, 2001.

[23] Gartner W C. Image formation process[J]. Journal of Travel & Tourism Marketing, 1994, 2(2-3).

[24] Getz D. Tourism planning and research: traditions, models and futures[C]//Proceedings of the Australian Travel Research Workshop. Bunbury, Western Australia, 1987.

[25] Gössling S, Araña J E, Aguiar-Quintana J T. Towel reuse in hotels: importance of normative appeal designs[J]. Tourism Management, 2019, 70.

[26] Graburn N H H. Tourism: the sacred journey[C]//Smith V L. Host and guests: the antropology of tourism. Philadelphia: University of Pennsylvania Press, 1977.

[27] Gretzel U. Tourism and social media[C]//Cooper C, Volo S, Gartner W C, et al. The SAGE handbook of tourism management. London: SAGE, 2018.

[28] Groen B A C, Van Triest S P, Coers M, et al. Managing flexible work arrangements: teleworking and output controls[J]. European Management Journal, 2018, 36(6).

[29] Groysberg B, Lee J, Price J, et al. The leader's guide to corporate culture: how to manage the eight critical elements of organizational life[J]. Harvard Business Review, 2018, 96(1).

[30] Gu Q, Li M, Kim S. The role of nostalgia-evoking stimuli at nostalgia-themed restaurants in explaining benefits, consumption value and post-purchase behavioral intention[J]. International Journal of Hospitality Management, 2021, 96.

[31] Gunn C A. Tourism planning[M]. New York: Crane, Russak, 1979.

[32] Hall C M, Prayag G, Amore A. Tourism and resilience: individual, organisational and destination perspectives[M]. Bristol: Channel View Publications, 2018.

[33] Harris L C, Ogbonna E. Exploring service sabotage: the antecedents, types and consequences of frontline, deviant, antiservice behaviors[J]. Journal of Service Research, 2002, 4(3).

[34] Hobfoll S E. Conservation of resources: a new attempt at conceptualizing stress[J]. American psychologist, 1989, 44(3).

[35] Hochschild A R. The managed heart: commercialization of human feeling[M]. Oakland: University of California Press, 1983.

[36] Hollenbeck J R, Moon H, Ellis A P J, et al. Structural contingency theory and individual differences: examination of external and internal person-team fit[J]. Journal of Applied Psychology, 2002, 87(3).

[37] Hsu J S C, Shih S P, Li Y. The mediating effects of in-role and extra-role behaviors on the relationship between control and software-project performance[J]. International Journal of Project Management, 2017, 35(8).

[38] Huang G H, Chang C T, Bilgihan A, et al. Helpful or harmful? A double-edged sword of emoticons in online review helpfulness[J]. Tourism Management, 2020, 81.

[39] Järvi H, Keränen J, Ritala P, et al. Value co-destruction in hotel services: exploring the misalignment of cognitive scripts among customers and providers[J]. Tourism Management, 2020, 77.

[40] Juvan E, Dolnicar S. The attitude-behaviour gap in sustainable tourism[J]. Annals of Tourism Research, 2014, 48.

[41] Kalischko T, Riedl R. Electronic performance monitoring in the digital workplace: conceptualization, review of effects and moderators, and future research opportunities[J]. Front Psychol, 2021, 12.

[42] Kolar T, Zabkar V. A consumer-based model of authenticity: an oxymoron or the foundation of cultural heritage marketing?[J]. Tourism Management, 2010, 31(5).

[43] Kotsi F, Pike S, Gottlieb U. Consumer-based brand equity (CBBE) in the context of an international stopover destination: perceptions of Dubai in France and Australia[J]. Tourism Management, 2018, 69.

[44] Kotter J P. Leading change[M]. Boston: Harvard Business School Press, 1996.

[45] Kram K E. Phases of the mentor relationship[J]. The Academy of Management Journal, 1983, 26(4).

[46] Kumar A, Aswin A, Gupta H. Evaluating green performance of the airports using hybrid BWM and VIKOR methodology[J]. Tourism Management, 2020, 76.

[47] Kyle G, Graefe A, Manning R. Testing the dimensionality of place attachment in recreational settings[J]. Environmental Behavior, 2005, 37(2).

[48] Lamb S, Maire Q, Doecke E. Key skills for the 21st century: an evidence-based review[C]. Sydney: NSW Department of Education, 2017.

[49] Lee K, Ashton M C. Psychometric properties of the HEXACO personality inventory[J]. Multivariate Behavioral Research, 2004, 39(2).

[50] Leung X Y, Xue L, Wen H. Framing the sharing economy: toward a sustainable ecosystem[J]. Tourism Management, 2019, 71.

[51] Lewin K. Field theory in social science: selected theoretical papers (Edited by Dorwin Cartwright.)[M]. Oxford, England: Harpers, 1951.

[52] Liu B, Li Y. Teddy-bear effect in service recovery[J]. Annals of Tourism Research, 2022, 94.

[53] Lund N F, Scarles C, Cohen S A. The brand value continuum: countering co-destruction of destination branding in social media through storytelling[J]. Journal of Travel Research, 2019, 59(8).

[54] Luo F, Becken S, Zhong Y. Changing travel patterns in China and 'carbon footprint' implications for a domestic tourist destination[J]. Tourism Management, 2018, 65.

[55] Maccannell D. The tourist: a new theory of the leisure class[M]. Oakland: University of California Press, 2013.

[56] Marchese D, Reynolds E, Bates M E, et al. Resilience and sustainability: similarities and differences in environmental management applications[J]. Science of The Total Environment, 2018, 613.

[57] Martilla J A, James J C. Importance-performance analysis[J]. Journal of Marketing, 1977, 41(1).

[58] Meyer-Waarden L, Sabadie W. Relationship quality matters: how restaurant businesses can optimize complaint management[J]. Tourism Management, 2023, 96.

[59] Mintzberg H. The strategy concept I: five ps for strategy[J]. California Management Review, 1987, 30(1).

[60] Moore R L, Graefe A R. Attachments to recreation settings: the case of rail-trail users[J]. Leisure Sciences, 1994, 16(1).

[61] Morgan N, Pritchard A, Pride R. Destination branding: creating the unique destination proposition[M]. Abingdon: Routledge, 2004.

[62] Morrison A M. Marketing and managing tourism destinations[M]. Abingdon: Routledge, 2013.

[63] Morrison A M. Marketing and managing tourism destinations[M]. Second Edition.

Abingdon:Routledge,2019.

[64] Morrison A M. Hospitality and travel marketing[M].Oxfordshire:Taylor & Francis, 2022.

[65] Nonaka I.The knowledge-creating compony[J].Harvard Business Review,1991,85.

[66] Northouse P G.Leadership:theory and practice[M].Newbury Park:SAGE,2015.

[67] Novikov D.Theory of control in organizations[M].Moscow: Nova Publishers, 2013.

[68] Oliver R L.A cognitive model of the antecedents and consequences of satisfaction decisions[J].Journal of Marketing Research,1980,17(4).

[69] Parasuraman A,Zeithaml V A,Berry L.Servqal: a multiple-item scale for measuring consumer perceptions of service quality[J].Journal of Retailing,1988,64(1).

[70] Pfeffer J,Salancik G R.The external control of organizations: a resource dependence perspective[M].Redwood:Stanford Business Books,2003.

[71] Pine B J, Gilmore J H.The experience economy: work is theatre & every business a stage[M].Boston:Harvard Business Press,1999.

[72] Pizam A, Tasci A D A.Experienscape: expanding the concept of servicescape with a multi-stakeholder and multi-disciplinary approach (invited paper for 'luminaries' special issue of International Journal of Hospitality Management)[J]. International Journal Hospitality Management,2019,76.

[73] Porter L, Siegel J.Relationships of tall and flat organization structures to the satisfaction of foreign managers[J].Personnel Psychology,2006,18.

[74] Porter M E.The five competitive forces that shape strategy[J].Harvard Business Review,2008,86(1).

[75] Prahalad C K,Ramaswamy V. Co-creation experiences: the next practice in value creation[J].Journal of Interactive Marketing,2004,18(3).

[76] Ritchie B W,Jiang Y.A review of research on tourism risk, crisis and disaster management:launching the annals of tourism research curated collection on tourism risk, crisis and disaster management[J].Annals of Tourism Research,2019,79.

[77] Rizvi i A, Popli S. Revisiting leadership communication: a need for conversation [J]. Global Business Review, 2021.

[78] Sackett D L. Evidence-based medicine [J]. Seminars in perinatology, 1997, 21(1).

[79] Safa N S, Sookhak M, Solms R V, et al. Information security conscious care behaviour formation in organizations [J]. Computers & Security, 2015, 53.

[80] Scarpino M R, Gretzel U. Conceptualizing organizational resilience in tourism crisis management [C]//Ritchie B, Campiranon K. Tourism Crisis Disaster Management in the Asia-Pacific. Wallingford: CABI, 2014.

[81] Shaw G, Williams A. Knowledge transfer and management in tourism organisations: an emerging research agenda [J]. Tourism Management, 2009, 30(3).

[82] Shin Y. A person-environment fit model for virtual organizations [J]. Journal of Management, 2004, 30(5).

[83] Simchi-Levi D, Kaminsky P, Simchi-Levi E. Designing and managing the supply chain:concepts,strategies,and case studies[M].New York City: McGraw-Hill/Irwin, 2009.

[84] Song H.Tourism supply chain management[M].Abingdon:Routledge,2012.

[85] Stylidis D, Shani A, Belhassen Y. Testing an integrated destination image model across residents and tourists[J].Tourism Management,2017,58.

[86] Tan E, Foo S, Goh D, et al.Tiles:classifying contextual information for mobile tourism applications[J].Aslib Proceedings,2009,61(6).

[87] Tannenbaum A S.Control in organizations:individual adjustment and organizational performance[J].Administrative Science Quarterly,1962,7(2).

[88] Thiel C, Bonner J, Bush J, et al.Monitoring employees makes them more likely to break rules [EB/OL].(2022-06-27)[2023-03-24]. https://hbr.org/2022/06/monitoring-employees-makes-them-more-likely-to-break-rules.

[89] Timmons J, Spinelli S.New venture creation:entrepreneurship for the 21st Century [M].Chicago:McGraw-Hill,2009.

[90] Tonkin K, Malinen S, Näswall K, et al.Building employee resilience through wellbeing in organizations[J].Human Resource Development Quarterly,2018,29(2).

[91] Tribe J.The philosophic practitioner[J].Annals of Tourism Research,2002,29(2).

[92] Tsai Y H.Travel agency managers' perceptions of tourism industry employability[J]. Journal of Hospitality,Leisure,Sport&Tourism Education,2017,20.

[93] Tsarenko Y, Strizhakova Y, Otnes C C. Reclaiming the future: understanding customer forgiveness of service transgressions[J].Journal of Service Research,2018,22(2).

[94] Tsaur S H,Lin Y C.Promoting service quality in tourist hotels:the role of HRM practices and service behavior[J].Tourism Management,2004,25(4).

[95] Tsaur S H, Teng H Y.Exploring tour guiding styles: the perspective of tour leader roles[J].Tourism Management,2017,59.

[96] Turner V.The ritual process: structure and anti-structure[M].London:Penguin Books, 1961.

[97] Vargo S L, Lusch R F.Evolving to a new dominant logic for marketing[J].Journal of

Marketing, 2004, 68(1).

[98] Veblen T, Mills C W. The theory of the leisure class[M]. Abingdon:Routledge, 2017.

[99] Walker B, Holling C S, Carpenter S R, et al. Resilience, adaptability and transformability in social-ecological systems[J]. Ecology and Society, 2004, 9(2).

[100] Wang N. Rethinking authenticity in tourism experience[J]. Annals of Tourism Research, 1999, 26(2).

[101] Winston B E, Patterson K. An integrative definition of leadership[J]. International Journal of Leadership Studies, 2006, 1(2).

[102] World Tourism Organization. A practical guide to tourism destination management [M]. Madrid:World Tourism Organization, 2007.

[103] Wu J, Font X, Liu J. The elusive impact of pro-environmental intention on holiday on pro-environmental behaviour at home[J]. Tourism Management, 2021, 85.

[104] Wu X, Wang J, Ling Q. Managing internal service quality in hotels:determinants and implications[J]. Tourism Management, 2021, 86.

[105] Xiang Z. From digitization to the age of acceleration: on information technology and tourism[J]. Tourism Management Perspectives, 2018, 25.

[106] Xie C, Zhang J, Morrison A M. Developing a scale to measure tourist perceived safety[J]. Journal of Travel Research, 2020, 60(6).

[107] Li X C, Magor T, Benckendorff P, et al. All hype or the real deal? Investigating user engagement with virtual influencers in tourism[J]. Tourism Management, 2023, 99.

[108] Ye Y, Lyu Y, Wu L Z, et al. Exploitative leadership and service sabotage[J]. Annals of Tourism Research, 2022, 95.

[109] Zhang X, Qiao S, Yang Y, et al. Exploring the impact of personalized management responses on tourists' satisfaction:a topic matching perspective[J]. Tourism Management, 2020, 76.

[110] Zhang X, Song H, Huang G Q. Tourism supply chain management:a new research agenda[J]. Tourism Management, 2009, 30(3).

[111] Zhou Q B, Zhang J, Zhang H, et al. Is all authenticity accepted by tourists and residents? The concept, dimensions and formation mechanism of negative authenticity[J]. Tourism Management, 2018, 67.

[112] 保继刚,楚义芳.旅游地理学[M].3版.北京:高等教育出版社,2012.

[113] 陈阁芝,刘静艳,王雅君.旅游供应链协同创新的治理困境:契约还是关系?[J].旅游学刊,2017,32(8).

[114] 陈光华,黄荣鹏,叶颖.解析文青旅游地体验景观与顾客公民行为之关系-难忘性与顾客认同的中介作用[J].户外游憩研究,2023,36(2).

[115] 陈建勋,凌媛媛,王涛.组织结构对技术创新影响作用的实证研究[J].管理评论,2011,23(7).

[116] 陈雪钧,郑向敏.员工感知价值对离职意愿影响机制的实证研究——以饭店新生代员工为例[J].旅游学刊,2016,31(1).

[117] 陈莹盈,林德荣.强关系网络移动社交平台旅游分享行为研究——基于微信与QQ用户的资料分析[J].旅游学刊,2020,35(4).

[118] 程绍文,胡静,梁玥琳,等.中国旅游从业者职业忠诚度研究[J].旅游科学,2013,27(4).

[119] 池毛毛,潘美钰,晏婉暄.共享住宿中房客可持续消费行为的形成机制研究——用户生成信号和平台认证信号的交互效应[J].旅游学刊,2020,35(7).

[120] 邓宁,钟栎娜,李宏.基于UGC图片元数据的目的地形象感知——以北京为例[J].旅游学刊,2018,33(1).

[121] 董楠,张春晖.全域旅游背景下免费型森林公园游客满意度研究——以陕西王顺山国家森林公园为例[J].旅游学刊,2019,34(6).

[122] 甘露,谢雯,贾晓昕,等.虚拟现实体验能替代实地旅游吗?——基于威士伯峰虚拟现实体验的场景实验分析[J].旅游学刊,2019,34(8).

[123] 高宝俊,孙含琳,王寒凝.在线评论对酒店订满率的影响研究[J].旅游学刊,2016,31(4).

[124] 苟思远,李钢,张可心,等.基于自媒体平台的"旅游者"时空行为研究——以W教授的微信"朋友圈"为例[J].旅游学刊,2016,31(8).

[125] 郭娇,伍晓奕.如何在危机中"同舟共济"?——基于高星级酒店员工心理契约的研究[J].旅游学刊,2023,38(4).

[126] 郭养红,胥兴安.合作何以共赢?酒店合作策略助推顾客绿色消费意愿以小拨大效应研究[J].旅游科学,2022,36(5).

[127] 韩会然,焦华富,戴柳燕.旅游城市居民购物满意度及影响因子分析——以芜湖市中山路步行街为例[J].旅游学刊,2013,28(3).

[128] 何仁伟,李光勤,曹建华.酒香真的不怕巷子深吗?——基于国家级风景名胜区的区位选择问题研究[J].旅游学刊,2018,33(9).

[129] 胡兵,李婷,文彤.上市旅游企业社会责任的结构维度与模型构建——基于扎根理论的探索性研究[J].2018,33(10).

[130] 胡志毅,邓伟,韦杰.都市区旅行社空间布局特征与销售等级差异——以重庆旅游百事通为例[J].旅游学刊,2014,29(8).

[131] 黄克己,张朝枝,吴茂英.遗产地居民幸福吗?基于不同旅游扶贫模式的案例分析[J].旅游学刊,2021,36(11).

[132] 黄元豪,李先国,黎静仪,等.饱腹感标签对"眼大肚小"餐余浪费的影响及机制研

究[J].管理科学,2023,36(2).

[133] 贾慧敏,张运来.虚拟旅游产品体验中游客幸福感的生成机制研究——基于具身体验视角[J].旅游科学,2022,36(3).

[134] 黎耀奇,关巧玉.旅游怀旧:研究现状与展望[J].旅游学刊,2018,33(2).

[135] 黎耀奇,宋亚亚,梁斯琪,等.导游职业污名的形成机制——基于扎根理论的探索性研究[J].旅游学刊,2022,37(4).

[136] 李萍,周彬,Ryan C,等.基于模糊综合评价的徒步休闲满意度研究——以浙江省宁波市为例[J].旅游学刊,2018,33(5).

[137] 李蔚,徐海军,胡家镜.货币激励为何失效?——金钱启动对酒店员工强制性组织公民行为的抑制效应[J].四川大学学报(哲学社会科学版),2018(6).

[138] 李宜聪,张捷,刘泽华,等.自然灾害型危机事件后国内旅游客源市场恢复研究——以九寨沟景区为例[J].旅游学刊,2016,31(6).

[139] 李勇,蒋冠文,毛太田,等.基于情感挖掘和话题分析的旅游舆情危机演化特征——以"丽江女游客被打"事件为例[J].旅游学刊,2019,34(9).

[140] 李渊,高小涵,黄竞雄,等.基于摄影照片与眼动实验的旅游者视觉行为分析——以厦门大学为例[J].旅游学刊,2020,35(9).

[141] 李正卫,赵鑫,王飞绒."内外兼修"企业社交媒体使用对突破式创新的驱动机制研究[J].科技进步与对策,2023.

[142] 吕三玉,郑钟强,李咪咪,等.酒店前厅服务质量影响因素研究[J].旅游学刊,2014,29(10).

[143] 吕耀怀,王源林.雇员的隐私利益及其伦理权衡[J].学术论坛,2013,36(6).

[144] 彭雪蓉,魏江,李亚男.我国酒店业企业社会责任实践研究——对酒店集团15强CSR公开信息的内容分析[J].旅游学刊,2013,28(3).

[145] 朴志娜,江扬,吴必虎,等.国际游客对中国的地理想象构建与旅游动机[J].旅游学刊,2018,33(9).

[146] 曲庆.企业文化内部传播渠道个人感知量表的建构[J].南开管理评论,2007,10(6).

[147] 曲颖,吕兴洋,沈雪瑞.大众旅游价值导向调节下地方依恋维度的亲环境驱动效应[J].旅游学刊,2020,35(3).

[148] 凯斯·R.桑斯坦.信息乌托邦:众人如何生产知识[M].毕竞悦,译.北京:法律出版社,2008.

[149] 彼得·圣吉.第五项修炼——学习型组织的艺术与实务[M].2版.郭进隆,译.上海:上海三联书店,1998.

[150] 王华,马志新.川藏线骑行者旅游动机与主观幸福感关系研究——旅游满意度的中介作用[J].旅游科学,2020,34(6).

[151] 王金伟,李冰洁.恐惧景观地旅游中的主客凝视行为研究——以北京朝内81号为例[J].旅游学刊,2021,36(5).

[152] 王君怡,罗秋菊,翟雪婷.故宫官博的形象投射与社交媒体参与——基于贝叶斯模型与影响图的最优解推断[J].旅游学刊,2023,38(2).

[153] 王群,陆林,杨兴柱.旅游地社会-生态子系统恢复力比较分析——以浙江省淳安县为例[J].旅游学刊,2016,31(2).

[154] 温碧燕,周小曼,李晓红.差别对待能激励酒店员工吗?——心理资本、领导成员交换与敬业度的跨层次研究[J].旅游学刊,2023,38(4).

[155] 文彤,梁祎.资源保存理论下顾客欺凌对导游离职意愿的影响研究[J].旅游科学,2020,34(3).

[156] 吴艾凌,吕兴洋,谭慧敏.灾后自媒体负面报道偏差对潜在旅游者到访意愿的影响——以九寨沟"8•8"地震为例[J].旅游学刊,2019,34(4).

[157] 吴必虎,俞曦.旅游规划原理[M].北京:中国旅游出版社,2010.

[158] 吴良平,张健.危机事件下中国入境旅游的受损格局与影响机制研究[J].旅游科学,2016,30(5).

[159] 熊伟,黄媚娇,陈思妍.旅游者生成内容特征对旅游意向的影响——社会比较情绪的链式中介效应[J].旅游学刊,2023,38(2).

[160] 徐克帅,朱海森.国外游客满意度研究进展及启示[J].旅游论坛,2008,19(4).

[161] 徐克帅,朱海森.国外旅游季节性现象研究述评[J].人文地理,2010,25(1).

[162] 许春晓,莫莉萍.旅游目的地品牌资产驱动因素模型研究——以凤凰古城为例[J].旅游学刊,2014,29(7).

[163] 许峰,李帅帅,齐雪芹.大数据背景下旅游系统模型的重构[J].旅游科学,2016,30(1).

[164] 殷章馨,夏赞才.旅游自拍需求维度及人格解释[J].旅游学刊,2018,33(12).

[165] 张保仓,任浩.虚拟组织持续创新能力提升机理的实证研究[J].经济管理,2018,40(10).

[166] 张高军,吴晋峰,周靖超.旅游目的地形象的代际差异比较——兼论代沟理论的3种不同学说[J].旅游学刊,2017,32(2).

[167] 张海洲,卢松,张宏梅,等.酒店员工对大型组织仪式的价值感知研究——以开元酒店集团"技术比武"为例[J].旅游学刊,2017,32(9).

[168] 张宏梅,张文静,王进,等.基于旅游者视角的目的地品牌权益测量模型:以皖南国际旅游区为例[J].旅游科学,2013,27(1).

[169] 张俊英.青海打造国际生态旅游目的地SWOT分析与发展对策[J].青海社会科学,2021,(3).

[170] 张苗苗.吉林省冰雪休闲体育旅游发展SWOT分析[J].体育文化导刊,2018,(4).

[171] 张杨,何依.历史图景中的非正规城市形态及当代启示——基于对《清明上河图》的解读[J].城市规划学刊,2021,45(11).

[172] 张运来,王储.旅游业上市公司多元化经营能够降低公司风险吗?——基于2004—2012年A股上市公司数据的实证研究[J].旅游学刊,2014,29(11).

[173] 赵新元,王甲乐,范欣平.旅游业一线员工工作-家庭冲突的前因后果模型——基于荟萃分析的结构方程模型[J].旅游学刊,2021,36(9).

[174] 郑健雄.后现代旅游产品新风貌[J].旅游学刊,2014,29(8).

[175] 周梦,卢小丽,朱静敏,等.媒介朝圣视角下非景区型网红旅游地的探索性研究[J].旅游科学,2023,37(1).

[176] 周三多,陈传明,鲁明泓.管理学——原理与方法[M].5版.上海:复旦大学出版社,2009.

[177] 周生虎.从科层制到矩阵制:高校学生组织结构创新思考[J].教育理论与实践,2016,36(9).

[178] 周涛,曾环宇,邓胜利.社会化商务环境下信息隐私关注的作用机理研究[J].现代情报,2019,39(11).

[179] 周永博,程德年,胡昕,等.生活方式型旅游目的地品牌个性建构——基于苏州古城案例的混合方法研究[J].旅游学刊,2016,31(7).

[180] 周永博,沈敏,吴建,等.迈向优质旅游:全域旅游供需错配及其治理——苏州吴江案例研究[J].旅游学刊,2018,33(6).

[181] 朱永跃,马媛,欧阳晨慧,等.家长式领导与制造企业员工工匠精神:工作卷入和团队积极情绪氛围的影响[J].系统管理学报,2022,31(1).

[182] 邹雅真,谢朝武.大陆游客赴台旅游安全事件结果特征及其引致因素研究[J].旅游学刊,2016,31(8).

教学支持说明

为了改善教学效果,提高教材的使用效率,满足高校授课教师的教学需求,本套教材备有与纸质教材配套的教学课件(PPT电子教案)和拓展资源(案例库、习题库、视频等)。

为保证本教学课件及相关教学资料仅为教材使用者所得,我们将向使用本套教材的高校授课教师赠送教学课件或相关教学资料,烦请授课教师通过电话、邮件或加入旅游专家俱乐部QQ群等方式与我们联系,获取"电子资源申请表"文档,准确填写后反馈给我们,我们的联系方式如下:

地址:湖北省武汉市东湖新技术开发区华工科技园华工园六路

邮编:430223

电话:027-81321911

传真:027-81321917

E-mail:lyzjjlb@163.com

旅游专家俱乐部QQ群号:758712998

旅游专家俱乐部QQ群二维码:

群名称:旅游专家俱乐部5群
群　号:758712998

电子资源申请表

填表时间：_____年___月___日

1. 以下内容请教师按实际情况写，★为必填项。
2. 根据个人情况如实填写，相关内容可以酌情调整提交。

★姓名		★性别	□男 □女	出生年月		★职务	
						★职称	□教授 □副教授 □讲师 □助教

★学校		★院/系	
★教研室		★专业	
★办公电话		家庭电话		★移动电话	
★E-mail（请填写清晰）				★QQ号/微信号	
★联系地址		★邮编	

★现在主授课程情况	学生人数	教材所属出版社	教材满意度
课程一			□满意 □一般 □不满意
课程二			□满意 □一般 □不满意
课程三			□满意 □一般 □不满意
其 他			□满意 □一般 □不满意

教 材 出 版 信 息		
方向一		□准备写 □写作中 □已成稿 □已出版待修订 □有讲义
方向二		□准备写 □写作中 □已成稿 □已出版待修订 □有讲义
方向三		□准备写 □写作中 □已成稿 □已出版待修订 □有讲义

请教师认真填写表格下列内容，提供索取课件配套教材的相关信息，我社根据每位教师填表信息的完整性、授课情况与索取课件的相关性，以及教材使用的情况赠送教材的配套课件及相关教学资源。

ISBN（书号）	书名	作者	索取课件简要说明	学生人数（如选作教材）
			□教学 □参考	
			□教学 □参考	

★您对与课件配套的纸质教材的意见和建议，希望提供哪些配套教学资源：